匱乏經濟學

Scarcity

Why having too little means so much

Sendhil Mullainathan　Eldar Shafir
森迪爾‧穆蘭納珊、埃爾達‧夏菲爾 著

謝樹寬 譯

名家推薦

「這是一本成功的祕訣。一位是行為經濟學家，加上一位認知心理學家。兩人在各自的領域都是領頭羊，然後讓他們的創造心靈互相激盪，就一定會寫出一本好書。讀者眼前是一本充滿創見、易讀又發人深思的書。一個想在法律事務所晉升合夥人的單親媽媽和一個把半數收入用在繳利息的農婦有什麼共通之處？答案就是『匱乏』。讀了這本書，才知道匱乏以種種想不到的方式影響了我們。」

——理察．塞勒（Richard H. Thaler），《推力：決定你的健康、財富與快樂》作者、諾貝爾經濟學獎得主

「非常有啟發性……穆蘭納珊和夏菲爾做出重要、新穎的、巨大的貢獻。」

——凱斯．桑思坦（Cass R. Sunstein），《推力：決定你的健康、財富與快樂》作者

「《匱乏經濟學》是一本引人入勝的書，充滿了新的想法、奇妙的故事和簡單的建議，這些都可能會改變你的生活方式。」

——史帝文．李維特（Steven D. Levitt），《蘋果橘子經濟學》作者

「穆蘭納珊和夏菲爾是各自學科領域中的明星，兩者的結合大過於在各自領域發展的總和。他們一起設法結合科學的嚴謹性以及人類在困境下的扭曲觀點。他們的作品呈現一種獨到的感覺：這是我在該領域所見過最好的心和腦的組合。」

——丹尼爾．康納曼（Daniel Kahneman），《快思慢想》作者、諾貝爾經濟學獎得主

「具洞察力、有說服力，而且完全原創，《匱乏經濟學》是一本你買再多也不夠的書。對於那些沒有時間閱讀的人來說，這是必要的閱讀。」

——丹尼爾．吉爾伯特（Daniel Gilbert），哈佛大學教授、《快樂為什麼不幸福》作者

「《匱乏經濟學》巧妙融會了故事與學術研究，讓讀者了解到匱乏的感受會窄化眼界、扭曲判斷。它對個人發展與公共政策極有啟發。」

——品克（Daniel H. Pink），《未來在等待的銷售人才》作者

「關於貧困對認知的影響，以及對我們生活中做出選擇的能力等方面，穆蘭納珊和夏菲爾提供開創性見解。」

——薩曼莎．鮑爾（Samantha Power），作家、學者和外交官

「穆蘭納珊和夏菲爾展示了匱乏的邏輯如何適用於富人和窮人、受教育者和文盲，或是亞洲、西方、西班牙和非洲文化。他們提供的見解可以幫助我們改變個人行為，並為公共政策解決方案開闢一個全新的局面。驚人的成就！」

——安妮．瑪麗．斯勞特（Anne-Marie Slaughter），普林斯頓大學名譽教授、新美國基金會現任主席及執行總裁

導讀

貧窮限制了我們的想像

林明仁（台大經濟系特聘教授）

過去十年來，行為經濟學可說是終於撥雲見日，大放異彩。二代教父塞勒（Richard Thaler）在二〇一七年獲得諾貝爾經濟學獎的殊榮，奠定此一領域在主流經濟學界的地位。二〇一九年的三位桂冠克里莫（Michael Kremer）、巴納吉（Abhijit Banerjee）、杜芙若（Esther Duflo）雖是因將實驗方法帶進發展經濟學而獲獎，但在他們尋找哪些對抗貧窮的理論能通過科學檢驗的過程中，行為經濟學也扮演非常重要的角色。

究竟什麼是行為經濟學？傳統的經濟學認為人是理性的，會仔細分析前因後果，經過縝密的計算後，做出對自己最好的選擇。但在現實生活中很多時候卻不是如此：面對困難的問題時，人們經常傾向使用簡單但不完美的解法。行為經濟學的祖師爺、二〇〇二年諾貝爾經濟獎得主康納曼把這個抄心智捷徑（mental shortcut）的傾向稱為捷思法（Heuristics）。由於人們做決定時處在有限理性（bounded rationality）的狀態，態度前後不一，該做的事卻又一直拖延，事後才來懊惱悔恨的錯誤決策一再出現，也就不足為奇了。古人有云：「春天不是讀書天，夏日炎炎正好眠，秋天有蟲多有雪，讀書最好在明年」可為明證。

在洞察人性的弱點的前提之下，行為經濟學在過去三十年透過整合心理學、腦神經科學以及個體經濟學的洞見，對人們下決定時會出現的認知偏誤（cognitive bias）的理解，有了大幅度的進展。這個探索不只是為了滿足智識上的好奇，更重要的是，只要認知偏誤是系統性的，我們就有機會對症下藥，找出對應的政策加以撥亂反正。英國、澳洲、加拿大等國的政府部門，在過去五年間都陸續成立行為洞察小組（behavioral insight team），就政府與社會大眾所在意的問題，提出許多看似輕巧、卻產生巨大改變的作法。舉例來說，只要在繳稅通知單加上「社區的其他人95%都已繳完稅」，遲繳比例就會下降；改變學校餐廳擺放健康食物的方式，小朋友就會多選擇蔬菜；先指定幾檔退休金，再讓員工可以自由更換，就可以增加退休金投資的比例；核發駕照時，將駕駛人預設為器官捐贈者，若不想要可以馬上退出，也大幅增加器官捐贈者的比例。對行為經濟學的政策意涵有興趣的讀者，可以參考塞勒與桑思坦（Sunstein）所出版的《推力》（*Nudge*）一書。

在什麼樣的情況下，會產生認知偏誤？會造成什麼後果？我們又有什麼對應之策？這是兩位中生代頂尖學者寫作本書的初衷。他們選擇了匱乏（scarcity）這個概念做為切入點，也是一詞雙關。在主流經濟學中，匱乏（經濟學教科書常翻譯成「稀少性」）是最基本的假設。

資源若沒有稀少性，就不用選擇，理性當然也派不上用場。但主流經濟學的模型強調的是在實體資源的匱乏（physical scarcity）情況下做理性選擇，鮮少討論人們做決策時心智上所付出的成本（mental cost）。換句話說，正因「好好想事情也是很累的！」人們才會想要在思考上偷懶走捷徑，「大家都這樣啊！」「以前不都這樣做？」「話這樣講聽起來好舒服，應該可以相信吧？」也因此經常做出無效率的決定。更進一步來說，當外在資源條件變得更加匱乏時，決策時的心智過程也會跟著改變，這些認知偏誤的扭曲也就更被放大。

在本書的第一章，兩位作者以聚焦（focusing）跟隧道（tunneling）效應來描繪這個過程。參加料理鐵人的廚師在三個小時之內想出她的招牌名菜，顯示創意是匱乏的時間與經年累月的經驗交互作用的產品。兩個小時的開會，通常前面一個半個小時都是「盍各言爾志」，最後發現還剩半小時，大家突然活力增強，也就有比較實際的進展（當然議而不決的會也不在少數），作者們把這過程稱做「專注紅利」。不過匱乏也不一定都帶來正面的效果：趕不上進度的學生，被債務纏身的窮人，都是匱乏導致不利後果的好例子。再舉例來說，當消防員接到任務時，不但必須在最短的時間內趕到火場，也要同時對從火場結構到如何滅火做出計畫。專注紅利讓他們對這些事得心應手，但代價就是他們對其他事情幾乎完全忽略——包括自身的安全，也因此車禍（如沒綁安全帶被甩出消防車外）是美國消防員的第二大死因！匱乏引發了隧道效應，擄獲我們的心智，讓我們的注意力只能處理手邊「最緊急的匱乏」，是本書要強調的第一個重點。

接著作者進一步用認知頻寬（bandwidth）此一概念，來詮釋匱乏如何損害到我們對其他事務專注的能力。舉例來說，正在專心寫這篇導讀的我，居然將老婆的話當耳邊風，導致無法達成先完成「長官」命令再繼續寫作的正確決策，因此付出了代價。而經濟學與心理學的文獻也有許多對貧窮的研究發現，像是光是「告訴窮人他們財務上可能的困難」，他們的智商在隔天就會下降十四分左右！在美國，也有許多窮人使用所謂的支薪日借貸（pay day loan）：先借錢拿到現金，下一個領薪日再連本帶「高利」還回去。這種寅吃卯糧得作法，一開始解決匱乏的焦慮，到最後卻掉入被利息壓垮的惡性循環。兩位作者提出了一些方法來處理這個問題，比如說，他們以打包做為比例，討論了寬鬆，或者是留些餘裕所可能帶來的（主要是犯錯的代價較少）好處。而本書的最後一部分，則討論了個人與組織如何避免匱乏帶來的災難性後果。犯錯難以避免，但若能想出一些設計，至少讓人為錯誤的機率降低，正是行為經濟學可以幫助我們的。比方說請助理敲門進來說還有五分鐘，就可以大幅增加老闆與客人談話的效率。

不過，我想我的導讀應該要就此打住，讓讀者自己從閱讀去體會，免得這篇導讀變成捷讀（heuristic reading），不但大家可能就不買書，也可能落入書中伍迪艾倫所說「我去上了速讀課，二十分鐘讀完《戰爭與和平》，裡面講的是俄國」的窘境。

最後，我也要向各位讀者坦承，雖然早在一個月前就收到編輯的邀約，但我還是心不甘情不願的拖到死線當天才交稿。希望這個匱乏，帶來的是正面的效果！

目錄

既然說螞蟻是忙碌的工人，為什麼還能每逢野餐必不缺席？

——瑪麗．杜絲勒（奧斯卡金獎影后）

前言 INTRODUCTION

我們寫作此書，因為我們忙到非寫不可。

森迪爾對著埃爾達發牢騷。他的待做事項已經塞爆了時間表。進度距離完成的期限已經從「落後」階段發展到「極端嚴重落後」。會議不得不順勢重擬時程。電子郵箱裡該注意的訊息已多到滿出來。他可以想像媽媽老是接不到他電話的受傷表情。他的汽車行照已經過期。而且情況越變越糟。半年前擬定的國外研討會在當時似乎是個好主意，但如今看來卻未必。進度落後已經成了惡性循環。補登記汽車行照讓待做事項又多了一件。一個計劃案因為電子郵件延遲回覆而多走冤枉路；讓它重回正軌意味著更多的工作。生命中延遲未完成的事件堆積如山，已陷入崩塌的危機。

花時間哀嘆時間不夠，埃爾達已看出這其中的諷刺意味。但森迪爾似未完全領會，不為所動地描述他的脫身計劃。

首先他決心力挽狂瀾。舊的承諾必須要履行，新承諾則可設法避免。他要對每個新的提案說不。對於舊的方案，他要確實進行以避免更進一步的延誤。到頭來，這個緊縮措施必將顯現成效。待做事項會縮小到可控管的程度。唯有到那個時候他才會再考慮新的案子。而且他的再出發也必然會更加謹慎。說「好」的情況會變少，而且事先會經過深思熟慮。這件事做起來不容易，卻是非做不可。

擬定計劃讓人感覺愉快。這是必然的。伏爾泰老早就說過：「幻覺乃至高之歡樂也。」一個星期之後，森迪爾又打電話過來：兩個同事正準備出一本書討論低收入美國人的生活情況。他說：「這實在是個好機會，我們應該可以寫一章。」他的聲音，根據埃爾達的回想，完全聽不出有諷刺的意思。

不出預期，這一章「好到不應該放棄」，所以我們決定寫了。同樣不出所料，這又是一個錯誤，我們寫得匆匆忙忙而且進度延遲。不過沒有預期到的是，它是個有價值的錯誤，導出了一個意料之外的連結，最終出現這本書。

底下是關於那一章我們背景筆記的摘要。

在克利夫蘭擔任行政經理的紹恩，一直苦於入不敷出。他有一堆遲繳的賬單。他的信用卡已經刷爆。花錢的速度快如流水。用他自己的話來說就是：「他要過的日子總比他的錢還多。」

某一天，他因為高估了自己戶頭裡的錢，而讓一張支票跳了票；他忘了有一筆二十二美元的開銷。每通電話都讓他神經緊張：會不會又是另一個債主打來「問候」他？缺錢也影響了他的私人生活。有時吃飯，他付的錢比理當均攤的數額還少。雖然他的朋友能理解，但是感覺卻不大好。

而且情況沒有好轉的跡象。他原先貸款買了一台藍光錄放影機，前六個月無需繳款。但這已經是五個月前的事。下個月他要怎樣支付這筆額外的賬單？他原本就需要拿越來越多的錢，去支付舊的債務。跳票的支票要付大筆的罰款。遲付的賬單代表更多滯納的罰款。他的財務狀況一團糟。他陷在債務的池子裡，已經落在深水區而且快浮不起來了。

和許多有類似狀況的人一樣，紹恩在財務上聽取了多方的意見，大家的建議非常相似。

不要越陷越深。別再借錢了。把你的花費降到最低。有些開支刪除掉也許不容易，但你還是要試著想辦法。儘快把舊債償清。等到沒有新債，你的開支會變得較容易管控。在這之後，仍要隨時警覺不要重蹈覆轍。要學會聰明花錢和借錢。要避免負擔不起的奢侈品。如果真的非借錢不可，要先想清楚把錢還清的代價。

對紹恩來說，這些建議的理論作用遠大於實際價值。抗拒誘惑不容易。抗拒所有的誘惑更是困難。有件他想了很久的真皮外套正在特價標售。隨著女兒生日逼近，省掉生日禮物的念頭越來越顯得不合情理。有太多的方法可以讓他花錢超出原先的計劃。紹恩最後又跌入債務的水潭裡。

我們很快發現森迪爾和紹恩兩人行為的相似之處。沒來得及在最後期限完成的工作就和過期遲繳的賬單一樣。重複約定的會議（多花費原本不屬於自己的時間）很像逾期付款的支票（償付原本就不曾擁有的錢）。你越是忙碌，你就更需要跟別人說「不」。你越是債務累累，你就越需要不去買東西。脫離困境的計劃聽起來很合理，但是卻很難落實。它需要持續的戒慎警覺——去決定哪些該去買或答應去做。一旦警覺心動搖——即使只是時間或金錢上最微小的誘惑——你就會陷得越深。紹恩最後被困在高築的債台裡。森迪爾最後則困在堆積如山的工作計劃中。

這種相似性讓人吃驚，畢竟兩邊的狀況很不一樣。我們通常認為時間管理和金錢管理是不同的問題。它們導致的後果也不同：不良的時間管理讓自己丟臉，或者導致工作表現不佳；不良的金錢管理則可能是更多的罰款或是被列為拒絕往來戶。它們文化上的指涉意涵也不同：進度落後錯過完成期限對一個忙碌的專業人員代表的意義，跟進度落後錯過繳付欠款期限對一個城市低收入的工作者的意義完全不同。他們環境背景不同，教育程度不同，甚至激發他們的動機也不同。不過，雖然有這些不同，表現出來的行為模式卻是極度相似。

森迪爾和紹恩確實有一個共同之處：他們都感受到匱乏帶來的效應。這裡的匱乏，我們指的是擁有的比你感覺所需的還要少。❶森迪爾覺得自己被時間追著跑；他覺得自己的時間不夠做完必須做的事。紹恩覺得手頭拮据，錢不夠付清賬單。這種共同性能來否解釋他們的行為？有沒有可能匱乏這件事，導致森迪爾和紹恩兩人類似的行為模式？

發掘出匱乏的共通邏輯可能具有重要的意義。匱乏這個概念的應用範圍，遠超出這些個人的事件。舉例來說，失業的問題，也是一種財務上的匱乏。失去工作讓家庭預算頓時緊繃——沒有足夠的錢來負擔房貸、汽車貸款和每日的開銷。與社會的疏離感日益嚴重的問題——「單獨打保齡球」（譯註：Bowling Alone是美國學者Robert D. Putnam在二〇〇〇年出版的書名，內容主要在討論美國人對公眾參與的事務日益疏離的趨勢，及其對民主制度的影響。）——是缺乏社會聯繫的人們在社交上的匱乏。❷也許和你直覺反應不同，肥胖症也是一種匱乏。遵行某種節食方法，代表你必須面對吃得比你過去習慣的還要少——這是卡路里的緊縮控制，也是卡路里的匱乏。全球貧窮問題——全球有大量人口每日可支配開銷只有一到兩美元的不幸事實——則是另一種財務上的匱乏。貧窮問題不像失業問題造成突然的、可能也是一時的手頭拮据，它意味著開銷預算持續性的吃緊。

匱乏不僅把森迪爾和紹恩的問題連結在一起，它也形成了諸多社會問題的基調。這些問題發生在不同文化、經濟條件和政治體制裡，但是匱乏卻是它們的共同點。匱乏的背後，是否有一個共同的邏輯，運作於各種不同的背景環境中？

我們必須回答這個問題。我們忙到非回答不可。

匱乏讓心智成為俘虜

對匱乏的興趣帶著我們回到一個超過半世紀前的著名研究。那份研究的作者並沒有想到自己是以匱乏為研究主題，不過在我們看來，他們研究的正是一種極端形式的匱乏——飢餓。當時二次世界大戰已經接近尾聲，隨著盟軍節節勝利進入德軍的佔領區，他們知道將面

❶ 一個相當富有但是欲望多的人，原則上與另一個較不富裕（也較少欲望）的人會體驗到相同的匱乏，這種匱乏的主觀定義是了解這個心理學的基礎。當然，它所造成的**後果**同時是由心理學和物質的現實所決定。我們採取這個主觀的立場，純粹是為了理解這個心理學。在分析問題時——例如第七章的貧窮問題——我們將結合主觀和客觀的立場。

❷ Robert Putnam在他影響深遠的著作中，利用廣泛的數據組說明美國人參與公民組織的趨勢。從此這個領域隨著大量社群互動數據出現而有了重大的轉型。當然，社交資本（social capital）——社交匱乏的相反面——的重要性，如今從經濟發展到城市的價值等各種廣泛問題都受到討論。

對大批瀕臨餓死邊緣的民眾。問題不是出在糧食；因為英美聯軍有足夠的食物可以提供被解放的囚犯與市民。他們遇到的是技術性的問題。對那些長期飢餓瀕臨死亡的人該如何供給食物？是否該提供豐富完全的餐飲？該不該允許他們隨心所欲地吃？或者應該一開始只供應少量食物，再慢慢增加他們的食物攝取量？讓瀕臨餓死邊緣的人們回歸正常最安全的方法是什麼？

當時的專家也沒有答案。因此明尼蘇達大學的一個團隊就進行了一項實驗來尋找解答。不過要了解如何提供食物，首先要讓人們挨餓。這個實驗是讓一群健康的男性志願者減少卡路里的攝取，最後他們的食物只夠維持生命而不至對身體造成永久性傷害。在這般進行幾個月後，實驗才真正開始：找出身體對不同攝食方式所出現的反應。對受試者而言，這個實驗實在很痛苦，不過這是所謂「善良的戰爭」，有些基於良知理念而不願上前線打仗的反戰人士很樂於參與。

這份研究中的三十六名受試者住在學校宿舍裡，受到仔細監看，所有行為都被觀察並記錄下來。雖然研究人員最關心的是研究中有關進食的部分，同時也記錄了飢餓帶來的衝擊。飢餓對身體的影響大部分是具體而顯著的。受試者的臀部流失了大量脂肪，導致坐下變得痛苦不堪，不得不用枕頭墊著。體重的流失因為浮腫的問題而變得複雜——這些人因為飢餓浮腫，體液增加最多可達到十四磅。他們的新陳代謝減緩四〇%。他們的體力和耐力都在流失。有一名受試者寫道：「當我淋浴時，我在洗頭時注意到自己手臂變衰弱；在這個簡單動作之後，我的雙臂已疲憊不堪。」

不只身體變衰弱，心智也出現變化。莎曼．羅素（Sharman Apt Russell）在《飢餓》一書裡，描述其中一個午餐場景。

> 當供餐隊伍進展很慢時，這些人會變得很不耐煩。他們對自己的食物有強烈的佔有慾。有些人弓起身，用手臂環繞餐盤保護自己的食物。大部分時間他們都很安靜，把注意力都集中在吃東西上面……對某些特定食物，像是蕪菁甘藍，原有的厭惡感已經完全消失。食物都被吃到一點不剩。接著開始舔餐盤。

這些大致是人們在飢餓時你會預期到的情況。不過他們顯現出一些心智上的改變卻是比較出乎預料的。

他們發展出對食譜和本地餐廳菜單異常著迷的現象。有些人會花好幾個小時，比較兩份報紙報導的蔬菜和水果價格差異。有的人開始計劃今後要務農為生。有人夢想著以後要當餐廳老闆……他們喪失了解答學術問題的熱忱，而變得對食譜更加有興趣……去看電影時，只有食物的場景讓他們感興趣。

他們專注於食物。當然，在你飢餓的時候，得到更多食物應該是優先考慮的項目。不過他們專注於食物的方式，卻已經超脫了實際的利益。幻想著開一家餐廳、比較食物的價格和研究食譜都無法減輕飢餓感。反過來說，這些關於食物近乎偏執的種種想法，顯然還會加深饑餓的痛苦。他們並不是自己選擇這麼做。底下是明尼蘇達大學這個實驗的一個參與者，回憶他一直想著食物的念頭帶來的挫折感：

這個實驗如果繼續進行下去，我已不知該如何期待生命中的許多其他事。這不僅是……肉體上的不舒服，而是它讓食物成了生命中最重要的事……食物變成生命的核心，而且是唯一重要的事。如果生命中只有這件事，那真是很無趣。比如說你去看電影，你不會對裡面的情愛場面特別感興趣，你只會注意他們吃東西的時候，以及他們吃的是什麼東西。

這些飢餓的人並不是刻意選擇去忽略電影情節而注意食物。他們並不是有意選擇把食物放在心目中的最重要位置。反過來說，是飢餓擄獲了他們的思考和注意力。這些行為在明尼蘇達大學的研究裡只是個小註腳，它沒有成為研究人員主要關心的議題。不過對我們來說，這些行為說明了匱乏如何改變了我們。

匱乏擄獲了人的心智。就像饑餓的受試者心裡只想著食物一樣，我們體驗到任何形式的匱乏之時，我們的心思也會深陷其中，心智會自動地，而且強有力地導向這個未能實現的需求。對飢餓的人而言，他的需求就是食物；忙碌的人，心頭想的可能是一個未完成的計劃；手頭拮据的人，想的可能是這個月的房租；孤獨的人，想的則是沒人陪伴。匱乏不僅是因為東西太稀少而感到不愉快。它會改變我們的思考。它會佔據我們的心智。

光是從一份研究或許不該做這麼多的推斷。飢餓是一個極端的例子：它與匱乏有關，但它也同時涉及許多其他生理學上的改變。這份研究只有三十六個實驗對象。我們所引述的證詞多半是飢餓人們的喃喃自述而非堅實的數據。不過有許多其他更精確的研究顯示了同樣的結果。不僅如此，它們還為理解匱乏如何擄獲心智開啟了一扇窗。

最近的一份研究要求受試者在午餐時間到實驗室，而且在這之前三、四個鐘頭都不能吃東西。這些飢餓的受試者有半數被放出去外面吃午餐，另一半要留下。所以有一半的人餓肚子，有一半的人吃飽了。他們在研究中的任務很簡單：注視螢幕。有一個字會快速閃現。把剛剛閃現的字辨識出來。舉例來說，螢幕上快速閃現的字是TAKE（拿取），受試者就必須判斷他們剛才看到的到底是TAKE還是RAKE（耙子）。這看起來似乎是微不足道的任務，不過一切發生得很快。非常非常快。字閃現的時間只有三十三毫秒，也就是三十分之一秒。

現在你可能會猜飢餓的受試者表現會比較差，因為飢餓會讓他們疲勞，無法集中注意力。不過在這項任務上，他們的表現和吃飽的受試者一樣。只有一件事例外。飢餓的受試者對食物有關的字，表現得遠比吃飽的受試者更好。他們更能正確判斷出CAKE（蛋糕）這個字，我們可以直接看出食物盤踞他們心目中最重要的位置。這裡我們不是依據逐頁翻看食譜或是計劃開餐廳這類古怪的行為來推斷他們執著的程度。這些人回應的速度和準確性明白告訴我們，匱乏已經擄獲飢餓受試者的心智。

而且這是在潛意識的層次裡進行。這個實驗中設計的微量時間——以毫秒單位來計算——目的是在觀察快速的反應過程，快到無法用意識來控制。我們如今對大腦已有足夠的了解，知道在這麼微量的時間裡的反應所代表的意義。複雜的高階運算需要至少三百毫秒。比這更快的回應需要更多潛意識的自動反應。因此，當飢餓的人能比較快速辨識出CAKE這個字，並不是因為他們**選擇**要更專注於這個字。它發生的時間比他們能做出任何選擇的時間還要快。這也是我們之所以用「擄獲」這個字來形容匱乏如何盤踞心智。

這種現象並不僅限於飢餓。一項研究發現當受試者口渴時，他們會更快速辨識出WATER（水）這個字（同樣的，這也是在幾十毫秒之間）。所有這些研究案例中，匱乏都是在潛意識運作。它俘虜了心智的注意力，不論它的主人願不願意。

飢餓和口渴都是生理上的渴望。其他比較非肉體性的匱乏同樣會俘虜心智。在一項實驗中，孩童被要求利用相配合的道具，憑自己的印象估算從美金五毛錢到一分錢的錢幣大小。在較窮的孩童眼中，錢幣「看起來」最大，他們明顯高估了錢幣的大小。❸最有價值的錢幣——五毛錢和兩毛五分錢的——被扭曲得最嚴重。就如同食物擄獲飢餓者的注意力一樣，錢幣擄獲貧窮孩童的注意力。❹增強的注意力讓這些錢幣「看起來」變大了。或許有人會認為，這可能純粹是因為貧窮孩童較不善於記憶大小。所以研究人員接著直接把錢幣放在孩童面前讓他們來估量大小，讓辨識的任務變得更簡單。事實上，把錢幣放在貧窮孩童面前時，他們犯的錯誤甚至**更加嚴重**。實際的錢幣比記憶中抽象的錢幣更加吸引他們的注意力。（而當他們

❸ 在視覺感官上，投入更多專注不必然代表正確性較高。幾項研究顯示，動機與專注力可以導引初起的視覺處理。生理心理學、神經生理學與行為上的證據都顯示，專注力改變刺激的強度，也因此增強感知的再現，改善或損害視覺表現的各個層面。舉例來說，觀察者報告感知到注意的刺激比實際上還高。

❹ 在這項研究裡，貧窮孩童比富裕孩童更看重硬幣的價值。當然貧窮與富裕孩童之間還有許多彼此不同的特徵。較近期的一些研究試圖引導出價值，而不是探討不同層級人口對價值的差異。

面前沒有錢幣時，孩童們反倒可以很準確地估算出類似大小的圓形紙板。）

擄獲注意力會讓人們的經驗產生改變。一些短促而注意力高度集中的事件，像是車禍和搶劫，專注力的強力投入會產生專家們所說的「主觀時間的延展」（subjective expansion of time），讓人感覺到事件延續的時間好像比較長，因為它有較多的資訊被處理。同樣的，匱乏擄獲注意力所影響的不只是我們看到什麼東西或是我們多快看到它，同時它也影響到我們對世界的詮釋。在一項對孤寂者的研究裡，對受試者展示人臉照片一秒鐘之後，要求他們描述照片中的臉孔表達什麼情緒。這些臉孔傳達的是憤怒、恐懼、快樂或是悲傷？這個簡單的測試評量的是一個重要的社交技能：理解他人感受的能力。很明顯的結果是，孤單的人測試表現**比較好**。你可能會以為他們會表現得比較差，畢竟他們的孤單可能意味著他們社交能力的不足或是缺乏經驗❺。不過當你考慮到匱乏心理學時，他們有較佳的表現顯然很合理。你應該可以想到，假如孤寂者專注於自己在處理社交溝通的匱乏，他們對解讀情緒必然特別敏銳。

這也意味著孤獨者應該對社交性的資訊有更強的記憶。有一項實驗要求受測者閱讀某個人的日記，根據內容來產生對日記作者的印象。稍後不久受試者被要求回憶日記的內容。孤獨者和非孤獨者的表現大致相同。不過只有一個例外：對於日記裡與社交有關的部分，比如像是作者與他人的互動，孤獨者記得特別清楚。

這份研究報告的作者引述其中一段內容，清楚總結孤寂感是如何改變注意力：感情不順遂，也沒有好友的布萊德利．史密斯發現在離婚之後，自己的感知出現改變。

> 突然之間，布萊德利無法擺脫去注意到情侶、夫妻或親人這類人際接觸裡一些很細膩且令他痛苦的細節。也許在某個時候，布萊德利遭遇的困境也會降臨到我們身上。你也許跟布萊德利類似，在一段感情關係結束後，發現自己會特別注意公園裡手牽手的情侶。或者你剛進新學校或新公司，面對完全陌生的環境，你會覺得每個朝著你的笑臉、皺眉或是注視都有特別的意涵。

你或許可以說，布萊德利在社交上就像那些飢餓的人一樣，在逐頁翻讀他的食譜。

❺ 這並不是說孤單的人各方面都有較強的社交技能。情況正好相反。我們必須很精確說明所指「社交技能」的意義。這個研究度量的是解讀社交線索的能力。而另一方面，許多研究顯示孤單的人在社交環境裡調整行為的能力較低。在第六章，我們會主張，這種在社交環境裡調整行為能力較低的表現也是匱乏可預期的結果。

匱乏是一種思維模式

當我們告訴一位經濟學家的同事，說我們正在研究匱乏時，他如此回答：「早就有一門關於匱乏的科學。你們應該也聽過。它就叫經濟學。」當然，他說的沒錯。經濟學就是在研究如何運用我們有限的管道和資源，來達成我們無止境的欲望；人與社會如何去管理實際生活上的匱乏。如果你花錢買一件新外套，你就沒有更多的錢可以上餐廳吃飯。如果政府把錢用在實驗性的前列腺癌治療研究，保障高速公路安全的錢就要變少。值得注意的是，有一些充滿智慧的討論卻經常忽略「取捨」（trade-off）的問題（我們的理論將有助於解釋這種疏忽）。另外有些經濟學的洞見則認知到，實質的匱乏有時會以出乎預期的方式反映在價格上。十九世紀的歐洲古生物學家就在中國學到慘痛的教訓。為了取得稀有的恐龍化石，他們付錢給村民購買龍骨的碎片。結果如何？供給回應了需求。更多龍骨碎片出現了。當村民找到恐龍骨頭時，他們會把它搗碎以增加可以販售的龍骨碎片數量。這和古生物學家們原本期待的很不一樣。

我們對匱乏的研究採取的是不同的處理方式。在經濟學中，匱乏是無所不在的。我們每個人的財富都是有限的；即使是最富有的人也不可能買下全世界。不過我們認為，實質上的匱乏雖然無所不在，匱乏的感受卻並非如此。想像你在某一個上班日，行程表上排的會議不至於太緊湊，而待做清單的工作內容也在掌控範圍內。你可能把行程表之外多的時間用在吃午餐、開一場會議或是打電話給同事催他進度。現在，你再想像另一個上班天，你的行程表裡會議滿檔。你僅剩下的些許時間必須投入一個已經延誤的計劃案。在這兩個情況裡，實際時間的多寡是一樣的。你有同樣的上班時數，而這個時間也都不足以把所有該做的活動做完。不過其中一個案例，會讓你敏銳感受到匱乏，感受到時間的有限；而另一個案例裡，即使你感受到匱乏，也只不過是距離還很久遠的現實。匱乏的感受與實質上的匱乏完全是兩回事。

這種匱乏感從何而來？實際生活中的侷限，當然是因素之一——我們戶頭裡的存款、積欠的債務、需要完成的工作。不過同時也要看我們主觀認知中什麼是重要：我們心裡多想要將它完成？買某個東西到底有多重要？這類的欲求是由我們的文化、教養環境、甚至是基因學塑造而成的。我們對某件事物的深切渴望或許是基於生理上的需求，或許只是因為隔壁鄰居已經有了。就如同我們感受到天氣多冷，不只取決於客觀的氣溫，同時也和個人的新陳代謝速率有關，所以匱乏感不只關乎我們能獲得什麼有關，也關乎我們的品味。許多學者——社會學家、心理學家、人類學家、腦神經學家、精神科醫師、甚至行銷人員——都想試著解讀形成這些品味的原因是什麼。在本書裡面，我們大部分時間會避免這個討論。我們對於品位的偏好暫且不論，把重點放在匱乏的邏輯以及它所產生的連串後果：當我們覺得自己有的東西太少時，心理會發生什麼情況，而它又如何塑造出我們的選擇和行為？

包括經濟學在內，所有學科領域對這個問題大致都有同樣的看法。當我們有的比我們想要的還要少，結果很簡單：我們會不快樂。❻我們越貧窮，就越無法負擔一些好東西——不管是好學區的一棟房子，或是小到調味的鹽和糖。我們越忙碌，享受的休閒時間就越少——不管是看電視或是陪伴家人。我們能攝取的卡路里越有限，我們能享受的美食就越少。諸如此類。擁有的不足是令人不愉快的。而它可能有後續的效應，例如對健康、安全或教育的影響。匱乏會導致不滿與爭鬥。❼

雖然這些說法確實無誤，但是我們認為它漏掉很關鍵的一點。匱乏並不只是物理上的侷限。它同時也是一種思維模式（mindset）。當匱乏擄獲我們的注意力，它就會改變我們的思考——不論改變的層次是在幾個毫秒、幾小時、幾天或是幾個星期。由於它一直盤踞在心頭最重要的位置，它會影響到我們該注意什麼，如何評估選擇，如何自我說服，以及最後我們如何決定、做出什麼樣的行為。當我們在匱乏中運作，我們呈現和處理問題的方法會有所不同。有些領域的學者已經研究過特定類型匱乏所創造出的思維模式：節食如何影響到心情，或是在某個特定文化背景會影響到本地貧窮人口的態度。我們在這裡要提出的是更具普遍性的主張：所有形式的匱乏，都會產生類似的思維模式。而這個思維模式，可以幫助解釋許多匱乏產生出來的行為和它們的後果。

當心智被匱乏感所擄獲，我們會變得更專注、更有效率。我們在很多情況下維持專注力並不容易。我們工作進度遲緩是因為時時會分心。我們會因為漫不經心而在商店裡買了物非所值的商品。緊迫的最後期限或是手頭的現金有限會讓我們專注面對眼前的任務。當我們的心思上緊發條，我們就比較容易避免無心之失。這非常合情合理：匱乏擄獲我們，正因為它重要、值得我們去關注。

不過，何時要把我們的心思上緊發條，卻不全是我們能決定的。我們並不是只有在辦公桌前坐下時，才會想到迫在眉睫的企劃案。可能我們在家裡正在教小孩功課時也會想到它。這種自動俘虜心思的機制能幫助我們集中注意力，但在其他時候則可能變成我們的負擔。因

❻「匱乏」（scarcity）這個詞也被用來描述心理學另一個不同的效應。通常所說的「匱乏原則」（scarcity principle）所表達的觀念是人們覺得某事物不足而希望能有更多。市場行銷人員廣泛使用這種觀念，比如說，限時搶購活動，貨架上沒有把貨補齊而在網路宣稱「只剩三組」。

❼在經濟學上，這是「效用遞增原則」（principle of increasing utility）。擁有更多的資源，提供了更多的效用或利益。在大量的經濟學分析中——包括本書的分析——多把這類的偏好，也可說是這種效用的作用，當成既定的事實。

為我們思緒被匱乏所盤踞，念頭會不斷回到那裡，以致於我們無法把太多心思放在別的地方。這不僅僅是一種比喻。我們可以直接用「心智容量」（mental capacity）來做評量標準，在這裡，我們把它稱之為「認知頻寬」（*bandwidth*）❽。我們可以衡量「流動智力」（fluid intelligence），它是影響我們處理訊息作出決策的重要因素。我們可以衡量「執行控制力」（executive control），它是影響我們強制式行為的重要因素。我們會發現，匱乏降低認知頻寬裡的這些成分——它讓我們的洞察力減弱，較無法做前瞻性思考，較缺少控制力。而它們的效應非常大。比如說，貧窮降低人們認知能力的程度，甚至比一夜沒睡還嚴重。這並不是說窮人的認知頻寬比較窄，而應該說是任何人都會因貧窮而窄化他的認知頻寬。

當我們想到窮人，我們很自然會聯想到缺錢。當我們想到忙碌的人、孤單的人，我們會聯想到缺乏時間或朋友。不過我們研究的結果顯示，各種不同形態的匱乏同樣都會導致認知頻寬的窄化。由於認知頻寬影響到行為的各個層面，這種窄化必然帶來一些後果。我們在森迪爾和紹恩的身上可以看到這種情況。為了奉行計劃而面臨的各種考驗，像是無法抗拒買新的皮外套或是接受新的計劃案、容易忘東忘西（登記行車執照、打電話、繳費）、認知能力的失誤（錯估銀行賬戶存款、對他人邀約的不當處理）這些情況出現都和認知頻寬窄化有關。這其中有一個特別重要的後果：它讓匱乏更加嚴重。森迪爾和紹恩兩人都落入惡性循環無法脫身並非偶然巧合。匱乏會自己製造陷阱。

這對於窮人為何永遠為錢發愁，忙碌的人為何永遠忙不過來，孤單的人為何始終孤單，想減肥的人為何老是失敗，提供了很不一樣的解釋。想要了解這些問題，現有的理論把它們歸因到文化、人格、個人偏好或是體制上的問題。債台高築的人對錢與信用是什麼樣的態度？過度忙碌的人有什麼樣的工作習慣？什麼樣的文化規範和結構性的偏好導引肥胖者對食物的選擇？我們研究的結果認為，有一點是更加關鍵基本的：許多這些問題可以透過匱乏的思維模式來理解。這並不是說文化、經濟力量和人格特質無關緊要。它們當然重要。不過匱乏有它自成的邏輯，它運作於其他的力量之上。

把匱乏陷阱拿來一起做分析，並不表示所有形式的匱乏會產生相同程度的後果。在某一個背景情境下，匱乏思維模式帶來的衝擊可能比在另一個背景情境裡的更大。比如說，人的記憶結構可以運用於理解各種事物，從最瑣碎的（為何我們會忘了鑰匙）到重要的（目擊者的可信度）到不幸的事（阿茲海默症的打擊）。同樣地，在各種不同領域裡，匱乏的邏輯或

❽ 頻寬，或運算容量（computational capacity），過去被人在各種不同脈絡下研究，其中包括智力、理解力、短期記憶力、工作記憶容量、流動智力、認知控制力、執行控制力、專注控制力、衝突監控等等衡量標準。對專業研究學者而言，這其中有部分掌握了相關的差異，大部分都超越我們此處討論的範圍。

許相似，它的衝擊卻可能大不相同。我們在研究貧窮的案例時，這種情形特別明顯。和其他匱乏相比，貧窮的環境可能更加極端，它的情境往往更困難而難以克服。因此窮人的「認知頻寬稅負」（bandwidth tax），可能比忙碌的人或節食者還要高。基於這個理由，我們稍後將特別針對貧窮加以闡述。

就某方面而言，本書的論點非常簡單。匱乏會擄獲我們的專注力，這帶來小部分的好處：我們對於迫切需求可以做比較好的處理。不過更普遍而言，它讓我們付出代價：我們忽略其他該關切的事，處理生活的其他部分也會比較沒效率。我們的論點不只有助於解釋匱乏如何形塑我們的行為；它同時也導引出一些出乎意料的結論，對我們應該如何管理匱乏，提供一些新的啟示。

橫跨認知科學與經濟學的新領域

本書描述的是一個「正在形成的科學」，試圖揭開匱乏在心理學的理論基礎，並運用這個知識來理解大範圍裡各種社會的和行為上的現象。書中有一大部分是引用原始研究資料，研究範圍的場景從大學實驗室、購物商場、車站到紐澤西州的招待街友的愛心廚房（soup kitchen）和印度的甘蔗田。我們也透過我們新假說的視角，回顧先前的一些研究（諸如有關飢餓的研究），以當初研究者可能未預期到的方式予以重新詮釋。我們運用這些資料架構我們的案例，試圖推出一個新的觀點。

研究這麼新的主題，好處之一是它可以同時提供給專家和非專家。因為從認知科學到發展經濟學，我們論證的依據涵蓋許多領域，很少人會在每個領域都是專家，對大多數人而言，我們所提供的材料至少會有些部分是陌生的。為了配合這個情況，我們努力讓整本書，包括技術性的部分，能夠讓廣泛範圍的讀者可讀易懂。同時我們也廣泛使用研究案例裡的花絮和軼事來烘托說明。當然，這些不會取代嚴謹的證據，而是幫助讀者直覺理解，讓概念更生活化。最終，我們論證的力量自然還是要依靠我們所提供的證據。對於希望有更多技術性細節的讀者，我們提供詳細的書末尾注。它們不僅是提供參考資料，也討論我們所提及的研究報告的細節，提及其他相關但無法納入本書討論的研究報告，而且，大致而言，也提供對某特定部分有興趣的讀者有更進一步研究的機會。

本書的目的不是要做出定論。它是對足堪玩味的古老問題，提出一個新的觀點。隨時都可能出現新的思考模式，也隨時有新的意涵可以去挖掘，有新的資料需要去解讀，和新的研究結果需要被理解。這本書仍有許多未竟之事，也因此可以說它是一份邀請——邀請你坐前排席位參與這個發現的過程。

第一部

匱乏的思維模式

THE SCARCITY MINDSET

1

聚焦與隧道效應

FOCUSING AND TUNNELING

虎伯：你想好故事要怎麼寫了嗎？
凱文：創造力不是像水龍頭說開就開。你得先培養情緒。
虎伯：什麼樣的情緒？
凱文：火燒屁股的情緒。

——畢爾・瓦特森（**Bill Watterson**）
《凱文和虎伯》（***Calvin and Hobbes***）

有天晚上，我們到一家叫做「土糖果」的素食餐廳吃飯，這個店名的由來是因為餐廳老闆兼主A廚科恩（Amanda Cohen）相信，所有的蔬菜都是從土壤中生長出的「糖果」。這家餐廳有一道招牌菜——橙汁花椰菜炒脆皮豆腐——讓所有美食評論家如痴如狂。他們的瘋狂有道理。這道菜美味可口，是餐桌上的最愛。

我們去的時間非常巧。我們得知隔天科恩會在「料理鐵人」上亮相，這個風靡一時的電視節目是由主廚們相互競賽，在緊迫的時間裡做出三道菜。廚師要到節目開始才會得知這三道菜需要使用的「驚喜食材」，也只剩幾個小時可以設計和烹調這些菜。不管是對心懷抱負的廚師、美食評論家或光是愛看人煮東西的觀眾而言，都是極受歡迎的節目。

我們看到節目播出時，覺得科恩的運氣實在好到爆。她的「驚喜食材」是花椰菜，她當然是做出前一天讓我們品嘗過的招牌菜，評審們也是讚不絕口。不過科恩的好運跟我們想的不太一樣。花椰菜這個驚喜食材，並沒讓她有機會展現原本預想的廚藝。事實剛好相反。電視播出的這場比賽是一年前錄製的。情況就跟她自己說的一樣：「如今菜單上的這道脆皮豆腐，是在料理鐵人節目裡創造出來的。」❶她在當晚創造招牌菜。如果說這也算是「好運」，這種好運確實是非比尋常。這位料理達人花了這麼多年磨練自己的廚藝，但是她最好的一道菜卻是在巨大的壓力下，在幾個小時內創造出來的。

當然，這一道菜不是憑空生出來的。創意的迸發需要經年累月累積的經驗和努力❷。時間的壓力讓心智專注，迫使我們把過去的努力凝練成即時生成的產品。想像一下你正在準備一

❶ 或許有人認為科恩把這道菜放進菜單純粹是利用自己在「料理鐵人」節目裡名氣做宣傳：因為客人想要品嘗電視裡的那道菜。不過早在電視播出之前，這道菜就已經出現在她的菜單裡。它不只是宣傳手法而已。

❷ 創意與時間壓力之間的關係顯然比這個故事所指涉的要複雜許多。在許多案例中，時間壓力會禁制創意。有一個直覺的判斷對我們很有用。當一件工作需要發散時——創造出新想法——時間壓力會變成一種阻礙。當一件工作需要收斂時——把許許多多的想法統合融會成一個（例如科恩的情況）——時間的壓力可能會有幫助。

場會議中要做的簡報。在開會前幾天，你認真進行準備但難免猶豫不定。心裡的想法已經有了，但是怎樣把它們兜串在一起，卻不容易決定。不過，一旦最後期限逼近，你就沒有時間再躊躇。匱乏迫使你做出選擇。抽象概念變得具體。若沒有最後這一股推力，你可能創意十足，但是做不出最後的成品。參加料理鐵人的節目時，科恩預先準備了幾道獨門私房菜，各種可能的念頭已經在她腦中盤旋了幾個月、甚至幾年。這些並不是匱乏創造出來的。不過，匱乏推了她一把，讓她把各種念頭結合，創出一道美妙的菜。

談到匱乏，我們往往會聯想到它最不利的後果。這也是我們一開始構思這本書的想法——像是難以從債務中脫身的窮人、永遠趕不上進度的忙人。科恩的經驗說明匱乏還有另外一面，而這可能是常常被忽略的一面：匱乏能讓我們更有效率。我們都經驗過在有所欠缺或是受限制時做出驚人的事。科恩因為很清楚知道自己時間不夠，她就會全神貫注，把所有看家本領放入這一道菜。我們的理論認為，當匱乏擄獲我們的心智，它會讓我們的注意力專注於以最有效方式運用手邊有的東西。雖然它可能會帶來負面的效應，但這也代表著匱乏也有它的好處。本章的一開始要介紹這些好處，接著要說明我們因此必須付出的代價，讓大家了解匱乏為何最後會帶來失敗。

時間匱乏的好處

有些人討厭開會。研究組織行為的重要學者格西克（Connie Gersick）曾經以會議如何開展為研究議題❸。她進行許多詳細的量化研究以了解會議是如何開展，以及在會議的進行中運作和會談的形式如何變化。她研究過許多類型的會議——學生開的會和經理人開的會；目的是評估選項做成決策的會，以及目的是腦力激盪以創造諸如促銷活動這類實際可行計劃的會。這些會議各有不同的特點，不過有一點卻是一樣的。它們一開始都缺乏焦點，討論也比較抽象或不著邊際，對話也是曲曲折折，還會常常離題。簡單的幾個要點也要經過長篇大論的討論。不同的意見被提出後卻是議而不決。時間被花在不相關的細節上。

不過接著下來，會議進行一半過後，事情開始有變化。出現格西克所稱的「中程修正」（midcourse correction）的情況。眾人理解到時間不多，開始認真起來。如她所形容：「他們

❸ 在這個原初的研究中，她參與了八個團體的每一次團體會議。雖然我們將它簡化並只討論其中一次會議，但是她研究的過程涵蓋了好幾次會議。在Ruth Wageman, Colin M. Fisher, and J. Richard Hackman合著的“Leading Teams When the Time Is Right”（*Organizational Dynamics* 38, no. 3 [2009] 192-203）討論了領導者可如何運作這些洞見。在轉換的中間點，參與會議者會特別期待改變步調，這是領導者可利用之處。

活動的中點成了『進展大躍進』的起點，參與者開始關心最後期限及目前的進展。在這時候他們進入活力突然增強，想要一起來完成會議任務的階段。」他們會設法排除不同意見，關切最關鍵的重點，把其他細節暫時擺到一邊。會議的後半段幾乎總會做出比較實際的進展。

這種中程修正說明匱乏擄獲心智產生的結果。一旦時間緊迫變得很明顯，人們就會開始聚焦。即使我們自己做事時也是如此。想像你在寫一本書。想像一下你進行的那一章必須在幾個星期後完成。你坐下來寫作。寫了幾個句子後，你想到有一封電子郵件需要注意。當你打開信箱，又看到還有一封信需要回覆。不知不覺中，你發現已經過了半個小時，而你還在弄電子郵件。因為知道自己該寫作了，所以你又回到當初短短的幾段句子。接下來，在你「寫書」的同時，又發現自己分心了：你花了多少時間在想午餐是不是要吃披薩、上次做膽固醇檢查是什麼時候以及保單上的地址到底有沒有更新？你花多少時間在聯想不大相干的事？幸好午餐時間差不多到了，你決定提前收拾東西。你跟一位好一陣子沒碰面的朋友吃完午餐之後，又繼續留下來喝杯咖啡——畢竟，你還有幾個星期可以來寫這一章。於是一天就這樣過了；你努力寫了一點，但是進度遠不如預期。

想像同樣的情況經過一個月後。你只剩下幾天，而不是幾個星期就得寫完這一章。這回你坐下來寫作的時候內心有著迫切感。當你想到同事發的電子郵件時，你可能壓著不管，而不是分心。可能更妙的是，你已經專心到根本沒去登錄信箱。你不會再去想關於午餐、膽固醇檢查或是保單。你和朋友共進午餐時（假設沒有改時間），你不會再留下來喝杯咖啡——在你用餐的同時，該寫的那一章和截稿期限仍在心頭。一天下來，你的專心致力得到回報：你認真搞定這一章很重要的一大段。

心理學家也曾在較嚴謹的實驗中研究過「完成期限」（死線，deadlines）的好處。其中一項研究裡，大學生受雇用以較長的期限來校對三篇論文❹：他們有三個星期來完成工作。酬勞是根據他們找出錯誤的多寡以及校對是否如期完成來決定。他們必須在第三個星期把論文都交回來。透過巧妙變動，研究人員建立時間較為匱乏的對照組。他們的完成期限比較緊湊，必須每星期交回一篇校對過的論文，總計同樣是三個星期完成。結果如何？就跟前面我們假想的實驗一樣，完成期限較緊湊的那一組比較有生產力。他們遲交情況較少（雖然他們錯過完成期限的機會比較多），他們找出更多的錯別字，同時他們也賺到比較多的酬勞。

❹ 稍早的一項研究發現，他們交給大學生們一份非強迫性質並且付酬勞的工作報表，繳交期限為一個星期的學生，比繳交期限是三個星期的學生完成報表的機率更高。經濟學家運用另一種不同的框架——雙曲貼現（hyperbolic discounting）——來解釋完成期限的魔力，也就是我們衡量現在與未來時，會出現不成比例的傾向。從這個觀點來看，安插中介階段的完成期限，把遙遠未來的獎勵轉化成較立即的現在而使得我們做事更有效率。

完成期限不光只是增加生產力。比如說，大四學生在下學期同樣面臨完成期限。他們只剩有限的時間可以享受最後一段大學生活。心理學家克爾茲（Jaime Kurtz）所做的研究，觀察大四生如何處理這個完成期限。她從畢業前六個星期開始做研究。六個星期的時間長度讓人還不至於感覺大學生活已經結束，但也短得足以覺得結束的時間已經迫近。克爾茲讓一半的學生感覺期限迫切（倒數剩多少個小時），其他一半學生則讓他們覺得時間還早（所剩時間是一年的幾分之幾）。學生對於匱乏感受上的變化，影響他們時間的管理方式。感覺時間所剩不多的學生，會想辦法充實自己的生活。他們花更多時間參與活動，浸淫在最後一段大學的歲月裡。報告也顯示他們覺得比較快樂——或許是更充分享受大學所能提供的樂趣。

時間的匱乏所帶來的影響，在許多不同領域都可觀察到。在大規模的市場調查實驗中，有一些消費者收到印了有效期限的折價券，另外一些消費者則收到沒有期限的類似折價券。沒有期限的折價券雖然可以使用的時間比較久，但是被使用的機率卻比較少。沒有時間上的匱乏，這些折價券無法聚集注意力，甚至會被遺忘。在另一個領域裡，組織的研究者發現銷售人員在每個促銷季的最後幾星期（或最後幾天）工作最努力[5]。我們進行的一項實驗裡也發現，負責資料輸入的工作者，越靠近領薪日工作越勤奮。

英國記者哈斯汀（Max Hastings）在撰寫邱吉爾的書中提到：「英國人在事情快要來不及

的時候，腦袋運作得最好。」任何一個在最後期限前努力趕工的人可能都會覺得自己像英國人。完成最後期限之所以有效，是因為它創造匱乏讓心智專注。就像二次世界大戰的飢餓研究中，受試者因飢餓而讓食物成了當務之急，最後期限也會讓必須要完成任務成為你心頭的當務之急。不管是會議結束前的最後幾分鐘，或是大學生活的最後幾星期，完成期限正在虎視眈眈。我們會投入更多時間去執行任務。原本讓你分心的事物誘惑力降低。當你該寫的那一章即將截稿，你就不會多費時間吃午餐；當會議即將結束，你就不會在離題太遠的議題上打轉；而你在畢業前夕，會專注於善用校園生活。一旦時間短暫，你就會想要充分利用時間，不管是用在工作或是享樂。我們把它稱為**專注紅利**（focus dividend）——這是匱乏俘虜心智所帶來的正面結果。

專注紅利

不只是時間，任何形式的匱乏都應該產生專注紅利。我們生活上經常可看到一些案例。當牙膏管裡的牙膏漸漸變少時，我們擠牙膏會變得謹慎節制一點。一盒昂貴的巧克力，我們

❺ 探討這種效應的論文比較不像我們從心理學出發，而是把它歸因於隨著時間移轉產生的勞力替代。

往往捨不得吃最後的幾顆。在假期的最後幾天，我們巴不得逛完每一個景點。當我們有比較嚴謹的字數限制時，我們寫作會變得更小心，而且往往寫得最好。

我們與心理學家夏哈（Anuj Shah）合作時，想出如何運用這些廣泛的生活案例來測試我們的理論。假設我們的理論適用於所有類型的匱乏——不只是時間和金錢——它應該也適用於人為製造出來的匱乏。在實驗室裡創造出來的匱乏是否也會產生專注紅利？在比實際世界有更多可控制因素的環境下，實驗室讓我們得以研究人們會如何行為，能否透露思想和行動之間有什麼樣的機制。它所遵循的是心理學利用實驗室來研究重大社會議題——強制一致性（conformity）、服從（obedience）、策略性互動（strategic interaction）、助人行為（helping behavior）、甚至是犯罪——的傳統。

於是，我們模仿憤怒鳥（Angry Birds）創造一個電子遊戲。這個遊戲我們稱之為「憤怒藍莓」，參與遊戲者以虛擬的彈弓，拿藍莓來射擊鬆餅，他們要決定彈弓的角度還有發射時使用的力道。藍莓在螢幕上飛來飛去，碰到物體反彈並「消滅」所有碰到的鬆餅。這是關於瞄準目標、準確度與物理學的遊戲。你需要去預測藍莓的軌道以及它可能反彈的位置。

在這個研究中，受試者玩二十回合累計點數換獎。每一回合得到新的一組藍莓。他們可以把現有的藍莓全部射完，也可以存起來留在後面用。如果在二十回合之後還有剩下藍莓，他們仍可以繼續射擊並累積點數，直到全部射完為止。在這個遊戲裡，個人財富由藍莓多寡決定。藍莓越多代表射擊機會越多，意味著可以得到更多分數和兌換更好的獎品。下一步則是要製造藍莓的匱乏。我們讓部分受試者有較多的藍莓（他們每一回合有六個藍莓），另一部分受試者的藍莓則較少（每回合只有三個藍莓）。

結果他們怎麼做？顯而易見，較「富有」的這組得到比較高的分數，因為他們有比較多的藍莓可發射。不過從另一角度來看，較「貧窮」的這組表現卻比較好：他們的準確性較高。這並不是他們在視力方面有什麼神奇的改進。貧窮組花比較多的時間在瞄準。（遊戲中並沒有限制射擊的時間）他們的瞄準比較仔細。他們的射擊機會比較少，所以也就特別謹慎。相較之下，富有的這一組可以說是讓藍莓滿天飛。這並不是說富有的這一組因為有比較多的回合而感覺無聊，所以才會用比較少的時間瞄準。也不是因為他們到後來覺得疲累。即使是在前面幾次射擊，他們專注和小心的程度也不如貧窮組。這和我們原先的預測相吻合。因為擁有的藍莓比較少，貧窮組得以享有專注紅利。

藍莓的匱乏和完成期限——也就是時間的匱乏——產生類似的效應，在某方面而言讓人有些驚訝。在電玩遊戲裡擁有較少的藍莓，與只剩幾分鐘就得開完會議，或是只剩幾個鐘頭就要完成一個計劃案，幾乎沒什麼相似之處。專注每次的射擊，考慮彈弓要拉多用力以及何時鬆手，與選擇會談內容和安排工作進度的複雜決定大不相同。除了匱乏，我們已把其他複雜因素都排除在外，結果出現相同的行為模式。藍莓射擊的初步結果顯示，不論世事如何變化，匱乏本身就會創造出專注紅利。

在條件控制下所觀察到的匱乏效應還顯示了一件事。在真實世界中，富人與窮人在許多方面都是天差地遠。他們不同的背景和經驗造成他們人格特質、能力、健康、教育與偏好的差異。人們在完成期限的最後一刻拚命趕工的時候，可能也發現自己完全變了一個人。他們行為會變得不一樣，匱乏可能是其中一個原因，不過有可能其他方面的差異也扮演一定的角色。在憤怒藍莓的實驗中，一些人「富有」（有較多的藍莓）而有一些人「貧窮」完全是由運氣決定。所以如果這些人的行為表現不同，那不可能是出自系統性的先天個人差異，它的原因必然是兩組人之間的不同之處：也就是藍莓數量的匱乏程度。透過這種在實驗製造出來的匱乏，我們可以解開通常會與匱乏糾結在一起的其他事物。我們可以得知匱乏本身就是原因所在。

專注紅利——也就是面臨完成期限時強化的創造力，以及藍莓短缺時射擊的精準度——來自於人們的核心機制：心智被匱乏所擄獲。**擄獲**（*capture*）這個詞在此是關鍵：它的出現既無法避免，同時也超乎我們控制之外。匱乏讓我們做出一些光靠自己本身不容易做到的事。

同時，這個實驗提供一個可能的暗示。在理論上，憤怒藍莓遊戲中「富有」的那一組人可以運用策略想像自己是窮人。他們可以每回合只用三顆藍莓（和窮人一樣）而把其他的存下來。這讓他們可以比真正的「窮人」組多玩兩倍的回合，如此一來就可以贏得兩倍的分數。不過在實際的實驗中，藍莓的「富人」組在每次遊戲過程中得到的分數不到窮人組的兩倍。❻當然，參與遊戲者也許事先沒有了解到這種策略。不過即使他們知道這個策略，他們也幾乎不能改善分數。

要假裝匱乏是很困難的事。匱乏紅利的出現是因為匱乏盤踞我們心頭，擄獲我們相對於其它事物的注意力。我們看到它出現的方式超越有意識的控制——發生在幾毫秒之間。正因為如此，迫近的完成期限會讓我們立即避開分心的事物和誘惑——它主動把這些事推開。就像自己搔癢不太會覺得癢一樣，要靠假裝完成期限將屆而驅使自己努力工作是極為困難的。❼一個想像出來的完成期限畢竟只是想像。它絕對無法像實際的完成期限一樣俘虜我們

❻ 擁有較多藍莓「富有」的受試者對遊戲乏味或是不想花太多時間的情況，在這裡並不成立。如果這種情況成立的話，他們大可少玩幾回合並提前結束遊戲。

❼ 學界普遍認為，自我產生的動作因為可被預測，因此發癢的效果會減弱。就我們所知，目前關於想像的完成期限或時間壓力並沒有類似的詳細研究。常被討論到的是「重新協商」的問題。想像的完成期限並不會讓人感到壓力，因為人們心裡還是很清楚永遠可以跟自己重新協商。

的心智。

這些數據顯示，匱乏在許多長短不同的時間區間都會擄獲我們的心智。我們在前面已經看到匱乏在幾個毫秒中俘虜我們的注意力——它讓飢餓的人瞬間辨認出CAKE這個字。我們看到它在幾分鐘之間（憤怒藍莓的射擊）、幾天、幾個星期之間（大四學生充分把握畢業前夕的時間）發揮它的作用。匱乏的拉動力，從幾個毫秒開始，可以延展成為更長時間區間的行為表現。整體來說，這正說明了不論是我們下意識的思考或是刻意的行動，匱乏都會擄獲我們的心智。用心理學家卡尼曼（Daniel Kahneman）的話說，不論在快速思考或慢速思考時，匱乏都會擄獲我們的心智。

隧道效應

二〇〇五年四月二十三號晚上十點，阿馬里歐消防局的布萊恩・杭頓接到他此生最後一次火警的通報。

火警通報有時可能只是虛驚一場。有些——像這次在南波克街的火災——則真實無比。由於無法確定每次實際情況如何，消防人員每一次都必須嚴陣以待。每一次通報都是一次實際的消防演練：消防人員必須從原本在消防局的輕鬆夜晚，立刻轉換到火災現場，準備面對熊熊大火。他們不只要迅速到達現場，還得裝備齊全，將一切準備就緒。他們平日要排演並改進每個步驟。他們還要訓練快速著裝完畢。這一切練習都是值得的。在接到報案六十秒鐘之後，杭頓和其他隊員已經全數搭上救火車，消防專用的褲子、外套、頭巾、手套、頭盔和皮靴穿戴完畢。

消防人員之外的人可能對杭頓的死因感到驚訝。他並不是在火場中被火神吞噬。也不是死於吸入濃煙或是火場建築倒塌。事實上，杭頓根本沒有趕到火場。當消防車趕往南波克街，在中途做了個大轉彎。車子全速急轉時，左後門突然開了。杭頓跌出車外，頭部撞到人行道。巨大的撞擊力道讓杭頓顱部嚴重受創，兩天之後不治身亡。

杭頓的死是一場悲劇，因為它原本是可以預防的。要是在車門意外打開時，杭頓有繫上安全帶就好，他或許會嚇一大跳，但至少是安全的。

杭頓的死格外不幸，因為它並不是個案。根據統計，車禍是消防人員死亡的第二大主因，僅次於心臟病發。在一九八四年到二〇〇〇年之間，有二〇%到二五%的消防員致死原因是車禍意外。其中又有七九%的案例中消防員沒有綁安全帶。雖然我們無法確知數據，但是合理推斷光是扣上安全帶就可以挽救許多消防人員的生命。

消防人員當然也知道這個統計數字，他們在安全教育課程就會學到。杭頓本人在意外發生的一年前才剛從安全課程結業。美國消防署副署長查理．迪金森（Charlie Dickinson）在二〇〇七年寫道：「我相信所有消防隊員自己開車時都會綁安全帶，我相信所有消防人員也都會要求自己家人坐車時扣上安全帶。到底是什麼原因，會讓消防員從車上跌落喪命？」

急著回應通報趕往火場時，消防員面臨的是時間的匱乏。他們不只要快速上車趕往火場，同時還有一大堆準備工作必須在到達現場前準備就緒。他們在車上就要先研究策略。他們利用車上的顯示器研究火場的建築結構和格局。他們進入和撤離火場的策略，還要估算需要的救火水柱數量。這些都必須在進入火場前進行完畢。而消防人員對處理這種匱乏相當得心應手。他們在短短幾分鐘就趕到火災現場。他們擁有很多專注紅利。不過要得到這種紅利也得付出代價。

專注在一件事上表示會忽視其他事情。我們都體驗過，當我們專心讀一本書或是看電視時，沒注意到旁邊的朋友問話。專注的力量同時也是關閉隔絕其他事物的力量。我們說匱乏「聚焦」，但是我們也可以說匱乏引發「隧道效應」：注意力只能集中於處理手邊的匱乏。

「隧道效應」（*tunneling*）所引發的是隧道視野（tunnel vision）[8]，也就是在隧道裡面視覺範圍變狹隘，讓我們對裡面的東西特別專注，完全看不到隧道外面的事物。蘇珊．桑塔（Susan Sontag）在談攝影的文章裡有句名言：「攝影就是設定框架，設定框架就是排除其他。」我們這裡用「隧道效應」來指稱這種認知上的情況。

其結果就是，消防人員不只是專注於及時準備就緒趕到火場；他們鑽入隧道效應裡。其他不相干的事項——在這例子中是安全帶——就被忽略。當然，隧道效應對消防人員而言並非特例，而消防人員也有可能是因為其他理由而沒繫安全帶。不過，壓根就沒想到安全帶的話，當然也就不可能扣上了。

專注是一種正面價值：匱乏讓我們專注於當下似乎是最重要的事。隧道效應則不是：匱乏讓我們視野窄化而忽略掉其他可能更重要的事。

❽ 人類天生會把目標物體聚焦在中央凹（fovea），也就是眼睛視網膜中間的部位。然後，把一些物件置於中心凹周圍視覺敏銳度較低的旁中心凹（parafovea）範圍內。研究人員在中心進行各種活動，同時測量人們感測這些週邊物件的能力，獲得重大的發現。他們維持視覺訊息不變，只是稍微調整受試者的任務。舉例來說，所有受試者看到的是同一個A，但部分受試者的任務是判定它是否為字母A（容易），而另一部分受試者則需判定它是否為母音（較困難）。研究者發現，雖然視覺體驗是相同的，但受試者對中央凹出現的A需要做較複雜思考，對週邊物件感測的能力會變得比較差。隨著對任務專注度增加，他們出現隧道效應，喪失週邊視野。這種現象出現在實際眼球的運作，但隧道效應也指涉包括這種視覺經驗在認知層面所出現的情況。它指的是一種專心致意（single-mindedness）而漏失疏忽了許多週邊事物的情況。

忽略的過程

隧道效應改變我們做選擇的方式。想像有一天早上你跳過原本例行的健身房運動去做某件必須完成的事。你面臨緊迫的期限，因此做這件事是優先要務。你是如何做出選擇的？有可能你做了理智的權衡取捨。你估算自己最近去健身房的頻率。在上健身房與完成工作的迫切需要兩者之間衡量之後決定不去健身。那天上午多做幾個小時的工作要比做運動重要得多。在這個情境中，即使你不受匱乏感帶來的心理影響，你還是會認為當天放棄去健身房運動是最佳選擇。

但是在隧道效應下，我們會有不同的選擇。完成期限製造本身的狹隘焦點。你從一早醒來，心智就完全集中在最即時的需要。健身房這件事在你腦中可能連想都沒想到，根本沒有進到你已經塞滿滿的隧道裡。你未經考慮就已經跳過健身房。甚至就算你有考慮過，你對它所代表的好處和要付出的代價，看法也會大不相同。隧道效應放大要付出的代價——可以完成工作的時間更少了——而縮小了它的益處——那些長遠的健康好處顯得遙遠而毫不迫切。不管它是不是正確的決定，也不管經過客觀的損益評估後會讓你做出同樣的決定，你都會跳過這次的健身。和讓我們在完成期限之前更加有生產力的原因一樣——讓我們分心的念頭變少了——它會讓我們做出不同的選擇。

隧道效應的運作靠的是改變我們心中會出現的想法。如果想體會這種過程，可以試試這個簡單的任務：盡可能列舉白色的東西。現在就可以試試看。為了讓它容易一些，我們提供你一些明顯的例子當開頭。花一分鐘想想你能說出哪些白色的東西。

雪　牛奶　＿＿＿＿　＿＿＿＿　＿＿＿＿

＿＿＿＿　＿＿＿＿　＿＿＿＿　＿＿＿＿　＿＿＿＿

＿＿＿＿　＿＿＿＿　＿＿＿＿　＿＿＿＿　＿＿＿＿

＿＿＿＿　＿＿＿＿　＿＿＿＿　＿＿＿＿　＿＿＿＿

你能列出多少個？這件事是不是比你原先想的還要難？

研究顯示有一種方法可以讓事情變容易一些——那就是不要提供你「雪」和「牛奶」的答案。❾在實驗中，獲得這些「提示」的人，甚至把這兩個提示加進去，能列出白色東西的總數還是比較少。

❾ 另一份研究要求人們說出美國的州名，結果發現舉出幾個州名來「幫助」他們，只會降低他們所能答出的數目。

會出現這種怪異的結果，是因為心理學家稱之為「禁制」（*inhibiition*）的效應所導致。一旦「白色」和「牛奶」的鏈接在心裡啟動，每次你一想到「白色的東西」，被啟動的鏈接就會吸引你回到「牛奶」（並更加活化這個鏈接）。也因此所有其他白色的東西受到禁制，讓你更難以做聯想。你的腦筋變得空白。甚至我們想為這段文章找到例子也很不容易。「牛奶」是如此正統經典的白色物體，一旦它被啟動之後，就會把其他東西都排擠出去。這是心智的重要特徵：聚焦在一件事物上會禁制其他相關概念的出現。禁制也是當你對某人發怒時會出現的情況，你很難去想到這個人的優點：聚焦於他令你惱怒的性格特點禁制了你對他的正面印象。

心智禁制的不只是言語或記憶。在一項研究中，受試者被要求寫下個人的目標，他們期望擁有某項特質（比如說「受人歡迎」或「得到成功」）。其中一半的人被要求列出個人的重要目標。另一半的人則可以列出任何的目標。接下來，就像前面牛奶的實驗一樣，兩組人都被要求列出盡可能多的目標（不管重要或不重要）。一開始被要求列出個人重要目標的那一組，他們列出的目標少了三〇％。就如同「牛奶」關閉其他白色的物體一樣，重要的目標被啟動之後就關閉其他可能的目標。聚焦在某件對你比較重要的事會讓你較難去想到其他的事。心理學家把這個稱之為「目標禁制」（goal inhibition）。

目標禁制是隧道效應背後運作的機制。匱乏創造一個強而有力的目標——處理目前迫切所需——而禁制其他的目標和考量。消防人員有一個目標：迅速趕到火場。這個目標禁制其他想法的侵入。這有可能是好事；他心裡不會去想到晚餐或是退休存款，而是專注在即將面臨的大火。不過這也有它的壞處。人們不會想到與眼前的目標不相關的事（比如安全帶）；甚至就算想到了，其他更迫切的考量會立刻淹沒這些想法。就是在這種情況下，安全帶與意外的風險被忽略。

禁制同時是匱乏帶來好處（專注紅利）和匱乏要付出代價的原因。禁制分心讓你專注。在前面的例子裡，完成期限為何讓我們變得特別有生產力？因為我們較不容易分心。我們不會去想到同事寄發的電子郵件，即使想到也會馬上放到一邊。目標禁制正是我們比較不會分心的原因。主要的目標——寫完書的一章——俘虜了我們的心智。它禁制所有會導致延遲、分散注意力的事物，像是電子郵件、打個電玩或是吃個零食。不過它同時也禁制一些我們應該注意的事，像是上健身房或是一通重要的電話。

專注聚焦和隧道效應讓我們注意或忽略某些事物，出於同樣的理由：在隧道之外的事物受到禁制。當我們在完成期限前趕工，略過健身房上課可能有道理，也可能沒道理。我們決定放棄健身房來應付最後期限時，根本不會去考慮這個問題（或不會去想太多）。我們心思並不在那微妙的損益得失，我們想的是完成期限。落入隧道裡的考量會受到仔細的檢視。在隧道之外的考量則會被忽略，不管它是好是壞。想像機場管理空中好幾架飛機的塔台管理員。當一架大型客機報告引擎出現故障時，他會全神貫注在這架飛機上。在那段期間，他忽略的不只是午餐計劃，也會忽略其他由他管控的飛機，包括有可能會進入相撞航道的飛機。

我們在憤怒藍莓的實驗裡看到專注紅利。在實驗室裡我們也可以看到隧道效應產生的負面結果。假設匱乏引發的忽略讓人無法衡量損益得失，那麼即使它會對個人造成損害，我們同樣也會視而不見。為了測試這個理論，我們與夏哈進行另一項研究，我們讓受試者進行簡單的記憶測驗，每張包含四個項目，如同下圖：

受試者記憶這些圖像，稍後進行測驗。我們提供他四個項目中的其中一個圖，要求他們回想其他三個。舉例來說，在看完下面這張圖之後，他們可能會被要求重建包含下列圖像的場景。

重建包含下列圖像的場景：

點擊這裡，進行下一回合

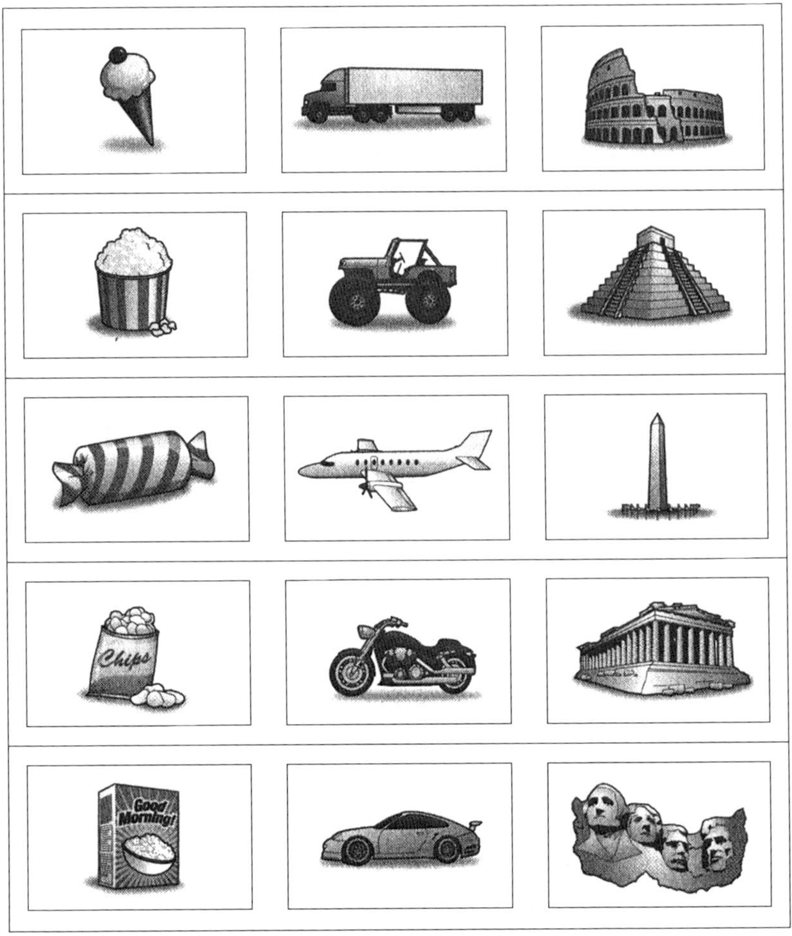

受試者必須憑記憶想出在原本圖案中與蜘蛛同時出現的物體——一盒食物、一輛汽車和一座紀念碑。[10]做出正確的答案就可以得到分數，而且答題的時間並沒有限制。這裡沒有時間的匱乏，不過有猜題的匱乏。他們只有限定的次數可以進行猜測。和之前的實驗一樣，我們設計猜想的「富有組」和猜想的「貧窮組」。

為了計算隧道效應的代價，我們多了一點設計，讓參與實驗者一次同時玩兩組遊戲。他們每次有兩張圖案要記憶和回想。其中一組是「貧窮組」遊戲（可以猜測的次數較少），另一邊是「富有組」遊戲（可以猜測較多次）。所以他們在回想其中一邊的圖案時將體驗到匱乏，而在另一邊則不會。他們得到的總分數是根據兩邊遊戲的表現：他們要設法得到最多的分數。把它想像成手邊同時有兩個案子要完成，其中一個的完成期限是明天，另一個則是一個禮拜後。當人們出現隧道效應時，他們在其中一邊圖案獲得的高分，會被另一邊的不良表現所抵消。

與原先的專注紅利一致，受試者在「貧窮組」遊戲猜想圖案的成效比較好。但他們也會出現隧道效應：他們忽略另一邊的圖案。而這並不太合乎效率。在被忽略的那一邊圖案，他們表現得糟糕，而且糟到他們的總分甚至比**兩邊**都只能猜較少次數「貧窮組」遊戲的受試者還少。雖然他們有比較多猜測的機會，卻得不到更好的成績。[11]兩邊遊戲的猜測次數都很匱乏的受試者，意味著他們兩邊都不能忽略，但是如果一邊遊戲可以允許猜錯比較多次，就會讓他們忽略這個遊戲，而把專注力放在他們猜測機會較少的這一邊。而他們太過於專注在這上面。如果不是這麼刻意地把專注力移轉到機會較匱乏的這一邊，他們的表現也許不會這般極端。顯然他們未能預先衡量隧道效應的損益得失。他們很自然地落入隧道，並在這個環境下受到傷害。

我們把把這種負面的效果稱之為「隧道稅負」（*tunneling tax*）。這種稅負是否會壓倒專注紅利，當然要以它的背景情境和所得到的回報來決定。稍微修改一下遊戲規則，紅利的效應就會勝出。這個研究的重點不是為了顯示隧道效應的代價必然會大於專注所帶來的利益。這個研究真正想說明的是，損益得失的考量，無法決定隧道效應的出現與否。匱乏自動俘虜我們的心智。當它出現時，我們無法利用仔細的得失計算來作出選擇。不論對我們帶來利益或損害，我們都會為了應付匱乏而落入隧道效應。

❿ 這裡的圖示中，物件呈現的方式是深淺程度不同的灰色。實際的實驗有兩點跟這裡不一樣。首先，受試者面對的物件更多。其次，這些物件有不同的顏色，這些顏色也是需記住的內容之一。

⓫ 實驗結果來自於未發表的研究。受試者在一邊有三次猜題機會時比兩邊都只有一次猜題機會所得的分數減少了七%。

隧道稅負

我去上了速讀課，花了二十分鐘讀完《戰爭與和平》。裡面講的是俄國。

——伍迪艾倫

由於上述的例子比較抽象，我們最後用幾個比較直覺的小故事來說明隧道稅負如何在日常生活裡展現。這些例子並不是說人們必然會被誤導，而是在說明隧道效應可能導致我們忽略某些考量。首先是《華爾街日報》某個談論如何存錢的文章。

> 好。你想在感恩節之前多存下一萬元。要怎麼做到？你已經聽過許多關於如何節儉度日的老生常談。你準備做你該做的事，像是省掉咖啡錢，**提高保險的自付額**（粗體字為作者所加），並且避免去昂貴的商店。

提高保險的自付額算是好主意嗎？對預算吃緊的人來說實在很難回答。的確，它可以省錢，但它也需要付出代價。可能一開始你會省錢，但是萬一有意外狀況，你可能有花更多錢的風險。對自付額做理性思考後，應該不會做出這種選擇。不過在隧道效應裡，有一個考量變得巨大無比：那就是現在就要省到錢。提高自付額——就和不喝咖啡不看電影一樣——現在把錢省下來的想法已經牢牢盤踞隧道中。其他該關切的事——萬一車子壞了怎麼付錢修車——已落出隧道之外。

這不只會讓人提高保險自付額，甚至會乾脆放棄保險。研究人員在貧窮國家發現，很難說服貧窮農民參加各類的保險，不管是健康險或是農作物保險。舉例來說，降雨保險可以保障農民不會因為降雨量太少（或太大）而對他們的生計造成重大打擊。即使在極高額的補助下，大多數（某些案例高達九成以上）農民仍沒有保險。同樣情況也發生在健康險。當貧農被問到為什麼不保險，他們通常的解釋是付不起保險費。這實在有點諷刺，因為我們可能會覺得這恰恰好相反：正因為他們窮所以才**非保不可**。保險這時成了隧道效應下的犧牲者。對一個想方設法要湊出這個星期食物和其他必要費用的農夫來說，下一季缺雨的威脅或是醫療費用顯得太抽象。它很顯然落出隧道之外。保險無法幫他處理任何當下在心頭的迫切需要——食物、租金、學校費用。它反而讓情況更惡化——讓已經緊繃的預算又多了一筆。

另一個隧道效應的展現是在多工作業（multitask）。我們可能一邊「聽著」視訊會議，一邊收發電子郵件，或是在吃晚餐時想用手機再多看或多寫幾個郵件。它的好處是節省時間，但是它也需要付出代價：在會議裡漏聽幾句，在晚餐錯過一點事，或是電子郵件寫得亂七八糟。在開車時，這種代價最明顯。談到多工作業的駕駛時，馬上會讓你聯想到邊講手機邊開車的駕駛。事實上，研究顯示開車時拿著（免手持）手機講電話，比你酒駕還要糟。[12]你可能也會想到有駕駛邊開車邊吃三明治。研究顯示駕駛吃東西的危險性也是一樣大。[13]而且它是一個很普遍的現象：有一份研究發現有四一％的美國人會在開車時吃完一頓正餐——早餐、午餐或晚餐。邊吃飯邊開車讓你省下不少時間，但是它可能弄髒車子的內裝、增加發生車禍可能、甚至讓你身材變得更胖：人們在分心的狀態下會攝取更多的卡路里。隧道效應會促進多工作業，因為它節省時間的效益是在隧道之內，而它製造的問題往往是落在隧道之外。

當我們落入隧道效應，有時會完全忽略其他的事情。當我們忙著十萬火急的案子，我們會犧牲與家人相處時間，暫緩處理自己的賬單或延誤定期的健康檢查。當你時間非常緊的時候，你可能輕易就會說：「下禮拜再多花時間陪陪孩子。」而不是：「的確，孩子很需要我。」老是說下次下次，到底哪個下一次叫做真正有空？」在隧道之外的事物讓你難以看清楚，往往你會低估它們的價值而輕易把它們忽略。

公司企業對這種匱乏心理學同樣沒有免疫力。舉例來說，在市場景氣較低迷的時候，許多公司削減行銷預算。有些專家認為這並不是正確的企業決策。事實上，這很像隧道效應造成的結果。一家小型企業的顧問這樣形容：

在不景氣時，許多小企業會犯下錯誤：對自己行銷的預算大砍特砍甚至完全刪除。但是，不景氣正是你的小公司最需要行銷的時候。消費者是善變的，時時會對購物的決定做改變。你必須讓你的品牌傳播出去，協助消費者找到你提供的產品和服務並選用它們，而不會去選用別家的。所以，行銷不應該放棄。事實上，如果有可能的話，反倒更應該加強行銷的力道。

這種論證——景氣衰退時該不該刪減行銷預算——能否成立需要靠很多市場的實證研究。我們這裡要談的是，當你一心想縮減這一季的預算時，行銷的好處似乎是隧道效應中會被忽略的東西。行銷——就和前面的保險一樣——它的花費代價會落在隧道視野之內，而它的利益則在隧道之外。

在許多這類的例子裡，我們可以質問這些決定到底是好是壞。我們怎麼知道一邊開車一

⓬ 不過最近一個大規模的自然觀察法研究，意外發現手機的使用對車禍機率幾乎沒有影響。這個研究避免了駕駛風險田野調查研究裡經常會遇到的問題，因此格外令人注意。不過它與相當多數據資料相互矛盾，還有待更多後續的調查。

⓭ 就我們所知，並沒有關於開車時邊吃東西的實驗。我們所能得到最好的數據來自「百車研究」：它在一百部車上安裝監控裝置，追蹤了十二到十三個月，獲得四三，〇〇〇小時以及超過兩百萬里程數的數據。這項研究中發現，在駕車過程中飲食導致車禍或險些肇禍的機率增加五七%。使用手機導致的風險則增加二九%。不過，以手機撥號導致車禍風險的機率會增加二七九%，這說明了這項研究的關鍵發現，視覺上的分散注意力是非常致命的。

邊吃東西所省下來的時間，值不值得讓我們冒車禍意外增加的風險？要怎麼去判定某個特定的決定的對錯並不容易。如果你因為專注工作的完成期限而忽略孩子，就一定是不好的決定？由誰來判定？這要看你工作表現不好會有什麼後果，小孩缺乏陪伴會造成什麼影響，甚至你希望過什麼樣的生活來決定。一個旁觀的觀察者很難去釐清這些糾纏在一起的種種考量。不過藉由說明隧道效應是**如何**運作以及為何有些考量常常被忽視，匱乏的思維模式也許在做出判斷之前，就可以對問題提供一些啟發。

舉例來說，它讓我們了解根據別人的行為來推斷他們的偏好時應當謹慎。我們看到大忙人忽視自己的小孩，就斷定他對孩子重視的程度還比不上他對工作的重視。但這可能是錯的，就像我們不該推斷，沒有投保的農民並不特別在意雨量多寡對作物造成的損失。忙碌的人可能出現隧道效應。他有可能非常重視陪孩子的時間，但是急著要完成的計劃案把其他一切都推出隧道之外。他可能在生命中稍後階段回頭去看時，對於自己沒有多花時間陪陪孩子充滿懊悔。這是出自真心的懊悔，而不是只為了順服某種社會的常規。這是任何落入隧道效應的人可以預期的失落心情。計劃案現在就必須完成；孩子們明天還可以等。回想自己在匱乏的時刻是怎樣運用時間或金錢，我們自然會感到失落。當下的匱乏在眼前是如此巨大，即使是重要的事也會被忽略。當我們一再感受到匱乏，這種忽略的情況更是有增無減。我們不該把它跟不關心混為一談，畢竟忽略的當事人本身後悔不已⓮。

本章一開始我們先說明匱乏怎樣俘虜我們的注意力。現在我們看到，這個原始的機制牽連結合變得更大更複雜。匱乏改變我們看待事物的眼光，它讓我們做出不一樣的選擇。這會創造一些好處：我們在當下時刻變得更有效率。不過它也會讓我們付出代價：一心一意的念頭會導致我們忽略真正認為有價值的東西。

⓮ 自我衝突矛盾的這種概念——也就是我們做出某些我們不希望自己去做的事——有豐富的歷史。它經常被視為自制力問題所導致的結果。

2

認知頻寬稅負

THE BANDWIDTH TAX

底下三則關於匱乏的小故事，說明了專注造成的不同結果：

妳最大的客戶之一告知要改和別人做生意。妳說服這位業務經理再給妳最後一次機會，聽聽妳的提案。她雖然同意，但是希望明天就進行。妳取消所有會議，把其他行程工作通通延後。妳把全副精力都投入這個提案。但是有一件事卻無法取消，那就是女兒今晚要參加城市壘球的冠軍賽。妳心裡甚至動念想把它也取消，不過心裡（稍微）較理智的那一面還是戰勝了自己：女兒球賽對她的重要性絕對不亞於提案之於妳的重要性。往球場的路上，女兒發現忘了帶幸運符。妳先罵了她一頓才轉頭回家去拿。當妳恢復理智之後已經太遲了。原本為球賽而緊張的女兒現在因為妳變得更緊張。原本應當是有趣的活動如今變得緊繃凝重。比賽過程中，妳已無法享受看球的樂趣，心裡頭一直想的是提案的報告。倒不是此刻能夠設想如何報告——而是妳已無法專心看球。妳的心思被分散，當女兒偶爾回頭看看妳的時候，妳知道她也已經察覺到了。幸運的是，她們的球隊贏了比賽，慶功的歡樂掩蓋妳的過錯。不過可以肯定的是，妳當天晚上的表現絕對不夠格登上「優秀父母」名人堂。

約翰明天要考試。他正努力完成大學學業。雖然他的父母為每個子女都存了教育基金，但是存得還是不夠。他們根本沒想到學費竟然漲了這麼多。約翰是家中四個孩子中的老么，輪到他要上大學的時候，家中的教育基金已所剩不多，但註冊學費卻漲得更兇。不過，他還是選擇進入一所比較有名望但學費也較貴的學校。他的想法是，如果大學文憑是一種投資，他就應該投資在較有價值的文憑上。他把銀行助學貸款、學校助學金和申請到的獎學金拼湊起來。雖然有些狼狽，但也總算順利入學。看起來也似乎是很好的決定。但現在狀況出現了。兩份原本每學期可自動延展的獎學金突然沒了；提供獎學金的基金會因為經濟不景氣而被迫削減經費。他下學期的學費該怎麼辦？距離繳費的時間只剩下不到一個月。銀行會多提供他一筆助學貸款嗎？他負擔得起嗎？他可以找舅舅或阿姨借錢，他父親會很生氣，但是他有別的選擇嗎？或者他該轉回家鄉的學院？約翰無法專注思考。他一直想著該怎麼辦。心事重重讓他錯過他想參加、而且也應該參加的讀書會。已經馬上要考試，可是他卻別無選擇。在考試當天，雖然他試著專心作答，但是精神卻一直無法集中。他弄錯幾個簡單的問題，一天下來，他變得更沮喪。他不只要為自己的註冊學費心煩，也為自己考試時糟糕透頂的表現生氣。

一名速食漢堡店的經理抱怨他跟（低薪的）員工之間的不愉快。「他們真是不可靠，」他說。他抱怨他大部分的時間都花在安撫他們好好對待顧客。「對顧客永遠服務至上，」他告訴他們：「露出笑臉。要親切。顧客要和你說話，就和他們閒聊幾句。碰到奧客，也不要怒氣沖沖。注意禮貌是你的本分。」而他剩下的時間則是花在處理粗心的錯誤。他難以置信地問他們：「顧客說要中包薯條，你就把『薯條』按鈕按下去，這到底是有多難？」他說：「也許是他們根本不在意？還是我們學校教育的問題？或者在家裡他們父母都是這麼教的？」

這幾個小故事說明匱乏俘虜我們的注意力所帶來的一些不同後果。在前面一章，我們看到隧道效應扭曲我們衡量得失的判斷。為了專心應付眼前的入不敷出的問題，我們不會去考慮提高保險自付額對未來的影響。而上面這幾個例子則剛好相反，我們發現這些人的狀況，是發生在與當下的匱乏不相關的問題上。忙碌的業務主管不是在她努力準備關鍵提案的過程出狀況，而是在她扮母親角色的時候。學生出問題也不是在他設法籌措學費的時候，而是在他想專心準備考試的時候。而低薪員工出狀況的地方也不是家裡的財務管理，而是在職場供應餐點的時候。

這些故事說明一個核心的假設：因為對匱乏的專注是不由自主的，也因為它會俘虜我們的心智，所以它也會損害到我們對其他事物專注的能力。業務主管想專注在女兒的壘球比賽，但是匱乏卻不斷令她分心。即使我們想要做點別的事，但還是會被吸引落入匱乏的隧道。我們生活上某一方面的匱乏，就意味著我們對生活的其他部分較欠缺注意，較少用心。

心理學家們對「較少用心」（less mind）這個概念已做過很多研究。儘管心理學嚴謹的研究報告會使用一些精確的定義來掌握這個概念，不過我們在這裡統一用「認知頻寬」（bandwidth）這個詞來涵蓋。認知頻寬衡量我們的運算能力，以及我們專注、做出正確決策、遵守既定計劃及抗拒誘惑的能力。認知頻寬與智力、SAT（學術能力測驗）成績、本能衝動的控制到飲食控制，都有相互關聯。我們大膽斷言，當我們持續受到隧道效應的吸引，匱乏將佔用認知頻寬，其結果是，我們最基本的一些能力受到禁制。

小分心，大影響

想像你坐在一間靠火車鐵道很近的辦公室。每個小時都有幾班火車隆隆駛過。聲音不算震耳欲聾，還不至於讓你們的對話無法繼續。理論上，它們還沒有大聲到會影響你的工作。但是，當然絕對有影響。每當你試著集中精神，火車的隆隆聲又把你帶離原本做事的心情。被中斷的時間本身很短暫，但它的影響效果卻會長一點。你需要一點時間恢復專注，重新整理思路。更糟的是，當你好不容易安定下來，又是一列火車轟隆駛過。

上面的描述也反映在紐海文（New Haven）一所學校的情況，它就座落在一條吵雜的鐵路線旁。兩名研究人員想評估噪音對學業表現的影響，他們注意到學校只有一邊面對鐵路，因此在這邊教室上課的學生特別曝露在噪音之下。除此之外，他們與其他學生的學習環境大致一樣。研究人員發現，這個學校兩邊的學生有一項驚人的差異。靠鐵道這邊的六年級學生，學習程度較安靜這邊的學生落後整整一年。市政府因為這份研究報告，決定在學校裝設隔音牆之後，證據變得更加明顯。研究人員發現隔音牆抹去兩邊的差異：如今建築物兩邊教室的學生有相同的學力表現。一系列後續的研究已經顯示，噪音會損害專注力、影響表現。就算噪音的影響沒有讓你太意外，但它影響程度之大應該會讓你嚇一跳（相差整整一學年的學力）。事實上，這些資料印證很多實驗室的研究成果，那就是，即使微小的分心也會造成巨大的影響。❶

現在想像自己在一間愉快而安靜的辦公室工作：沒人會來打斷，也沒有火車。相反地，困擾你的是你的房屋貸款，以及做接案工作者真不容易。你和你老婆（老公）過的是雙薪的生活消費，但實際賺的只有一又四分之一份的薪水。不久你的心思開始發散。我們**該不該把另一部車賣掉？我們是不是要再申請一份貸款？**突然之間，安靜的辦公室似乎不是那麼安靜。這些紛亂的思緒越來越無法忽視。這些思緒不請自來而且出現得越來越頻繁。你被迫去思考它們。從**我們該不該把另一部車賣掉？又會想到賣車可以幫忙存點錢，但是在我正需要全心努力工作的時刻，這會讓我通勤或購物變得更麻煩。我們不想冒著失去這個穩定工作的風險**。你的思緒可以繼續馳騁在這些想法之中，好一陣子才又回來專注在你的工作上。雖然辦公室好像很安靜，它卻充滿了打擾——那些是來自你內在的打擾。

這就是匱乏佔用認知頻寬的情況。讓我們分心的事、盤踞我們心頭的事，並不一定是來自外在。它常常是自己製造出來的，這些會分散注意力的思緒比實際的火車更容易打斷我們的注意力。這些思緒會隨著與自己相關的事物四處漫遊。對房屋貸款的想法揮之不去，因為它的確對你很重要。它不只是一閃而過的惱人麻煩，而是縈繞心頭的個人大事。它讓我們分心原因就在於它讓我們陷入隧道效應。揮之不去的念頭把我們的心智吸引進去。就像外在的聲音會讓我們分心而無法清楚思考，匱乏也會製造**內在的**斷裂。

「內在的斷裂」（internal disruption）在認知科學和腦神經學是相當尋常的觀念。許多研究

❶ 認知心理學長期以來一個研究的重點，是分心在認知表現上的角色，特別是它與專注力和認知負荷之間的互動關係。即使是原本認為無關緊要的分心也證明有深遠的影響，程度往往遠超過我們的想像。分心效應的實驗性研究範圍包括反應時間的實驗到使用模擬器和田野調查，而觀察的項目從視覺、聽覺和痛感、駕駛、外科手術、工作表現和學習成就。

報告指出，內在的思緒——即使像是在腦海中複誦一串數字這類的瑣碎小事——對一般認知功能會帶來巨大的衝擊。多年來，實驗室裡藉由fMRI（功能性磁振造影）的證據更進一步讓我們瞭解腦部專注時和被干擾時的情況。兩者常見的差異是，一個是「由上而下」的處理程序，也就是我們的心智在有意識的選擇指揮下，專注於某件事。另一個則是「由下而上」的處理程序，也就是我們的注意力是在難以控制的情況下，被某個刺激物所擄獲。在導言的部分我們就看到這種情況，與食物有關的字詞俘虜飢餓者的注意力。你應該很清楚這種感覺，每次有快速的移動或聲響，就會把你的注意力從原本的工作中引開。有一個特別值得一提的干擾形式完全不需要外在的干擾因素，被稱為「心思遊移」（mind wandering）。在我們不知不覺的情況下，腦部的休息狀態——腦部既有內定的網絡系統——會把我們推離開正在處理的事。正如其名，它出現時我們沒有意識的輸入，心思正在「四處遊蕩」。所以雖然我們通常可以指揮大腦活動，但有些時候卻會失去這種控制。對學校教室靠近鐵路的學童來說，由下而上的干擾源出現時要保持專注力，有部分要看大腦當時做多少工作，它的「負載量」有多少。行為科學與神經成像研究顯示，大腦活動負載量越高的時候，受干擾的程度以及與干擾源出現相關的大腦活動會增加。❷由上而下的注意力無法阻擋由下而上式的侵入。在派對上，有人在房間另一頭提到你的名字，你的注意力就會被轉移，不管你多麼努力試著專注其他的事情。

匱乏本身也是透過這種由下而上的過程俘虜注意力。所以我們會說它是在不由自主、非意識控制之下進行。也因此，匱乏就像火車或其他突如其來的噪音一樣，即使我們想集中注意在別的事物上，依舊會打斷我們的心思。

早期有一項實驗測試過這個理論，它交給受試者一個簡單的任務：在螢幕上看見紅點時就按下按鈕。有時在紅點即將出現時，會有另一個圖像在螢幕上一閃而過。對沒有進行節食

❷ Lavie和同事所做的幾個研究，記錄了在記憶高負荷（high memory load）期間，明顯的干擾物會增加專注力的攫取。例如在一個研究裡，把兩個不相關的任務——視覺的注意力與工作記憶——結合在一起。工作記憶負荷逐漸增加的任務，會降低人們避開視覺干擾物的能力。想像一下，你參與這個不太尋常的實驗。你注視電腦螢幕，看到一連串數字，例如〇、三、一、二、四，必須把它們記下來。接著你看到一些名人的名字出現在螢幕，並且要區分出他們是明星還是政治人物。這些人的名字會伴隨一些面孔出現，但你被要求只注意名字忽略掉這些臉孔。隨後出現了一個數字，例如二，你就要說出你所記憶的數列裡的下一個數字。（比如這裡你必須說四）。讓情況變得更有意思的是，這裡有兩個變數。首先是負荷的操縱：在高記憶負荷下，每一次測驗中要記憶的數字序列難易並不同，而在低記憶負荷時，要記憶的數字則是固定的順序：〇、一、二、三、四。很顯然，你幾乎不需要去記憶固定序列的數字，相較之下，新的數列則是需要主動練習來記憶。除此之外，必須忽略掉的臉孔也有所改變：在低分散注意力的情況裡，臉孔和姓名時「相吻合的」；比爾．柯林頓的伴隨他的姓名出現，米克．傑格的臉也是和名字一起出現。但是在高分散注意力的情況中，臉孔和姓名則是不相吻合：柯林頓的臉與米克傑格的名字一起出現，反之亦然。這結果導致人們易於分心！而且當你的記憶負荷較大時，分心的情況更嚴重。臉孔與姓名不吻合的影響，在人們處於高記憶負荷時，要比處於低記憶負荷時要大上許多。

WORD SEARCH

D	N	O	V	I	G	Z
I	T	J	M	S	F	U
Q	L	E	W	O	X	N
K	W	C	E	P	B	X
H	R	E	B	R	X	J
W	P	D	S	W	T	A
N	U	X	K	R	Z	S

STREET
TREE
PICTURE
CLOUD
CARPET
LAMP
DAYTIME
RAIN
VACUUM
DOOR

的人來說，這些圖像對他們是否看見紅點並不會產生影響。相反地，對正在節食的人來說，一件有趣的事情發生了。如果他們剛看到的是食物的圖像，他們就比較可能沒注意到紅點。比如說，一張蛋糕的圖片一閃而過，隨後出現的紅點被節食者看到的機率就比較低：彷彿蛋糕會令他們暫時盲目。這只會發生在與食物有關的圖片；非食物的圖片則沒有效果。當然節食者實際生理上並非眼盲；他們只是心理上被干擾。心理學家把它稱為「注意力暫失」（attentional blink）。食物的圖片消失之後，會讓他們心理上眨一下眼睛。當紅點出現時，他們心思仍在別處，還在想著食物。這情況是在幾分之一秒中發生，快

WORD SEARCH

O	Q	M	V	T	W	A
J	O	R	G	T	M	G
R	M	X	H	T	D	K
N	A	R	E	E	E	C
T	O	E	K	F	P	Z
Q	X	G	T	P	I	V
J	C	A	K	E	Q	P

CAKE
TREE
DONUT
CLOUD
SWEETS
LAMP
INDULGE
RAIN
DESSERT
DOOR

到來不及控制。甚至快到你沒有察覺出來。這項研究報告的標題其實已給了最好的詮釋：〈我看到的就只有蛋糕〉。

注意力暫失的發生時間很短暫。我們猜想匱乏造成分心的效果應該會持續更久一些。為了測試這一點，我們與心理學家布萊恩（Chris Bryan）合作進行一項實驗，在實驗中我們發給受測者類似上面的尋字卡。

受測者要在字母表中找出反白的字（在圖中是STREET）。找到之後再點擊，新的一頁字母會接著出現讓他們繼續尋找下一個字。第二組的受測者也進行同樣的工作，只是字有些小小的不同。

兩組排在雙數的單字都相同。第一組

看到的單數字是屬於中性的，但是第二組的單數字則較有誘惑性：STREET變成CAKE，PICTURE則變成DONUT，諸如此類。接著我們觀察受測試者花多少時間可以找那相同的字，也就是排在雙數屬於中性的字。

對大部分受測者而言，單數的單字更換之後對他們並沒有產生影響。但是對正在控制飲食的人而言卻非如此。節食者在找完DONUT這個字之後，要多花三〇%的時間才能找到CLOUD這個字。整體而言，節食者的速度並沒有比較慢——當排在CLOUD這個字之前的字是PICTURE的時候，他們找出字的速度和非節食者是一樣的。問題出在DONUT這個字。❸在這裡發生的狀況很明顯。這是心理學家所說的「前向干擾」（proactive interference）的一種形式。甜甜圈（donut）的出現讓它成了心頭最重要的事。非節食者會把這個字找出來，然後繼續下一題。相反地，對節食者來說，要往下繼續卻有困難。即使他們在尋找下一個字的時候，甜甜圈就像是一列剛駛過的火車一樣仍存留在那裡，吸引你的注意力。當你的心思跑到別處時，自然很難找到CLOUD這個字。

你一定體驗過類似的情況。也許不是食物，但很可能是時間。當工作面臨緊繃的完成期限，偏偏又得參加不相關的會議。這時你是否感覺開會的時間特別長？你坐著開會時，儘管你專注精神想進入狀況，但心思還是會一再遊蕩想到自己的完成期限。你的身體還在開會，但是你的心已經不在那裡。就像DONUT這個字對節食者的影響一樣，工作的完成期限已經把心思帶到別處。

想像你正用筆電上網。用一台正常速度的電腦，你應該很容易可以從一個網頁跳到另一個網頁。但是想像一下，如果電腦開了許多程式，情況會變怎樣。你一面聽音樂，又下載檔案，還開著許多瀏覽器的視窗。你會突然發覺上網速度變得有如龜速。這些背景的程式占掉處理器的循環週期。你的瀏覽器變得很慢，因為它的運算能力已經被減弱。

匱乏對我們心靈的處理器也有類似的效果。由於不斷把程式載入你的腦中，你對自己手邊的任務會變得「較少用心」。這導引到我們這一章的核心假設：**匱乏會直接窄化認知頻寬**——這不是關於個人先天的能力，而是關於這種能力在當下有多少可供運用。

要驗證這個假設，我們要稍微再修飾一下我們對**認知頻寬**的定義。我們用這個詞時，它同時涵蓋幾個有細微差異且經過嚴謹研究的心理學名詞（psychological constructs）。因此我們使用它非常謹慎。身為心理學家，我們必須關注這些不同的心理學名詞，以及與它們相對

❸ 三八九名受試者參與了這個研究。節食者在看到與食物相關字詞，以及看到一般中性字詞所花的時間差異是很明顯的（p = .003）。同樣地，中性字詞想對食物相關字詞所花時間在節食者與非節食者之間的差別也很明顯（p = .047）。受試者被提供了適中的激勵措施要盡可能找出最多的字詞。

應的腦部功能，在功能等方面的差異。而**認知頻寬**這個較為概略的用語可能模糊它們之間的差別。但是身為關注匱乏效應的社會科學研究者，我們很樂於把它們的差異暫時放一邊，就像當我們談到民主制度（democracy）、次原子粒子（subatomic particles）這些詞的時候，會暫時避免討論它們在定義上許多較細微的差別。透過這種折衷的方式，我們會繼續用「認知頻寬」這個詞來同時指稱心智功能上兩個廣泛且相互有關的成分，底下我們會做更進一步的解釋。

第一個或可統稱為「認知容量」（cognitive capacity），它構成我們解決問題、獲取資訊進行邏輯思考等等的心理機制。其中最顯著的或許就是流動智力（fluid intelligence），也就是抽象思辨、獨立解決特定學習或經驗問題的能力。第二個是執行控制力（executive control），構成我們管理認知活動的能力，包括計劃、專注、啟動和禁制行動以及控制衝動等等。就像一台中央處理器，執行控制力是我們運作良好能力的基本關鍵。❹它決定我們專注、轉移注意力、從記憶中擷取事物、多功運作以及自我監控的能力。認知容量和執行控制力有著多面向的細微差異。而匱乏對兩者都有影響。

❹ 認知與神經科學的研究者把焦點放在執行或認知控制力導引行為的機制與腦部結構。

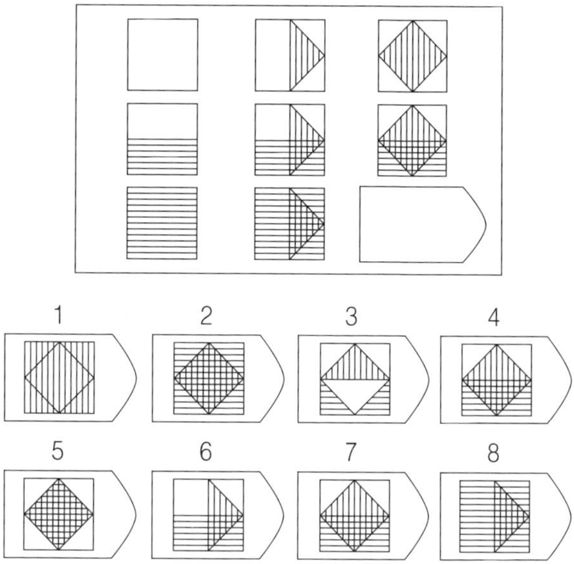

認知容量

認知容量的一個核心特徵就是流動智力。為了測試匱乏對認知容量的影響，我們採用對流動智力最顯著而普遍接受的衡量標準「瑞文標準推理測驗」（Raven's Progressive Matrices test），它是依據一九三〇年代發展出這套測驗的英國心理學家瑞文（John Raven）而命名。舉例子來看，上面這張圖就是類似典型的瑞文測驗的內容，你測驗一下，一到八的選項哪一個符合圖中的空格。

你或許會認出這是學生時代做過的測驗。它是智商測驗中常見的題型。雖然智商測驗的題目往往複雜且多變化，絕大多數人都同意瑞文推理測驗是其中最重要、也最可靠的一種題型。瑞文測驗不需要對世界的了解，也不需要正規的研究。它是心理學家、教育學家、軍隊等等單位測試流動智力最常用的方法。流動智力指的正是不需依靠背景知識，可以邏輯思考、分析和解決新問題的能力。一名技工要理解引擎故障的原因，同時需要自動車的背景知識與理解能力。同樣一名技工面對瑞文推理測驗時，他運用的是與題目內容相關的理解能力，而非他的專業知識——條件和印度的農夫沒有兩樣。這讓瑞文測驗在衡量一般智力時顯得特別有用，因為它超越特定文化侷限。不過，質疑的聲音仍然存在。習於參加測驗、熟悉題型的人往往有比較好的表現。有些學過幾何學的人可能表現又更好。事實上，學校的訓練也會提供優勢——上學時間較久的學童會比同年齡但就學時間較短的學生表現得更好。這些關於智商測驗的爭論也同樣存在於流動智力。所幸這些爭論與我們實驗目的無關。我們要做的比較不是不同人之間，或是來自不同文化背景的人之間流動智力的差異。我們所關心的是匱乏對同樣一個人的認知容量有何影響。你可能會有些驚訝為何一個人的「容量」會如此容易受影響，不過這正是重點所在——我們習於認定認知容量是固定不變的，但實際上它可能隨著環境而出現變化。❺

為了觀察匱乏對流動智力的影響，我們與研究生趙佳穎（音譯）做了一項研究，在紐澤西的一個購物商場裡為一群人進行瑞文推理測驗。首先，我們提供半數的受試者如下簡單的假設情景：

想像你的車子出了點問題，需要三百美元的維修費。你的汽車保險可以付一半。你必須決定是否要把車子送修，或是冒險一下，希望車子還能再撐久一點。你會怎麼樣做出決定？就你的財務狀況而言，這是個容易或困難的決定？

我們在這個問題之後提出一系列瑞文推理測驗的問題。根據他們自己報告的家庭收入情況，我們把受試者用二分法區分成富人組與窮人組。在這個安排中，我們並沒有看出富人組和窮人組有何統計學上的明顯差異。當然他們可能會有些差異，但是並沒有大到我們足以從樣本中發覺出來。富人與窮人的智力看起來大致相當。

至於其餘的受試者，我們進行同樣的調查，只不過中間做了小小的更動。我們換成底下的問題（改動的部分以黑體字顯示）：

想像一下你的車子出了點問題，需要**三千美元的高昂**維修費。你的汽車保險可以付一半。你

❺ 值得注意的是，研究者已經主張，從教育中所獲得的，只能小部分解釋智商的增加。

必須決定是否要把車子送修，或是冒險一下，希望車子還能再撐久一點。你會怎麼樣做出決定？就你的財務狀況而言，這是個容易或困難的決定？

唯一差別的是把三百元改成三千元。這個改變對這兩個群組的影響出現明顯的差異。對富人組而言，要支付三百元或三千元半數的維修費是容易的決定。他們只需提款或刷卡付賬就可以。對窮人組而言，拿出一百五十元來應付一個重要的需求也不是太困難。這個數目還沒有多到需要考慮到匱乏的問題或自己的財務狀況。

要為汽車花三千元情況就不一樣了：對收入低的人來說，要拿出一千五百元並不簡單。根據一項二〇一一年的調查報告，有將近半數美國人說，即使他們有真正的需要，也無法在三十天之內籌出兩千元。當然，我們對商場受試者提出的是假設性的問題。不過它是個很實際的問題，也很容易會讓他們想到自己的財務狀況。他們也許車子沒出毛病，不過體驗到金錢的匱乏，意味著財務問題可能會成為他們心中的頭號要務。一旦我們擾動大腦裡的這個部分，對匱乏再真實不過的、非假設性的想法就會自然湧現。要湊出一千五百元真困難。我的信用卡已經刷爆。原本每一期最低繳費額度已經這麼多。這個月最低繳費的錢我要去哪兒找？我又一次延遲付款怎麼辦？我這次該不該申請一份發薪日貸款（payday loan）？一個想法輕輕騷動，掀起腦子裡的大風暴。

而這個大風暴會影響成績表現。境況寬裕的受試者沒有受到衝擊，他們不會被沉重開支負擔的想法影響，表現和原先的一樣。反之，手頭較拮据的受試者明顯表現變差。稍稍受到匱乏的小刺激，突然之間，他們就變得很不聰明。當匱乏感在心頭盤踞時，他們流動智力的分數就變低。

同樣的實驗我們已經進行很多次，每次的結果都一樣。這並不僅僅是三千元在**數字上**的量造成的困難。當我們換成與財務無關的問題時，我們發現類似的數量大小改變，對受試者完全沒有影響。只有問到與財務有關、對缺錢的人構成難題時，效應才會出現。它也不是缺乏動機造成的結果。在一項研究中，受試者每答對一題瑞文測驗，我們都提供一定獎金。理論上，低收入的受試者應該有**更強**的動機想要好好表現：畢竟，有錢沒錢對他們而言重要許多。但是他們的表現卻沒有更好；事實上，他們比原本的表現還要差了一點。低收入的受試者在思索財務問題的困難情境之後，他們原本在商場理應賺到的外快變少了，而這種效應並沒有發生在財務較寬裕的人身上。

在所有複製的實驗中，造成效應的程度都一樣。❻為了瞭解它的效應有多大，這裡有個睡眠研究的資料可以做為比較的基準。❼在這個實驗裡，一組受試者有正常的睡眠時間，另一組受試者則必須整夜保持清醒。熬夜睡讓人心智衰弱的程度相當可觀。你可以想像一下自己一晚沒睡是什麼樣子。隔天早上，正常睡眠組被叫醒之後，兩組同時進行瑞文測驗。不出所料，被剝奪睡眠的那一組表現比較差。

相較之下，這在商場造成的效應多大？甚至更大。在一夜沒睡之後，你認為自己有多聰明？隔天早晨心思會多清楚？我們的研究顯示，對於窮人，光是提出他們財務上可能的難關，他們認知能力表現被削弱的程度，比嚴重睡眠不足造成的效果還要嚴重。

這裡還有另一個方式來理解這個效應的嚴重性。由於瑞文推理測驗是用來衡量流動智力，因此它與智商有直接類比的關係。典型關於智商的研究裡，正常的智商分數的分布是以一百分為平均分數，標準差（standard deviation）為十五（標準差是分數分布距離平均值的衡量標準。在正常分布中，幾乎七〇%的分數會落在平均值的一個標準差裡面）。我們如果要核對一個干預因素造成的衝擊時，可以用標準差與這個干預因素造成的衝擊來做比較。舉例來說，如果干預因素造成的效應相當於三分之一個標準差，那麼它的效應大約等於五分的智商。

按照這個標準，我們研究發現它的效應介於十三分到十四分的智商。以最常用的智商分級標準來說，增加十三分的智商可以讓你從「平均智力」升級為「智力卓越」。反之，如果減少十三分的智商，你則會從「平均智力」的等級落到「臨界智力不足」。要記住：這個智商的差異不是富人與窮人的差異。我們比較的是同一個人在不同環境下表現的差異。一個人的思緒被匱乏盤踞時，他的智商會比平常時來得低。這是我們的重點。當修車費用不高，匱乏之感並不顯著時，窮人回答的表現和富人是一樣的。這顯然跟先天的認知容量無關。就如同開啟太多應用程式讓處理器變慢一樣，窮人表現**顯得**比較差是因為他有些認知頻寬被用到別的地方。

執行力控制

認知頻寬的另一個構成要素是執行力控制。前面已經討論過，執行力控制是多面向的，

❻ 對效應規模有興趣的讀者，這個效應大小的範圍介於〇．八八到〇．九四的科恩 d 值（Cohen’s d）。科恩 d 值可以計算成平均數除以合併標準差（pooled standard deviation）的差異。

❼ 整體而言，相當多的研究顯示缺乏睡眠帶來的損害，會在多種不同的認知過程出現，從專注力與記憶到計劃與決策。

所以我們首先來考量它所構成的眾多重要功能之一——自制力（self control）。在一九六〇年代末，米歇爾（Walter Mischel）和同事對於衝動性（impulsivity）進行了一個最有趣（也是最巧妙）的心理學實驗。[8]米歇爾的研究人員讓一個四、五歲的孩童坐在房間裡，還放了一塊棉花糖在他面前。有些小孩子會盯著它看，有些則顯得焦急興奮；每個人都想要棉花糖。孩子也可以吃它。不過在吃之前，孩子會被告知一個小祕訣。事實上，機會不只一次。研究人員會離開房間。小孩子如果在研究員回來之前都沒把棉花糖吃掉，他可以得到第二塊。這些小孩面對的是人類最古老的問題之一，社會科學家謝林（Thomas Schelling）稱之為「自制在個人內心的鬥爭」（the intimate contest for self-command），也就是自制力的問題。

自制力仍是心理學研究比較困難的一個部分。我們知道自制力有許多構成要素。它依據的是我們對未來的估量，而我們的做法經常沒有一致性。立即的獎勵（現在的一塊棉花糖）很明顯，因此會得到重視。遙遠未來的獎勵（等一下的兩塊棉花糖）則比較不明顯，所以被重視的程度較低。所以當我們用抽象的未來去設想時，兩塊棉花糖要比一塊棉花糖更好。但是當一塊棉花糖就在我們眼前時，它的重要性突然打敗兩塊棉花糖。自制力也要靠意志力來決定，我們仍未能完全明瞭它的運作方式，不過我們知道它會受到人格特質、疲乏與專注力的影響。[9]

自制力相當依賴執行控制力。我們運用執行控制力來引導專注力、啟動一個行動、禁制某個直覺反應或抗拒某個衝動。事實上，米歇爾的研究中，一個較少為外人所知但經常被複製的實驗在此相當具有啟發性。那些最能抗拒棉花糖誘惑的小孩，他們的做法是把注意力放在其他事物。他們不是眼睛盯著看、腦子裡想著棉花糖，而是想一些其他的事情。與其去抗拒誘惑，他們乾脆選擇不去注意它。正如米歇爾所說：「當你了解到，意志力只不過是關於學會如何控制注意力和想法，你就有辦法開始增強意志力。」

這一點提供執行控制力和自制力之間很明白的連結。由於執行控制力協助指引注意力和控制衝動，所以執行功能降低將妨礙自制力。有許多實驗以鮮活的方式說明這種關聯。有一個實驗要求受試者做記憶測驗。有些人被要求記住兩位數的數字；有些人則被要求記住七位數的數字。受試者隨後被帶到大廳裡等待進一步的測驗。在等待區裡，他們面前擺了蛋糕和水果。真正的測驗是他們在等待過程中，腦子裡回想數字的同時他們會怎麼做。那些只要記

❽ 幾年後的追蹤調查裡，米歇爾與同僚發現已經長大的受試者在認知與社交能力，有著顯著的可預測性，這讓研究者對於個人相對在行為環境因素裡的角色有了更豐富的想法。

❾ Roy Baumeister, Kathleen Vohs, Mark Muraven以及同僚進行多次的研究，記錄他們稱為「自我耗損」（ego depletion）的出現，以及執行力與自我控制力維持或降低的情況。

住兩位數數字，心思不至於太忙亂的受試者，多半都選擇水果。那些須記住七位數數字心思比較忙碌的受試者，選擇蛋糕的機率高了五〇%。蛋糕是衝動性的選擇。你需要有意識的行動才能阻止自發的選擇。當我們的認知頻寬被用在其他事情上頭，例如背誦數字，我們就變得較無力去阻止自己選擇吃蛋糕。

在另一項研究裡面，同樣為澳洲白人學生提供食物，不過這道食物卻可能讓他們有些排斥：形狀完整的滷雞爪。受試者的挑戰在於，這是一位華裔研究者所提供的食物，他們面臨必須表現出文明有教養的壓力。和蛋糕的實驗一樣，有一些受試者心思忙碌：他們必須記住八位數的數字。心思沒有沉重負荷的受試者，比較能保持應對的儀態，維持冷靜思考。那些認知能力高度負載的人則非如此。他們會脫口說出無禮的評論，諸如「這真是太噁了！」，儘管他們不是出於惡意。

不管是吃下了應該抗拒的蛋糕美食，或是無意間說出傷人的話，認知頻寬的稅負讓我們變得較難控制衝動。同時，由於認知頻寬被匱乏佔據（被課徵稅負），這也意味著匱乏不只是降低流動智力，還會降低自制力。所以，澳洲學生會對著華裔實驗者發脾氣；滿腦子想著簡報的業務主管會對自己女兒發脾氣；心裡記掛未繳賬單的速食店服務生會對無禮的顧客發脾氣。

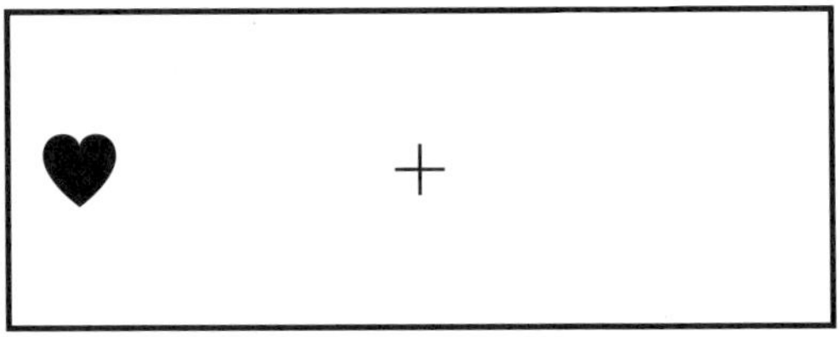

或

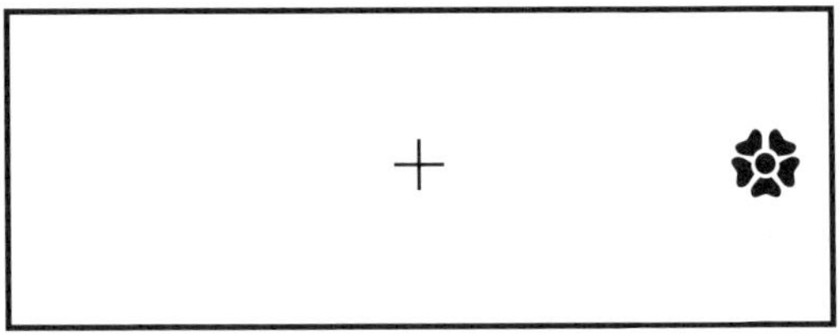

為了探索匱乏是否會降低執行控制力，我們對紐澤西購物商場的受試者進行一項衡量執行控制力常用的實驗，測驗他們禁制自動反應的能力。首先，我們設定假設的財務狀況，如先前實驗一樣，受試者需要支出小額開銷或大筆開銷。接下來他們要看下列的圖案：

它們連續快速地在電腦螢幕上出現。受試者把雙手手指放在鍵盤上，他們的任務是要按下心形圖案的同一邊，和花朵圖案的相反邊。也就是說，當心形圖案出現在右邊，你就要按右鍵。而如果花朵圖案在右邊出現，就必須按左鍵。

花朵圖案製造一個必須去抗拒的自動衝動：心形圖案出現時點擊同一邊很容

易；花朵出現時點擊相反邊則比較困難。要表現良好需要克服你快速點擊同一邊按鍵的衝動。你有更好的執行控制力，就會表現得更好。這項測試是用來衡量你禁制第一衝動、做出不同反應的能力，不管是抗拒蛋糕誘惑、忍住閉嘴不說或是這次實驗裡抗拒花朵圖案。

雖然這個任務測試的是執行控制力，它與流動智力大不相同，但是實驗結果卻沒有兩樣。在面對財力挑戰不大的問題之後，「貧窮組」與「富有組」的表現相當。他們控制衝動的程度大致一樣，答錯的次數沒有什麼差別。不過面臨財力挑戰較大的問題後，「貧窮組」的表現卻有大大的改變。「富有組」的受試者仍和原本面臨較容易情境時的表現沒有兩樣。他們表現相同程度的執行控制力。相反地，較貧窮的受試者如今表現明顯變差。他們變得比較衝動，在花朵圖案出現時按下同一邊按鍵的情況頻繁出現。在財務挑戰較輕鬆的情境下，他們按下正確按鍵的比率是八三%，而在財務挑戰較艱難的情境下，按鍵的正確率就下跌到六三%。輕輕觸動他們的匱乏感，他們突然就會變得比較衝動。除了流動智力之外，匱乏似乎也會降低執行控制力。

貧窮會降低智力？

我們在購物商場以實驗測試了假說。不過在某方面而言，這是人為創造出來的。想要說明的，是當我們用財務狀況的假設性問題，觸發人們腦中匱乏的想法之後，他們會如何回應。不過，我們關心的還是在實驗侷限的環境之外，人們日常生活中的情況。當商場裡面沒有做實驗的人在周遭出沒，誘導人們聯想到匱乏的時候，人們的認知是否還會因為匱乏而減損？

證明這一點，對我們的論證十分重要。但是這並不容易。我們不能光靠觀察窮人和富人的認知容量或自制力的差別進行比較。窮人和富人有太多其它的差異——健康、朋友、教育——我們不能光靠觀察到的差別就把它歸因於匱乏。這一類比較已經做過無數次的嘗試，但是這一類比較先天在統計上的問題始終沒有得到明確的解決。我們要如何避免這些細膩複雜的因素，辨識出匱乏所造成的影響？

大約就在這時候，我們與經濟學家馬尼（Anandi Mani）進行關於印度農業的田野調查，發現了一件有趣的事。農民在收成的時候，會一次拿到一大筆收入。這表示農民與定期領到薪水（領日薪、週薪或月薪）的工作者，在財務方面有很大的不同。一名農民可能一年才領到兩次錢，有些時候甚至一年只領一次。想像一下假設有個農民在六月收到錢。之後幾個月生活相當愜意：他的手上有現金。就算他謹慎小心，在這段時間控制自己不亂花錢，但是隔年四月或五月時，手頭照樣會變很緊。所以**同樣一個農民**在收成後的幾個月是有錢人，但是在收成前的幾個月則是窮人。

這很接近我們需要的情況：我們可以觀察同一個農民在收成前幾個月和收成後幾個月的認知頻寬。與其比較富人和窮人的差別，我們現在看到的是同一個人在手頭寬裕和手頭拮据時不同的行為表現。不過這裡還有一個小問題。農民在收成的季節，難道不會比平常日子多出一些不同的責任？比如說，節慶和婚禮往往是選在收成的季節舉行——正是因為人們這時現金充裕。所以我們觀察匱乏造成的效應時，我們看到的也可能是慶祝帶來的效應。

為了避免這個問題，我們選擇以蔗農為對象，因為製糖業有個特徵。甘蔗需要大型的工廠來榨汁（經過煮沸蒸發後就形成糖）。工廠榨汁有一定的量，而甘蔗在收成之後也不能放太久。因此甘蔗的採收往往長達四到五個月。某些地區甚至整年都在採收。相鄰的田地往往也會有很不一樣的收成循環。一名農民在收成甘蔗時，他一邊的鄰居可能幾個月前就收成完了，而他另一邊的鄰居可能還要過幾個月才收成。這種比較罕見的情況正好給我們需要的切入點。我們可以研究同一個農民在貧窮的時候和富有的時候，還可以確定在收成前或是收成後的行事曆上沒有其它特別的因素。因為，同一個月份有可能對一名農民還是收成前，而對他的鄰居則已經是收成後。

如我們所料，數據顯示農民在收成前手頭現金比較吃緊。其中七八%的農民在收成前一月會拿些家裡的東西去典當（九九％的人做某種形式的借貸），不過在收成後的一個月只有四％的人典當東西（一三％的人有借貸）。在收成之前，他們比較常提到應付家庭開支遇到麻煩。

我們和在購物商場一樣，衡量他們的執行控制力和流動智力。我們給農民進行瑞文推理測驗，不過我們沒有進行心形與花朵圖案測試，因為實地的情況要進行實驗有些困難。因此在執行控制力測試時，我們採用一個類似的測驗，它稱為「史楚普作業」（the Stroop task）。[10]在這項任務裡面，受試者會看到一連串的資料，例如像F F F F，他們必須很快說出在這一串當中共有幾個項目。（上面這題的答案是四）。當你看到二二二二，要很快說出「四」並不容易。它困難的地方就和每次看到花朵圖案要很快點擊相反邊的按鍵很不容易的道理是一樣的。

運用這些測試，我們發現農民的表現在收成前會比在收成後更差。同一名農民，在貧窮

[10] 標準的史楚普作業（Stroop task）要求受試者說出字串的字模顏色。所以X K Y D可能是用藍色字模寫出，受試者就必須回答「藍色」。史楚普作業的挑戰在於某些字串本身拼出了某種顏色。舉例來說R E D可能用藍色字模拼出，給受試者帶來考驗。關於史楚普作業一個經常被提及的軼事是用它來測試蘇聯特務。看到用紅色字模寫出的синий對大部分人並不構成問題。但是對平時隱匿自己流利俄文的特務而言，在回答這個紅色字串時會出錯，因為這個字在俄文裡代表「藍色」。

的時候（收成前）流動智力和執行控制力的分數比他在富有時（收成後）的分數差很多。和購物商場裡的受試者很相似，同樣一個人在比較窮的時候顯得較不聰明、也比較衝動。不過這一次並不是由我們來觸動他們與匱乏相關的想法，我們甚至連提都沒提到。這些想法是農民貧窮時（收成的錢只剩下一點點）自然出現，當他們有錢時（剛收成完仍然荷包飽飽）並不會存在。

同樣的，它影響的程度也很大。收成後的農民在瑞文測驗回答正確的比率大概多了二五%。若像前面購物商場的實驗一樣換算成智商，它大約相當於九到十分的智商。它造成的差距不像購物商場的那麼大，但這是可以料到的。畢竟我們在這裡並沒有引導他們聯想到金錢的問題。我們只不過是衡量他們在某個任意選定的時間的心智狀態，在這段時間他們的心智頻寬有**潛在的**傾向會被匱乏占用。在執行控制力的測驗裡，當他們比較窮的時候，他們回答的速度減慢了一一%，錯誤率也增加一五%，結果和購物商場的實驗大致相當。如果我們在一個農民較窮的時節遇到他，我們很可能會把他能力上的不足視為天生特質。但是我們從研究了解到，他的一些侷限和他真正的能力可能沒有太大關係。在收成前幾個月比較缺錢的情況讓他的智力降低，認知控制力也變弱。

不過，在確定我們的理論站得住腳之前，有幾個地方還需要更嚴謹一點。我們知道匱乏感（貧窮）在收成前和收成後會有改變。但是有沒有其他東西也是隨著一起改變的呢？如果有的話，它們會不會是心理變化的驅動因素？這裡有三個可能的因素最為明顯。

首先，如果農民在收成前比較窮，他們會不會吃得也比較少？如果是的話，他們認知功能降低還會讓人意外嗎？缺乏營養及飢餓都會弱化人的腦部狀態。不過這種情況在我們實驗的農民身上並不成立。這些農民並沒有缺錢到必須縮減食物。真要說有什麼差別的話，事實上他們在收成後花在食物上的錢稍稍變少了。雖然我們發現在收成前農民開支減少，他們在食物的費用並沒有減少。相反地，他們在其他重要的事物上減少了花費。例如，他們送給親戚的結婚禮物可能會縮水。在印度這樣的文化裡，送禮不只是餽贈，也是一種義務（回報過去的受禮），禮物縮水對他們而言是不得已的決定。

第二，有沒有可能他們在收成前工作比較累？準備收成是一件辛苦的工作，可能讓農民感覺疲累。身體上的疲乏很可能會帶來精神上的疲憊。不過在實際上，我們的調查工作比實際收成日期要早很多（四個星期在農業上是很長一段時間），準備收成的工作嚴格來說根本還沒開始。農民在收成前一個禮拜的工作並沒有比收成後一個禮拜更多或是更辛苦。

最後，收成不光是代表可以收到錢；你也需要知道自己有多少收穫。大家都知道種田是看天吃飯。有時豐收，有時歉收。有沒有可能因為不知道能收成多少所產生的焦慮，影響農民的心智狀態？像稻米這類農作物，這可能是個嚴肅的問題。不過甘蔗收成並非如此。只要根據自己的農地大小，農民很容易就可以估算出自己的收入。最後一個月主要是為了增加甘蔗的含糖量，而與甘蔗總產量無關。不過這純粹是製糖廠的問題：農民是按產量賣錢，而不是看甘蔗的含糖量。農民沒有早一點收成的唯一理由是製糖廠不答應。簡而言之，在收成幾個月之前農民就已經知道自己可以拿到多少收入。他們在收成前就知道的事，和收成後知道的事一樣多。

仍有些次要的問題可以討論。[11]不過底線已經很清楚。貧窮本身會增添心頭負擔。即使沒有實驗者在身邊提醒我們的匱乏，貧窮依然會降低流動智力和執行控制力。回到我們討論的起點，這暗示關於窮人認知容量的論證存在一個重大的扭曲。我們認為窮人的**有效的**認知容量確實比富人低。這並非因為他們能力不足，而是因為他們的心智有一部分被匱乏所俘虜。

其他匱乏的形式

大約在那個時候，我突然想到自己只運用部分的腦力就得到世間的成功。我把十分之一的腦力投入在學校，十分之一放在女兒身上，可能還有十分之一用在處理家庭危機和病痛，其他大概七十%的心力持續專注在食物上——每顆葡萄的卡路里、爆米花的容許量、把水當成安慰劑的好主意。我自己在想：「如果我更有智慧地運用剩下的七十%，不知道我這輩子會有多成功？」

——娜塔麗・庫茲（Natalie Kusz），《胖女人唱歌》

我們都明白控制飲食不容易：美食讓多數人都難以抗拒。從認知頻寬稅負的角度看來，控制飲食不光是困難而已。它對我們心智課徵稅負。節食者不管做任何事，應該都會覺得心思比較不聽使喚，因為大腦有一部分被食物所盤踞。事實上，已有一些研究說明了這一點。它們根據一些心理學家用來測度有效認知容量的衡量標準，來比較節食者與非節食者的差別。有時他們比較的是飲食受約束和不受拘束的人。有時他們比較的是在不同時間的同一個人，拿他們飲食控制的時期與沒有飲食控制的時期相比。不管研究的方式如何，都發現相同的效應。在各種不同的認知測試裡，他們發現人們在節食的時候表現就是比較差。心理學家從訪問這些受試者發現到一個共同的模式：與飲食相關的憂慮會成為節食者心頭的大事並干

⓫ 其中一個問題在於收成後的受試者已經是第二次接受測驗。收成後比較好的表現，可能是因為之前已有受測的經驗。為了控制這個條件，我們隨機撤銷一百名農夫收成之後的測驗。由於是隨機抽選的，我們以他們與收成前的農夫做比較，發現類似的效應，這暗示我們的效應不是因為受測的經驗所造成。我們也調查一些在收成後受測試，但因為商人延遲付款而依然貧窮的農民。這些收成後的農民測驗表現類似於收成前的農民，顯示收成的機制本身並不會導致我們的結果。

擾到他們的表現。

出現這種結果顯然不僅是因為卡路里攝取不足。[12]即使在節食者體重沒有減輕的案例裡，效應同樣會發生。還有，心理學的衡量標準也顯示，養分的短少並不會引發認知力的損害。換一個方式來想——在減重時，你的心思滿滿，還必須面對認知頻寬稅負。不過如果你能穩定進入新的平衡狀態，不再需要約束壓抑自己的飲食，這時認知頻寬稅負就會消失。當然，有人還是可以找出一些數據上的漏洞：節食者與非節食者的差異或許有其他的理由。我們需要更多的研究把節食者的認知頻寬稅負予以量化，不過值得注意的是卡路里的匱乏引發的效應，與我們在收入匱乏的研究中得到的結果有相對應的關係。

孤單的人同樣也出現類似情況。一項研究顯示孤獨者與非孤獨的受試者有不同的認知頻寬，它所使用的是稱為「雙聽作業」（dichotic listening task）的測試。受試者被要求兩邊耳朵同時聽兩個不同的聲音。他們可能一邊耳朵聽到女性的聲音，另一邊則聽到男性的聲音。這項測試衡量人們封閉一邊耳朵干擾的聲音，專心追蹤另一邊聲音的程度。這項測驗依據的是大腦一個有趣的功能：腦側化（brain lateralization）。大部分人都是右耳主導語言，這表示話語的訊息傳送到右耳時比較容易專注掌握。在沒有特別指示的情況下，人們會比較專注於右耳接收到的訊息。實際上，當受試者被要求追蹤右耳的聲音時，孤獨者與非孤獨者有相同的表現。相反地，專注於非主導的左耳需要認知頻寬。它需要執行控制力來駕馭專注於右耳的天生傾向，把注意力放在左耳。如此一來孤獨者的表現明顯變差。他們比較無法有效駕馭自然的意欲，比較無法關閉右耳去注意左耳的聲音。換句話說，孤獨者顯示出心智頻寬受到損傷——這裡顯示的是執行控制力較少。

在其他的研究中，有研究者做了與我們類似在購物商場的實驗。他們先讓受試者以為自己填寫的是人格測驗。接下來，他們用隨機安排的方式，提供這些受試者他們評估的結果，讓這些受試者相信這些測試的結果清楚說明他們是屬於社交適應良好抑或非常孤獨的人。他們以這種隨機而立即的方式，製造出受試者預期到孤寂感的匱乏。在受試者得到這樣的訊息之後，研究人員安排他們進行瑞文推理測驗，結果發現認定自己會變得孤單的人表現比較差。實際上，他們給受試者進行腦波掃描時發現，當人們相信自己會變孤單時，他的腦部執行控制力的區域活動力會降低。最後，在衝動控制力的實驗裡，請預期自己會孤單的人吃巧克力碎片餅乾時，他們吃的量大約增加一倍。一項對年長者飲食控制的研究，也發現一致的

⓬ 一項研究發現，提供給節食者一塊巧克力——也就是提供他們卡路里——實際上會讓他們的認知表現變得更差。原因在於他們心裡更加被食物所盤踞（「我必須要捨棄什麼食物來替換這個巧克力？」）

結果。那些平常生活裡感覺孤單的年長者，他們吃高熱量食物的量會多出許多。

最後，即使是人為製造出來的匱乏，我們也發現類似的效應。回想一下第一章憤怒藍莓的研究。我們發現在類似的遊戲裡，「貧窮」的受試者（遊戲中資源較少的人）在玩過遊戲之後進行花朵—心形圖案的測試表現較差。雖然他們玩遊戲的時間短了很多（藍莓較少），他們因為過度專注以至於最後認知頻寬會變窄。就和節食的人、缺錢的人、孤單的人一樣，欠缺藍莓的受試者同樣被匱乏課徵稅負。

匱乏與憂慮

當然，匱乏不是唯一佔用認知頻寬的東西。假設有天早晨你和配偶起了爭執。你工作表現可能不會有太多成效。可能你一整天的言行舉止看起來都「笨笨的」。可能該閉嘴的時候口無遮攔。為了早上的爭執，你部分的認知頻寬被用在抱怨、苦惱甚至發怒。同時你對其他事物也比較不會花腦筋去思考。從這個觀點看來，每個人都有一些煩惱和需求會影響佔據他的心智。

如此說來，匱乏有何特別之處？

匱乏就其本質而言，是許多重大的顧慮糾結在一起。它不像婚姻裡的口角，隨時隨地可能發生在某個人身上。對金錢的顧慮和對時間的顧慮會糾纏貧窮與忙碌的人，而且很少能順利擺脫。窮人必須時刻面對財務上的顧慮。忙碌的人必須對抗時間的顧慮。可以預期地，匱乏給他們其他掛心的事情增加額外的負擔。它徵用了認知頻寬。所有人都可能被某種思緒盤踞：富人與窮人都會和配偶爭吵；富人與窮人都可能受老闆的氣。不過，感覺寬裕的時候，有些人心思重重；但是在感覺匱乏時，卻是每個人都會心思重重。

上面的討論引出另一個重要的問題。在所有關於匱乏的討論裡，我們會不會只是用迂迴的方式談論壓力？在日常生活裡，「壓力」（stress）這個詞被廣泛用來代表許多意義。不過在科學上，我們對於壓力的瞭解已經有相當大的進展。我們已經能夠較確實掌握反應於一般性壓力中的生物化學。我們甚至可以辨認出幾個相關作用的分子——糖皮質激素（例如可體松）、去甲腎上腺素、血清素——以及它們的一些功能。這些知識讓我們可以更謹慎去考量，壓力是不是匱乏影響心理後所產生的生物機制。

即使根據我們的數據，也有理由相信壓力在其中扮演一些角色。我們不難預期，體驗到匱乏感讓人感受壓力。例如在收成的研究裡，我們發現收成後的農夫比收成前較無壓力。我們也發現他們心跳頻率有相當程度的減慢，這經常是用來測試壓力的衡量標準。

除此之外，壓力似乎並不是造成我們所觀察到的諸多效應的主要驅動力。一些最重要的效應必然與匱乏徵用我們所稱的認知頻寬。相對之下，壓力並沒有造成這些可預期的效應。有些研究發現壓力**強化了**工作記憶。另外也有一些研究發現不同的證據，顯示執行控制力在有壓力的時期反而會提升。當然，長期而言，壓力的效應仍有不同，不過就我們所研究匱乏的效應是即刻的：在購物商場的研究裡，僅只是提醒人們有關於金錢的問題就對他們的認知容量產生立即的效應。再者，我們的實驗也展示提升表現（專注紅利）與弱化表現（認知頻寬稅負）的特殊形式，這個模式無法單用焦慮和壓力來解釋。

最後，把這一切只設想成壓力和憂慮的結果，將錯失一個更深層的重點。認知頻寬稅負的發現並非單獨存在的現象。它作用的出現與專注紅利或是隧道效應決定我們的選擇，都是源自同樣的核心機制。只把焦點放在壓力就會忽略這些更深層的關聯，到頭來將限制我們對匱乏思維模式的理解。

「認知頻寬稅負」是什麼意思？

若從認知頻寬稅負的角度來看，我們在本章一開始的幾個小故事也許就更容易看懂。你應當不會意外，速食店收銀員在火車經過時沒聽到客人的點餐。同樣的道理，你（還有她的經理）也應該不會意外，當她腦子裡想著不知如何繳這個月房租時，她會忽略客人點的薯條。她不是漫不經心。她只不過是心思重重。像是「我該不該再承受信用卡逾期繳款的風險？」這類的想法對她就像火車經過一般震耳欲聾。準備提出行銷計劃的經理設法專心看女兒的球賽，但是腦子裡都在想行銷案。大學生想專心準備眼前的考試，但是卻被如何應付註冊費的思緒一直打斷。當你的心智被徵用時，即使要微笑保持愉悅都有困難。店員無意間頻頻對粗魯的顧客發脾氣。父母斥責自己的子女。認知頻寬的稅負導致心不在焉。學生會忘了讀書會的聚會。服務員把客人點的菜弄錯。

認知頻寬稅負以令人訝異且強有力的方式改變我們。令人訝異的不光是它的存在，而是它造成影響的程度。心理學家過去幾十年來一直在研究認知的負載量對行為的眾多面向所造成的衝擊。其中一些最重要的行為在這幾個小故事裡得到呈現：從分心、善忘到衝動控制。這些效應的規模說明認知頻寬稅負對眾多行為的實質性影響，甚至包括耐心、容忍、專注和盡心竭力這類經常被歸納為「人格特質」或是「天賦」的行為。我們經常歸諸於天賦或人格特質的行為，有很大一部分與認知容量和執行控制力有關。餐廳經理用慣常的方式來解釋自己店員的行為——能力不足、缺乏動機或是教育程度不夠。認知頻寬被占用同樣也可能是一個原因。忙碌的業務經理責罵女兒時，像是一個糟糕的母親。財務狀況拮据的學生，連簡單的試題都會答錯，看起來像是能力不足或懶惰。但是這些人其實並非能力不足或欠缺愛心，而是認知頻寬被嚴重徵用了。問題不是出在人身上，而是在於匱乏所造成的環境。

回想一下前面我們開啟太多程式導致電腦運作緩慢的比喻。假想你坐在這部電腦前面，不知道有其他程式還開著。當你的瀏覽器緩慢地從一個網頁換到另一個網頁時，你很可能會做出錯誤的結論。你可能心裡會想，這台電腦真是有夠慢，卻不知道其實是處理器負載了太多的任務。同樣的情況，你可能把因為匱乏而心事重重的人誤解為天生能力不足。這正是速食店經理對員工的看法。我們和這位經理不同，要特別強調並不是貧窮的人認知頻寬比較窄。我們的意思恰恰相反。我們要說的是，所有的人，當他們變窮的時候，有效認知頻寬會變窄。

這一切也暗示，我們必須擴大對匱乏的定義。當我們想到擁有的東西太少（時間、金錢、卡路里），我們把重點放在具體事物的匱乏：享樂的時間較少、可供花費的錢較少。而認知頻寬稅負提出另一個可能是更重要的欠缺。我們現在必須用更少的心智資源來應付問題。匱乏不只導致我們過度借貸或是無力投資。它也讓我們生活的其它面向變得綁手綁腳。它讓我們變得比較笨拙。它讓我們變得更為衝動。我們只能用較少的心力來應付，用較少的流動智力和較弱的執行控制力——生活也變得更加不容易。

第二部

匱乏製造匱乏

SCARCITY CREATES SCARCITY

3

打包與寬鬆

PACKING AND SLACK

你正準備到外地出差。

想像一下你要如何打包一個合宜的大行李箱。你可能會先把生活必需品放進去——盥洗用具、西裝、電子用品。因為空間還夠，你可能又放了些次要的必需品。你放了把傘以防下雨。你放了件毛衣以備天氣變冷。你又放了運動服和跑鞋。（也許這次可以去健身房運動一下。）整理到滿意了，你關上行李箱，裡面還有些空間。你還可以再放一些東西，不過你覺得已經準備得差不多。

現在再想像一下，如果這次出差是換一個小行李箱。和原先一樣，你很隨性地把最需要的東西先丟進去。不過這些東西很快就占滿了行李箱。你把所有東西再拿出來重新整理，這次你就會比較注意空間的安排。你認真堆疊和擺放。對於運用空間，你變得充滿創意。你把襪子和手機充電器塞進鞋子裡，把捲好的皮帶打開，沿著行李箱的邊緣塞入。這讓你的行李箱多出一點點空間。要不要帶毛衣呢？運動服（有機會的話）？雨傘？萬一下雨的話會不會看起來太狼狽，給人家不好的第一印象？整理小的行李箱迫使你必須衡量得失損益。經過一番思考之後，你選擇把毛衣放進去，把已塞滿的行李箱闔上。

行李箱不論大小都設定了限制：不管行李箱的尺寸多大，顯然你還是不能把所有的東西都放進去。兩種行李箱都需要你去決定哪些東西該打包、哪些東西該放棄。不過從心理學上看，只有小行李箱會讓你真正感覺到問題存在。整理大行李箱很隨性。打包小行李箱則需要謹慎仔細安排。

這對生活中許多其他問題都是很好的譬喻。我們有一個時間的行李箱，需要把我們工作、休閒和家庭的時間擺放進去。我們有一個金錢的行李箱，把我們食衣住行等等的花費擺放進去。有些人甚至有自己設定的卡路里行李箱，把他們吃的每一餐全放進去。

這個譬喻要說明的是，當我們注意到匱乏，我們打包的方式也會因此改變。它改變我們如何管理每一塊錢、每一個鐘頭和每一卡路里。同時它也留給我們不同方式打包的行李箱。大行李箱打包比較漫不經意，裡面還有一些空間。小行李箱則仔細打包，塞得很緊實。

瞭解我們打包行李的這些差異，對於我們理解匱乏是如何製造更多的匱乏相當重要。

權衡取捨的思維

一架現代的重型轟炸機費用是這樣：在三十幾座城市的現代化磚造學校。它等於兩座可供應六萬居民城市的發電廠。它等於兩間設備完善齊全的醫院。它等於五十幾英哩的混凝土高速公路。我們一架戰鬥機花的錢等於五十萬蒲式耳的小麥。我們一艘驅逐艦花的錢可以為八千個居民搭蓋新房子。

——美國總統艾森豪，一九五三年

你在餐廳裡和幾個朋友共進晚餐。服務生幫你介紹今日特餐，順便問要不要來點飲料。你通常不會點餐前酒，不過菜單的內容吸引了你。你要如何決定該不該點？你可能要計算一下多久之後需要開車。你可能先看看有沒有其他朋友點酒精飲料。你甚至可能在想，到時候賬單是不是大家一起均攤。或者，你也可能考慮飲料十塊錢合不合理。不過，真正重要的可能是你沒有考慮到的。有個你沒問的問題：「如果點了飲料，那我要放棄哪個東西不點？」你不會問這個問題因為這聽起來有點蠢。**感覺上**你似乎可以不用為了點飲料而放棄點別的東西。感覺上這裡沒有「取捨」的問題。

想一想這有多麼了不起。從基本的算術來看，這裡當然有取捨的衡量。不管你多麼有錢，你的錢總是有極限。如果你多花十塊錢買東西，你買其他東西時必然少了十元（即使這個「其他東西」是你留給子女的遺產）。這個十塊錢必定是從什麼地方拿出來的。但是感覺上卻常常不是如此。許多人在花十塊錢買東西時彷彿沒有經過取捨的考量。我們沒有需要為了買這個東西而在別的地方做出犧牲。想像最極端的情況，感覺上似乎我們的預算可以無止境地供應這個十塊錢。如果我們再繼續想下去，當然我們到某個程度就會知道並非如此，但是我們不會因為這個想法而做出行動。

不過，有些時候我們會察覺到這種取捨的決定。想像一下你正在節食，你考慮的也是同樣這杯餐前酒。就算是這個十塊錢的定價不會讓你想到取捨的問題，但是你會想到「卡路里多寡」的取捨。突然之間，這多出來的三百卡熱量必須列入計算。喝這杯餐前酒的話就得放棄一點別的東西。值不值得放棄飯後甜點？或者明天早餐的貝果？飲食控制讓我們變成卡路里的計算員。收支賬簿上必須平衡。我們感受到有了某個東西代表必須放棄其他東西。我們進入「權衡取捨的思維」（*trade-off thinking*）。

當然，對於預算較緊的人而言，十塊錢也許就像節食者的三百卡熱量：花掉的金額必須計算進去。在打包行李箱的比喻裡，小的行李箱迫使我們了解到放一個物品進去，意味著要把其他物品拿出來。打包大行李箱的人當他考慮要不要放一雙運動鞋進去時，他想到的只是他想不想帶。打包小行李箱的人想的則是他得把什麼東西拿出來才能挪出空間。

匱乏強制我們做權衡取捨思維。所有未能被滿足的需求俘虜我們的注意力，成了我們的當務之急。我們缺錢的時候，會特別注意賬單。因此當我們考慮買別的東西時，馬上會想到所有的賬單，取捨的思維也變得很明顯。當我們工作面臨緊縮的完成期限，所有必須完成的事成了心頭最重要的事。所以當我們想到要花一個小時做別的事時，該如何取捨又變得很明顯。當我們手頭上的時間或錢不是那麼緊，我們比較不會專注在這些問題，取捨的情況也就不那麼明顯。由此看來，權衡取捨的思維在先天上是匱乏導致的結果。

為了做更嚴謹的實驗，我們在波士頓一個車站裡對通勤者做一項調查。❶我們請他們列出考慮買一台電視機時會想到的所有事項。一些很明顯的考慮項目——電視的尺寸大小、螢幕解析度以及價格是否合理——都列了出來。當我們把採訪的樣本區分為較低收入與較高收入的兩個群組時，有一個模式浮現了。有一部分人出現權衡取捨的思維，他們不由自主想到「要買它的話，我得放棄什麼？」會問自己這個問題的幾乎都是貧窮的這一組。貧窮組提出取捨思維的幾乎是富有組的兩倍（七五%相對於四〇%）。這是一個很明顯的差異，特別是我們設計實驗裡，這筆所得的支出最多只能算是匱乏的粗略替代品。有一些在分類中屬於富有組的，也可能正在體驗匱乏——舉例來說，有些人可能因為房屋貸款、信用卡賬單、大學學費貸款或是養家而感到負擔沉重。

當我們在印度進行同樣的研究時，出現一個很特別的狀況。❷我們發現匱乏是由個人預算和物件價格的相互關係決定。和前面的調查一樣，我們請受訪者設想買果汁機，富有組提到取捨權衡的不到三〇%，而貧窮組則有超過六五%會提到。不過當我們問到更昂貴的物件——一台電視機——時，富有組和貧窮組都提到取捨的問題。我們不會考慮取捨問題，與物件相對於我們預算的關係有關。果汁機對窮人而言占了預算很大一部分，對富人則非如此。相較之下，電視機即使對家境較富裕的印度人也是不小的花費。換另一個說法，果汁機引發一些人的匱乏感，但是電視機——由於它對所有人而言都是不小的預算——引發所有人的匱乏感，這就好比考慮到購買汽車，大多數美國家庭可能會出現取捨思維。

❶ 大約有超過一百名通車族接受訪問；p值小於〇．五。

❷ 二七四名塔米爾納度的受試者，是在二〇〇九年接受調查。收入根據鄉村與城市的受訪者回答後做出折衷——因為兩者之間有六倍的差距。他們對果汁機意見的差異很顯著，p值小於〇．一。他們對電視機的意見不管在實際經濟上或是統計上都不是很明顯（五八．六%與六十．八%的差別）。

時間與金錢的寬鬆

打包行李箱的比喻說明匱乏何以會造成取捨思維。我們打包大行李箱比較隨意。不是每個細縫和夾層都被塞滿。到處是沒有利用到的空間。我們把這些空間稱為「寬鬆」（slack）——也就是我們預算裡面因為打包方式而原封未動的部分。這是典型大行李箱會出現的情況。寬鬆的出現是因為我們打包時仍有空間，沒有匱乏心態，也是當我們體驗到充裕時，會出現管理資源的特有方式。寬鬆的概念可以解釋我們會考慮（或不考慮）取捨問題，並注意（或不注意）到價格問題。

想像在打包一個大行李箱之後，你又想加點東西。你只要把它放進去就行了。沒有物品要拿出來。你也不需要重新安排擺放位置，因為行李箱本來就還有多的空間——它具備寬鬆。不過，若是較小的行李箱，要加放物品就必須把別的東西拿出來。正是因為寬鬆讓我們感覺不到取捨。餐前酒的十塊錢要從哪裡來？如果你手頭很寬裕，餐前酒似乎花不了什麼錢，因為就某方面而言確實是如此。「寬鬆」幫你付賬，「寬鬆」讓我們擺脫取捨的考慮。

我們都體驗過時間上的寬鬆。在不是太忙的一週，我們安排行程表比較鬆散。你在兩個會議中間安排十五分鐘的空檔，平常比較忙的時候，你可能會趁機打一通電話。多出來的時間就在那裡，就像你在家裡隨便放的零錢，你沒有衝動去用它。你不會勤奮工作讓事情更緊湊。當同事告訴你會在十點到十一點之間打電話給你，你也不會要她把時間約的更確切一點；你空出整個小時的時間來等她這通大約要講三十分鐘的電話。

許多人同樣也享受金錢的寬鬆。一項研究顯示高收入的購物者沒注意自己花費的機率比其他人要高出一倍，因為他們「不需要；他們賺的錢夠多」。一項荷蘭的研究發現比較富有的人心裡根本不會去盤算自己的預算。財務規劃者往往也會先假設寬鬆的存在。他們可能細心計算大的項目，但是剩餘的部分往往任憑你花用。比如說理財雜誌主編理查．詹金斯（Richard Jenkins）就在網路媒體MSN Money上建議留十%去做高風險投資的所謂「趣味錢」（fun money）——它是預算中的寬鬆，字意上就是隨便玩的錢。

當然，刻意而小心避免花光所有的錢應該是合情合理的。為預期以外的花費留點空間應該是清醒、謹慎而且明智的策略，也是對生命種種難以逆料的意外投一份保險。就算你到飛機場只需要半小時，你還是會在四十五分鐘前出發，以防萬一。不過我們在這裡指的寬鬆，並不是為了不可預期的事刻意預留空間，因為實際上那是經過仔細盤算的結果。你可能在行李箱預留空間給稍後必定會發生的事，比如說在羅馬停留時買些禮品。不過要注意，這是有意的寬鬆，這裡預留的空間跟已放進去的東西一樣，都是事先經過你細心的安排。

而我們所指的寬鬆則不是刻意留下來不用的空間，而是在充裕狀況下打包所出現的副產品。在境況順利的時候，我們不會仔細計算每一分錢。我們選擇買的房子和車子都有足夠的空間讓全家人感到舒適。為維持在安全的預算範圍之內，我們心裡大致知道可以多久一次上什麼樣的館子。我們選擇度假的地點也是大致自己負擔得起，而不是計算銀行戶頭有多少存款，選擇剛好不超過預算上限的旅遊地點。這種思維模式是「充裕」（abundance）所具有的特徵之一，而寬鬆就是它的結果。

為何窮人到頭來總是比較缺少寬鬆，而富人總是較具備寬鬆？用一個大自然的比喻可以說明我們的答案。

窮蜜蜂與富黃蜂

任何人造的建築都比不上一座蜜蜂的蜂巢還仔細。年輕的工蜂大口吞下蜂蜜，分泌出少量的蠟。它的轉換幾乎不成比例：一磅的蠟需要八磅的蜂蜜，相當於九萬隻蜜蜂從花朵採蜜所蒐集到的量。蜜蠟被蒐集成小塊狀，蜜蜂便會聚集在一起，利用體溫來加熱以打造它的形狀。蜜蜂就這樣慢慢如瓷磚排列一樣造出蜂巢。這個工程全靠一點一滴累積，而且上頭並沒有老闆的監督。你可以想像一下用一粒細沙、一粒細沙慢慢堆出沙灘的城堡，從頭到尾沒有停下來估算進度到哪兒，而且也沒有任何人提供指示。想像一下幾百個朋友和你在黑暗中一起做這件事。但是蜜蜂做到了。蜜蜂造出蜂巢的隔牆，令人贊嘆地，交點都是一百二十度，以目視看來都是完美的正六角形。每個隔牆厚度不到〇．一公釐，誤差範圍只有正負〇．〇〇二公釐。這只有二%的誤差容許度——以建築標準而言已相當不錯。相較之下，美國國家標準技術研究所對於建築的加工夾板寬度，允許的誤差容許度是一〇%。

黃腰胡蜂也要築巢，不過牠們築巢用的是泥土。牠們會用毒針刺死蜘蛛，最多可以把二十幾隻蜘蛛塞入巢中，在上面產卵，並把蜂窩封起來。孵化的幼蟲以這些屍體為食，在封閉的巢穴裡過冬。和蜜蜂不同的是，黃蜂並不是優雅的建築師。蜂巢每個隔間大致成圓筒狀，但是排列很不整齊，完全不像蜜蜂那般精準。

為何蜜蜂建造如此精密的建築而黃蜂卻如此雜亂？原因在於匱乏。黃蜂的建築材料非常充裕——泥巴。蜜蜂的建築材料相當稀缺：蜂蠟。蜜蜂的蠟——就如小行李箱的空間和艱困時期的現金一樣——需要儘量節用。建築不良就意味著浪費蜂蠟，這也成了追求效率，必須細密打造的動機。相對的，黃蜂有充裕的材料，有大量的泥土可以揮霍。黃蜂可以容許寬鬆——建造得隨意雜亂一些——因為牠們的建築材料很廉價。蜜蜂辦不到是因為牠們的材料昂貴。

有些時候同樣的情況也發生在窮人與富人的身上。想像一下在打包一個行李箱之前，你把要帶的東西先攤在床上，依照物品的重要性從左到右依次擺放。如果這次要出門三天，第一套內衣褲應該在最左邊；第五套則在最右邊。你現在開始把重要的東西由左到右依序放到行李箱裡。在行李箱裝滿時應該已經放了不少東西，這時候要放的應該已經是你不太在意的物品，像是第五套內衣褲這類的東西。「富人」行李箱裡享有的空間來自於他放棄無關緊要的物件。「窮人」行李箱已經塞滿了，但仍有些很重要的物件無法放入。空間對小行李箱而言相當珍貴，隨著行李箱變大，空間的限制也就越來越無足輕重。經濟學家把它稱為「邊際效用遞減」（diminishing marginal utility）：你擁有的越多，每個再增加的物件對你就越沒有價值。

這裡幾乎可以說是一整套經濟學的運作邏輯：窮人的寬鬆較少是因為情況不允許。供打包的材料——也就是行李箱裡的空間——對富人而言就如泥土一般廉價，但對窮人就如同蜂蠟一般昂貴。所以富人打包就像黃蜂，隨意、無效率、而且具有寬鬆。窮人就如同蜜蜂，精打細算，而且不存在寬鬆。❸

它同時也有深層的心理學運作。當富人和窮人打包打到一半暫停下來，他們各自都還有一些東西在行李箱外。由於沒有放入的物品對窮人而言具有更大的價值，這些物品會成為他們的焦慮。窮人對這些物品出現隧道效應忍不住會去想：「我能不能重新安排，把這些也擺進去？」打包這件事抓住他的注意力，因為沒放進去的東西可能很要緊。當富人停下來時，還沒放入的東西已經不太重要。它們也可以加進去，也可以放著不管。富人留下了寬鬆是因為他們對打包這件事已經不太投入。

我們從寬鬆得到什麼？

房子不過是把東西堆放在一起，上面加個蓋子。

——喬治・卡林

這些寬鬆會跑哪裡去？如果你的情況和大部分人類似的話，那自己檢查一下就可以。你只要到廚房看看食物櫃，裡面應該有不少很久之前買的東西。這種情況並不是特例。全美國

❸ 這個關於寬鬆的論證方式呼應了Herbert Simon認為人不會追求最大化的說法：人們追求滿足，只需生活過得去就好。在他的觀點裡，人們缺乏優化的認知資源。如果借用他的說法，我們會說匱乏允許了較不滿意的行為。雖然這個說法掌握了寬鬆的一些要素，不過匱乏的影響比起上述的描述更非自覺也較難掌控。如我們所看到的，這種難以掌控的特性對於理解匱乏扮演了核心的角色。

家庭的廚房櫃子裡都是一堆幾百年沒用過的料理湯包、果醬和罐頭食品。這種現象尋常到食品研究者專門給它取了個名字：他們把這類物品稱之為「櫥櫃棄兒」（cabinet castaways）。有人估算過從雜貨店買回來的物品，大約有十分之一最後會變成櫥櫃棄兒。❹

事實上，許多人家裡也是棄兒的博物館。你可以回想一下上次你搬家或是清理櫃子的情況，「我怎麼不記得買過這個！」這些櫃子裡的棄兒實在太常見，以致於你真正稀缺的通貨已經不是錢而是空間。有些人需要到外面租用自存倉庫來堆放自己的東西。根據估計，美國每年花在個人倉儲的費用超過一百二十億美金，相當於音樂消費的三倍。事實上，美國個人倉儲業存管物品的空間超過二十億平方英尺。美國的自存倉儲協會曾提到「自存倉庫的總面積可以同時容納所有美國人站在裡面。」

毫不令人意外，自存倉儲事業的發達，與充裕造成的寬鬆有緊密的關係。有作家在《紐約時報》雜誌如此寫道：

「倉儲行銷解決方案」顧問機構總裁德瑞克．奈勒告訴我：「人性的怠惰一直是自存倉儲業者的好朋友，因為只要放進去之後，沒人會想再花一整天把東西從倉庫搬出來。只要他們付得起，而且心理上覺得自己負擔得起，他們就會永遠把東西擺在那裡。」不過現在不一樣了（指的是二〇〇八年之後的經濟大衰退），他說：「現在有些人需要不時注意自己的信用卡賬單，他們開始注意自己寄存的東西，覺得每個月花一百美金寄放也許不值得，所以乾脆把東西處理掉。」

寬鬆讓我們可以不去理會被我們棄置的物品。它讓我們可以臨時起意買一罐有異國風味的罐頭湯或是一架遙控模型飛機。有了寬鬆，我們就感覺不到有需要去追問某個物品到底有什麼用。我們不會問自己「我該怎麼好好利用，讓它能物超所值？」或是「我真的會穿這雙顏色鮮豔的鞋子出門，好證明當初買它而不是買條褲子的決定是對的？」。因為這裡沒有取捨的問題，我們想的只是：「有何不可？」寬鬆讓我們擺脫取捨問題，它授權我們喜歡買就去買，不需要其他考量。

這樣子導致的結果，自然是缺乏效率與浪費。我們很閒的時候，會到處遊蕩把時間浪費掉。花幾分鐘做這，花幾分鐘做那，不知不覺就耗掉幾個鐘頭。最後一天下來，十六個小時清醒的時間可能只好好利用六個小時。我們會花一個禮拜的時間去做一個理應兩天就完成的

❹ 我們會留下如此多廢棄物的理由，是經濟學家所稱的「選擇價值」（option value）。我們買東西的時候並不知道自己是否會用到，但是我們衡量擁有它在身邊預防萬一這個選項的價值。心理學可能比這個簡單的敘事還要再複雜一點。我們認為，在匱乏的狀況下，人們會考慮得更仔細——也就是聚焦——仔細衡量它最終被使用的機率，謹慎評估它的選項價值，而不只是做出「預防萬一」時的選項。

工作。在這裡，我們同樣指的不是你事先設想排定「沒什麼重要事情要做」的時間。我們這裡指的是那些根本未經安排的時間。當我們有空閒的時候，很輕易就會把時間浪費掉。當我們手頭充裕的時候，我們會買一些將被我們丟棄並遺忘的東西。到頭來有一堆不知道要做什麼的時間，裝滿了從不想吃的料理包的食物櫃，以及堆滿自存倉庫、被我們遺忘的東西。

不過寬鬆並不僅只代表沒有效率。想一下底下這個假設情況，這是我們對一群大學生做的提問：

> 你晚上打算留在圖書館寫完明天要交的一份報告。當你走在校園時，發現有個你熱愛的作家正好在這裡做演講。你會照樣去圖書館，還是轉頭去聽演講？

另外一組學生的相同提問裡加了一個選項（以黑體字表示），讓他們放棄去圖書館又多了一個誘因。

> 你晚上打算留在圖書館寫完明天要交的一份報告。當你走在校園時，發現有個你很喜歡的作家正好在這裡做演講，**而且在另一個演講廳裡將播映一部你一直很想看的外國電影**。你會照

樣去圖書館，還是轉頭去聽演講或是去看電影？

當吸引人的替代選項只有一個，也就是聽演講，仍有六〇%的人還是決定去圖書館。但是當吸引人的替代選項變成兩個，竟然有**更多**的人（八〇%）選擇了圖書館。乍看這個結果很特別：有了更多令人感興趣的選擇，人們反倒更不會去選擇其中一項。原因在於這個選擇不容易。當你要從演講和圖書館之間做出選擇，你可以決定當天哪一件事比較重要——認真讀書或者享受時光。但是有了兩個活動，你又多了一個選擇：到底哪個活動對你較合適？面對這個多出的選擇，人們會乾脆說：「算了吧。還是去圖書館好了。」他們堅守原定的計劃以避免做選擇造成的負擔，也就是選擇不做選擇。

寬鬆提供簡單的方式來避免做選擇的負擔。你必須在演講和電影之間做出選擇的唯一理由是時間預算有限。如果你有餘裕，你可以兩個都做。當你在選購衣物時看到兩件喜歡的衣服，緊繃的預算迫使你必須做出選擇。如果你看到兩種喜歡的冰淇淋口味，瘦身的要求使你只能選其中一種。寬鬆——不管是金錢、時間或是卡路里——讓你有餘裕不做選擇。它讓你可以說：「我兩個都要。」和傅利曼（Milton Friedman）理想中「選擇的自由」恰恰相反，寬鬆給了我們**不選擇**的自由。

寬鬆提供了容許失敗的空間

寬鬆提供的另一個重大的好處，在底下的小故事裡可以充分說明：

亞歷士和賓經過一家服飾店。兩人都看中一件皮夾克。兩人都沒有皮夾克，但一直希望有一件。這一件款式看起來很漂亮，只是價格太高了，要賣兩百美元，而且也不是非常實用。放棄它才是正確的決定，但是他們難以抵抗長久以來的渴望。兩人都說「有何不可」，都做出不大明智的買賣。

亞歷士當時的財務充裕。他回到家之後開始想：「真是不划算！」

賓的手頭拮据。他回到家開始想：「真是不划算！」接著又想：「現在我沒錢可以修車了。如此一來我上班可能要遲到，到時候我可能會……」

賓將要面對的世界比亞歷士更加嚴峻。兩個人都承認，他們沒能抗拒兩百美金的誘惑做出錯誤的消費。兩人同樣懊悔的是那件皮夾克的價格。亞歷士可以把錯誤拋諸腦後，賓卻不行。同樣的錯誤有著不同的結果。賓的世界比較嚴峻，並不是因為他的售貨員比較咄咄逼人或是他要付的利息比較多。他的世界嚴峻是因為他缺少寬鬆。

這個兩百元的誘惑在財務上要如何解決？對寬裕的亞歷士而言，他的寬鬆可以處理掉。即使在做出不明智的消費之前，他的預算也還沒有用光。這一筆兩百美元可以從他的剩餘空間裡籌出來。相反地，對手頭已經很緊的賓來說，他沒有這個寬鬆。為了這兩百美元，他必須犧牲掉原本已計劃好、他認為重要的東西。他犯的錯誤帶給他某種實際的損失。寬鬆不光讓你免去必須取捨的難題。它也代表在犯下錯誤時不需做出實質上的犧牲。

試想一個與時間有關的類似例子。在一個研究裡，心理學家請大四學生估算自己完成大四論文需要的時間。平均的估計時間是三十四天。當他們請學生把論文進展順利或不順利的可能性估算進去時，學生估計時間可能從二十七天（一切進展順利）到四十八天（進展極不順利）。但是實際上，每人平均完成的時間是五十五天。會犯下這樣的錯誤，原因並不在他們是欠缺經驗的大學生。從經理人到電影製作人都會犯這種計劃謬誤（planning fallacy）：我們對自己未來的計劃都太過樂觀。即使是一流的西洋棋士也會安排過多時間在前面幾個回合，最後陷入「時間麻煩」，在殘局收官階段沒有足夠時間思考。

雖然計劃謬誤是很多人會犯的錯，但是並不是所有人都會遭遇同樣的後果。假設有一個計劃預定要在月底完成，實際上這個案子需要四十個工作時，但是你誤以為只要三十個工作時，並按照它來安排進度。當最後期限逼近的時候，你犯的錯誤已經很明顯。你還少十個小時。你要怎樣彌補過錯？

假設你不是忙到不可開交，這個錯誤可能頂多讓你覺得有點煩人。你查看一下進度，想辦法挪出時間。有一些約定可以調開，一些待做事項可以先延後，最重要的是，日程表裡本來就有一些空檔。花一點工夫就可以把一切搞定；你找出了需要的那十個小時。

相反地，假設你這個星期工作已經排得滿滿。那就不只是煩人而已。你查看行程，發現自己已被徹底淹沒。情況很不妙。就像搖搖欲墜的疊疊樂遊戲，你更動或是延後任何一件事，整座疊疊樂的積木將就此崩塌。在別無選擇的情況下，你不只好做出一些不得不然的決定。你延後另一個（只比它稍稍不急迫）計劃案，心裡開始擔心，卻不敢多想它可能帶來的後果。你預借時間，償還時必然要付出代價；接下來的那個星期會是更大的夢魘。

較不忙碌的人所犯的錯誤被寬鬆吸收了，也因此儘量減弱它帶來的後果。相較之下，忙碌的人卻無法輕鬆擺脫。多擠出來的一個小時都需要犧牲其他東西為代價。**同樣的**錯誤卻有更嚴重的後果。我們剛談到寬鬆可能導致缺乏效率，它讓我們買了將成為櫥櫃棄兒的物品，讓我們金錢和時間的使用漫無章法。我們看到寬鬆提供了一種隱而不顯的效率。它給了我們空間來部署行動，在犯錯時重新規劃。寬鬆給了我們犯錯的空間。

寬鬆還提供另外一種保障。亞歷士和賓用同樣的金額買皮夾克。然而就某方面而言，賓付出的代價比較多。這筆兩百元的費用只占亞歷士收入的一小部分，是他寬鬆的一小部分，但對賓而言卻是很大一部分。同樣金額的錯誤**從比例上而言**對賓比較昂貴。正如經濟學家班納吉（Ahbijit Banerjee）所形容的，「誘惑稅」（temptation tax）會逐漸遞減；擁有越少的人被課徵的稅負就越多。

一名經濟學研究生比約克葛倫（Dan Bjorkegren）針對印尼民眾消費模式的大規模研究，對這個理論進行測試。他把其中一些消費歸類為「誘惑商品」（temptation goods）。這個分類方式當然有些主觀，有討論的空間。未來的研究或許可以請受訪者來歸類誘惑商品。不過就初次的嘗試而言，這個研究有相當的價值，而且它列出的品項也相當合理：香菸、酒和其他嗜用物質。比約克葛倫根據購買這類物品占全部支出比例，把誘惑稅予以量化。他發現最貧窮的這一組，誘惑稅占了他們總消費的一〇%。越是富有的人，誘惑稅也依次降低，大約只占富人總消費的一%。當然，富有的人花更多錢在誘惑商品上，只不過占所得的比例要低許多。

如果犯錯的代價較昂貴且失敗的機會比較大，匱乏會不會讓我們更謹慎？說的比做起來容易。想降低錯誤並不能光憑努力。許多這類的錯誤往往不是由於粗心大意，而是更深層的心智活動過程。單單靠努力與專注力無法讓我們擺脫計劃謬誤，無法提醒我們原本就沒放在心裡的事物，或是提供我們鋼鐵般的意志來抗拒一切誘惑。我們的偏見是大腦運作的直接結果，對後果未必能設想清楚。我們可能抗拒不了一時的誘惑，在身體健康的狀況下偷吃一些點心；而罹患糖尿病時可能也同樣抗拒不了誘惑。我們在玩愚蠢的電玩遊戲時可能分心；但在高速公路上開車也同樣可能分心。即使有極端嚴重的後果，往往也改變不了心理學上的偏見。[5]

如果說匱乏有效應的話，就是它會導致更嚴重的錯誤。認知頻寬稅負讓我們更易於犯錯。忙碌的人更有可能犯下嚴重的計劃錯誤；畢竟他可能仍需要把注意力放在**上一個**計劃案，使得他更加容易分心和分身乏術——這是導致計劃錯誤的明顯原因。認知頻寬受到影響之後，我們更可能變衝動，更可能無力抗拒誘惑。因為幾乎沒有餘裕，我們容許失敗的空間變小了。因為認知頻寬受到縮限，我們更容易失敗。

我們可以用一個新的角度來看待匱乏的各種狀況。逾期繳款的賬單費用是對規劃不善或遺忘的處罰，但是它給原本就生活在匱乏的人製造更加嚴峻的環境。隨手可得的垃圾食物可能給窮人和忙碌的人造成肥胖症，而這些人，可能又因此更容易暴露在這類環境，更無法保持警惕；它對富人和時間充裕的人則比較不會構成威脅。低利房屋貸款艱澀難懂的說明條文對生活中財務匱乏的人而言，特別容易被誤解（也導致更嚴重後果）。環境裡會製造出犯錯的空間，接著它又會帶來一些處罰，這對所有人都是一項考驗。不過對處於匱乏背景環境的人來說，這個考驗格外艱難。

匱乏不只代表較少的犯錯空間，它也代表失敗的機會更大。在前面亞歷士和賓的故事裡，皮夾克是一項誘惑——把它買下對兩人而言都是錯誤。不過想像一下如果把故事改寫成這樣：

亞歷士和賓經過一家服飾店。兩人都看中一件皮夾克。兩人都沒有皮夾克，但一直希望有一件。這一件款式看起來很漂亮。只是價格太高了，要賣兩百美元，而且也不是非常實用。現金充裕的亞歷士做出決定：「有何不可」，彷彿他富有到有錢沒地方花。手頭拮据的賓明白這不是明智的交易。他必須抗拒誘惑。

在這裡，買皮夾克對賓是個錯誤，但對亞歷士並不是。畢竟這是充裕所能提供的。它讓我們有能力買更多東西。財富把誘惑轉化成負擔得起的奢侈品。同樣的商品，當你缺錢時是個誘惑；但是在你富有時，買下它頂多只能說太過輕浮。正在節食的人應該避免如非節食者，未經思索大吃特吃餅乾；忙碌的人應該避免如悠閒的人，不需思索就可以享受的閒

❺ 如果付出的代價很高，人們的行為就會有所不同，這是早期反對把心理學的發現用來連結解釋社會現象的主要論點。過去二十年來，研究結果顯示人們心理學上的偏見會影響決策，對他們退休計劃或是醫療與死亡率造成影響。

事——和朋友一起出去喝一杯，或是漫不經心地看電視。

匱乏不只是提高錯誤的成本；它也製造更多犯錯、做出受誤導決定的機會。它讓我們想把事情做對變得更加困難，因為有太多的事項——忙碌的人的時間安排、窮人的支出項目——需要細心安排擠進一個受限的預算裡。讓我們回想一下打包的例子。想像兩位作者——森迪爾和埃爾達——受邀參加一個野餐會。森迪爾帶了水果準備做沙拉，而埃爾達的任務是帶果凍糖。森迪爾必須仔細考慮如何打包：一顆西瓜就占了袋子很大的空間，再放一顆鳳梨就放不下太多別的東西了。也許他可以放幾根香蕉在袋子的邊緣，或是放點葡萄或草莓在蘋果和梨子的縫隙。他的打包任務就像裝備補給的大工程：必須找出最佳的排列方式。相對之下，埃爾達的任務就單純多了。他只需要裝一些西瓜口味的果凍糖，再配一點柳橙口味的。他抖一抖袋子讓東西就定位，然後再倒一點其它口味的。埃爾達可能也需要做一些取捨；他也許沒辦法把每一種口味的果凍糖都裝進去。不過只要選好，他的打包基本上就很容易，不需要有什麼天才想法就可以把果凍糖打包好。兩個人任務的差別在於物品的「粒度」(granularity）。水果是占體積的物件，果凍糖則是細小有如沙粒一般。隨著物件更加細微，打包的複雜程度就變得更容易。

在生活上，你打包的是細粒還是占空間的物件？這要由你的預算決定。預算少的時候，一台iPod感覺很占體積，它佔據一個月費用中很大一部分。隨著你的預算增加，這個iPod占的空間越來越小。它變成你可支配收入裡越來越小的一部分——它變得越來越像細微顆粒。較大的預算，不只是讓決定引發的影響後果減低，同時它也讓打包的複雜度降低。較少的預算讓物件顯得佔位，也讓打包變得複雜；大的預算讓物件細粒化，也讓打包變得容易。

當然，即使有大的預算，夠大的物件仍會製造打包的複雜性。在一個重大（而且漫長！）刑事案件擔任陪審團成員，即使對很閒的人也會製造複雜性；買一幢典雅的避暑別墅，即使是很富有的人也需要很大的專注力。但是只要存在著「充裕」，一般而言，你的選項會越來越細粒化。它們不再對你的預算或是計劃造成限制。

這一切又提示匱乏新層面的意義。雖然這裡把焦點放在匱乏產生的心理現象，不過匱乏的影響或許不僅是在心理學；可能也在數學上。匱乏可能製造出打包在後勤供應上**更大**的難題。心智除了受到衍生自匱乏的心理挑戰，可能還要面對一個在運算上更複雜的世界。❻

❻ 在此處運算的複雜性可用線性規劃（linear programming）之相對於整數規劃（integer programming）來理解。在線性規劃中，物件可以被無限細分——邏輯上顆粒性的延展。在整數規劃中，物件則須以固定的單位包裝——邏輯上蓬鬆性的延展。電腦運算的科學家已經用精確的數學定義，說明整數規劃先天上要比線性規劃更加困難。

匱乏與寬鬆

我們在本書一開始給匱乏下了定義：本身需求多於可取得資源的主觀感受。它不只是我們必然會面對的挑戰——金錢、時間等等就只有這麼多——而且它還超越實際物理的限制之上。打包的概念把二者的分野做了清楚的說明。實際物理的限制和權衡取捨始終都存在：不管行李箱有多大，都有固定的容量。但是它給我們的體驗卻非如此。小的行李箱讓我們感覺匱乏。我們會注意如何取捨；我們會感覺空間太小。一個小行李箱同時也會製造客觀上的匱乏，讓處理變得更複雜。大行李箱不只提供更多空間，它同時也移除了匱乏感。我們不只感覺到空間足夠，甚至感覺不到取捨的問題。雖然「實際上」空間限制和取捨問題是恆久不變的普遍原則，但是給予我們的體驗卻非如此。

就這點看來，「寬鬆」這個概念正好切入匱乏心理學的核心。有了寬鬆，給我們帶來充裕的感受。寬鬆並不只是沒效率，它也是我們心理上的餘裕。充裕不只讓我們可以買更多的物品，它讓我們享有隨意打包又不需考太多的餘裕，同時也給我們不必介意犯錯的餘裕。正如梭羅（Henry David Thoreau）所見：「人富裕的程度與他所能放下的東西數量成正比。」❼

❼ 梭羅本人從這個觀察獲得不同的心得。他主張你應該做的不是增加個人財富，而是節制自己的欲望。用我們的術語來說，有兩種方法可以獲得寬鬆：找大一點的行李箱，不然就是減少你想要打包的東西。

4

專業
EXPERTISE

幾年前森迪爾與一名博士班學生（姑且稱他亞歷士）在印度清奈的城郊外，想叫一台機動嘟嘟車到下一個會議的場地。那個地點嘟嘟車不好找，可能需要等好一陣子。等車很痛苦：天氣又熱又溼黏，空氣中塵土飛揚；攝氏三十七度的高溫不足以完全反映其慘狀。灰頭土臉等了十分鐘之後，一輛嘟嘟車靠過來，森迪爾鬆了一口氣，不過，顯然這口氣鬆得太早。

在清奈，凡事都要討價還價。一趟車通常要四十盧比（八美分）❶，不過因為亞歷士在旁邊，司機覺得自己似乎可以跟外國人收貴一點（譯註：森迪爾本人為印度裔）。他開價一百盧比，不過在一番討價還價之後，他降到六十盧比，之後就不肯再讓。森迪爾已經準備要跳上車；外面酷熱難當而他們又要趕著去開會。

不過亞歷士卻不肯就範，他不願付六十盧比，同時跟森迪爾說他不願上這部車。他說：「待會就有別的車來，我們等一下。」森迪爾暗自詛咒剛剛殺價時應該用塔米爾語而不該用英語，不過他已經無力爭辯，只好讓車子走了。經過難捱的十分鐘之後又有車來了。幸運的是，這次司機同意只收四十盧比，亞歷士這次上車了。森迪爾跟在他後面上車，心裡暗暗發誓，以後做研究一定要找比較通達情理的博士生。

為什麼亞歷士不願意接受原本的喊價？他的拒絕一部分出於公平原則：沒有人甘願被敲竹槓。不過亞歷士已經在印度待了一段時間，應該已經習慣接受事實，知道敲竹槓並不是針對他個人，而是這裡做買賣的方式就是如此。他純粹用金額的角度來看這些交易。「我樂意多付點錢，」亞歷士說：「但不應該多到五〇%！」亞歷士做了明確的選擇：他決定寧可忍受十分鐘或更久的熱氣和塵土，也不願多付五〇%的錢。

現在假設在不同的環境背景下，森迪爾提議：「亞歷士，我要你穿著衣服去做十分鐘蒸汽浴，耳朵邊會有汽車喇叭在響。噢，對了，偶爾我還會在你臉上撒點灰塵。不過為了不讓你吃虧，這個五角美元你拿去。」亞歷士應該不大可能會接受；比較可能的是想辦法換個指

❶ 在本書中，我們採取票面上的匯率來說明外幣對美元的價值（例如這裡的印度盧比）。這種用法在某些時候完全有效，比如說亞歷士對盧比價值的判斷。但是有些時候可能有些誤導，因為不同國家之間的價格差距有時無法以匯率顯示出來。舉例來說，一盧比在印度比在別的地方更好用，因為印度很多東西比較便宜。為了評估不同國家之間收入的差異，大部分經濟學家不光只是做匯率上的轉換，還要調整價格差異的標準，也就是各國的**「購買力平價」**（*purchasing power parity*）。由於本書的目的不是要對各國國民所得做詳細的對照，為了閱讀上的方便我們使用的只是票面上匯率。但是讀者應該把二者的差異牢記在心裡。

導教授。但這正是他在清奈接受的交易。他不只是接受，還堅持要。何以至此？

在另一個不同的場合，森迪爾幫一個外國人跟嘟嘟車司機為了幾個盧比討價還價。這一回司機從英語換成塔米爾語問他。「你幹嘛為這點錢計較？」他問道：「這點錢對那人根本不算回事！」當然，就某方面而言司機的話沒錯：這麼少的一點錢對有錢人**應該**不算什麼。不過另一方面司機也錯了。人們所做的行為——至少有些時候——彷彿這點小錢對他們意義重大。

對專門研究判斷與決策的心理學家而言，亞歷士的行為是高度可預期的，而且顯然不需到印度才會發現。它符合關於人們如何做選擇最古老，也是最一致的研究結果。看看下面的例子，受試者面對底下兩種可能的情境：

想像你花一整天逛街購物，其中一個你想買的東西是DVD播放機。❷一天下來，你在一家店裡找到你想要的品牌和型號，售價是一百美元。價格雖然不錯，但並不是你今天看過最好的價錢。有另一家店——會耽擱你回家三十分鐘的路程——只賣六十五元。你會買一百元的DVD播放機回家，還是決定繞路到另一家店買六十五元的？想想你會怎麼做。

想像你花一整天逛街購物，其中一個你想買的東西是筆記型電腦。一天下來，你在一家店裡找到你想要的品牌和型號，售價是一千美元。價格雖然不錯，但並不是你今天看過的最好的價錢。有另一家店——會耽擱你回家三十分鐘路程——只要賣九百六十五元。你會買一千元的筆記型電腦回家，還是決定繞路到另一家店買九百六十五元的？想想你會怎麼做。

兩個情境所提供的機會都是花半小時車程以省下三十五美元。你會發現，大多數人選擇繞路去買DVD播放機，卻不會繞路去買筆記型電腦。這跟標準的經濟模式矛盾：時間和金錢之間的兌換率應該是固定不變的常數。但是這裡的變動卻相當劇烈。為了做更精確的統計，我們可以請受試者清楚說明要節省多少錢才會讓他們決定繞路。結果令人吃驚。隨著物品價格的不同，人們認為一個小時相當的價值，可以從五．六四美元（考慮買一隻三美元的筆的人）到一．三六四美元（考慮買一輛三萬美元汽車的人）。這意味著我們的節儉會帶來怪異的結果。我們對細小的物件精打細算，但是對大物件花錢卻是粗枝大葉。因此我們的節儉有一大半是枉費徒勞。買一雙一百五十美元的鞋子，我們可以為了省下五十元而花幾個鐘頭在網路上搜尋。但是買一輛兩萬美元的汽車，我們卻不會只為了省幾百元而花好幾個小時搜尋。

❷ 這是Tversky和Kahneman著名的「夾克與計算機」問題稍微更新（因為通貨膨脹的緣故）之後的版本。

這些發現的重要性在於它們說明人們習慣上會違反經濟學家的標準人類行為「理性」模式。如果人們對一美元的價值變動是如此輕易，傳統的經濟行為分析有可能被嚴重地過度引申。這些相關發現促成「行為經濟學」的興起，試圖把心理學納入經濟學的模式之中。這些研究帶來很大的影響，因為這些研究結果可以廣泛運用在許多領域。他們不只可以說明亞歷士在印度奇特的行為，也可以用來說明大學生、企管碩士、專業賭徒和各行各業主管的行為。❸我們一直認為，這個基本的發現是所有人行為上的事實。

匱乏的效應

我們與博士班學生克里斯多．霍爾進行另一版本的筆記型電腦／DVD問卷研究。

想像你的朋友去買一個家電用品，標價一百美元。這家店的價格雖然不錯，不過店員告訴你的朋友，距離四十五分鐘車程的另一家商店，同樣的商品便宜五十元。你是否會建議你的朋友到另一家店，讓原本一百元的花費可以省下五十元？

和筆記型電腦／DVD的問題一樣，我們操控問卷的價格。❹我們給一些受試者的家電用品價格是一百元；有些人是五百元；還有一些人是一千元。省下的錢金額則不變（五十元）。我們一開始測試的對象是相對比較富有的受訪者。這個實驗是在紐澤西的普林斯頓車站進行，我們發現，實驗的結果和許多過去許多人做的研究結果類似：當電器用品價格是一百美元時，有五四％的人建議去另一家店買；價格五百美元時變成三九％，價格一千美元時只剩一七％。當背景價格變得越來越大時，省下來的五十元顯得越來越微不足道；如果是買一個較昂貴的大物件時，似乎根本不值得省這筆錢。

不過接著我們在十二英里外，紐澤西州特倫頓的愛心廚房，進行完全相同的實驗。和美國大部分愛心廚房一樣，到這裡來的人年齡、性別和種族可能大不相同，不過他們有一個共同點：他們手頭都沒什麼錢。這讓我們預期他們應該會更有意願為了省錢而走遠路。事實上，我們的發現正是如此。一百美元的商品，有七六％的人認為應該繞路去省下那五十元。雖然不是全部的人都如此認為，不過或許他們有些各自不同的原因。也許是時間有限，或是

❸ 一些研究發現，運用獎勵措施有類似的效應。其中一個研究是要求人們解答代數問題，每個正確答案可以得到六分錢。這些人有的基本出席獎金是一美元，有些人是三美元，還有些是十美元。每題六分錢的獎金，對於出席費只有一元的那組人是大錢，但對於可領到十美元出席費的人則是小錢。實際上，出席費一美元的那一組人比較努力，也回答出較多的題目，因為他們努力的報償「看起來比較大」。幾個有幽默感的研究者參加了二〇〇三年北美洲經濟計量學會的夏季大會，從專業的經濟學家們身上得到類似的數據。顯然經濟學家在理性決策上沒有比一般人高明多少。

❹ 建議購買一百美元和一千美元的兩種情況裡，高收入的受試者（普林斯頓站）的選擇出現顯著變化，而低收入受試者（特倫頓站）則沒有太大不同。

有別的事情要煩心，或者他們不想走遠路，因為許多窮人並沒有車。也有可能去愛心廚房的人就跟其他人一樣，很看重自己的時間價值。

不過，真正讓這個研究結果顯得特別的，是背景價格提高後的結果。當這個商品價值五百美元時，願意走遠路的人數比例沒有太大改變：結果是七三%。讓商品價格提高到一千美元，願意走一趟的人反而稍稍增加了，升高到八七%。這稍稍增加的比例，也許是因為他們覺得要花這麼大一筆錢的時候，應該想辦法多省點錢。❺

對大多數人而言，買台一百美元的DVD播放機可以省下五十元感覺很多（省了五〇%！），買一千元的筆記型電腦則感覺省很少（只省了五%）。不過在特倫頓愛心廚房的人似乎不為所動；他們的反應沒有太大改變。為何匱乏——在這裡是錢的匱乏——會推翻傳統的研究結果？

為了了解原因，我們需要先繞點路，進入感知的心理物理學。

感知是相對還是絕對的？

德國醫師韋伯（Ernst Weber）被視為是實驗心理學創建者之一，他發現人類感官運作的一個重要事實。在一項先驅式的實驗中，他讓蒙著眼睛的受試者一隻手托著放了砝碼的盤子，默默在盤子上加入鐵粉，要求受試者在感覺到盤子重量出現變化時發出信號。到底要加入多少重量，人們才會感覺得出來？它的「最小可覺差」（just noticeable difference）是多少？韋伯發現最小可覺差與背景數量有恆定的比例。以重量而言，它的比大約是三十分之一。所以你如果拿著三磅重的砝碼，大約至少要加入〇．一磅的重量才會感覺出差別。不過如果你拿的是三十磅重的砝碼，要增加一磅的重量才會開始注意。

韋伯說明感知是高度相對性的。舉例來說，眼睛並不是度量光的標準。它是依據背景來判斷亮度。當你站在黑暗的洞穴裡，一根點燃的火柴棒可以照亮你的周遭。同樣一根點燃的火柴棒，在晴朗下午的戶外咖啡廳可能幾乎察覺不出來。類似的效應，像是對於相對大小的感知也經常在日常生活裡出現。生產洗衣粉的廠商老早就知道，比較大的量杯會讓洗衣粉用量多一點。用小量杯裝洗衣粉，人們在快裝滿的時候就覺得夠了。因為我們感知是由相對的量而不是絕對的量決定，用大量杯時，由於量杯滿格線以上還有很多空間，我們會覺得杯子裡洗衣粉還很少。所以人們會再多加一點，洗衣粉也因此可以賣得更多。金錢的多寡，至少

❺ 這些結果似乎不可能僅歸因於「天花板」效應，認定對窮人而言，增加意願的空間太少。對於較富有者雖然有較多增加意願的空間，他們樂意走這一趟路的比例仍遠低於一〇〇%。

在某個程度上，也是由它的背景來判斷。也因此我們會較在意一本二十美元的書打折可以省下四〇%，更甚於買一千元的冰箱可以省下的一%。在清奈，亞歷士看待金額的態度其實就像他看火柴棒的情況，是相對於它的背景。當合理的價格是四十盧比時，六十盧比感覺上就太超過。

相對性的感知是我們心智在處理訊息時先天的一部分，不過經驗和專業卻可以讓我們設法超越。心理學家葛隆丁（Simon Grondin）和基林（Peter Killeen）進行的一項研究中，要求兩組受試者——一組非音樂專業人士，另一組則是受過十一年到二十三年訓練的音樂家——複製六秒、十二秒、十八秒和二十四秒的間隔長度。非音樂專業者表現正如預測，他們的誤差與時間長度成比例：間隔時間越長，差異就越大。他們是以相對的方式估算時間長度。接受過長期音樂訓練的受試者表現則恰好相反，隨著時間間隔變長，他們的相對差異逐漸降低；在較長的間隔時間中，這些音樂家的誤差程度低於時間的比例。他們的判斷顯然較接近時間的絕對標準。

這裡告訴我們的是，專業——也就是對單位大小更深刻的認識——可以改變感知。音樂家是時間間隔的專家，有內在的尺度——他們不依賴本能估算時間長度。研究顯示越有經驗的酒保在倒酒時，越不會受到瓶子高度的影響，可以準確倒出要求的量。

匱乏也會讓我們成為專家——專業的打包者。沒有寬鬆所提供的餘裕，我們被迫去理解行李箱每一寸空間的價值。窮人理當知道一美元的價值，忙碌的人知道一個小時的價值，而節食的人知道每一卡路里熱量的價值。

行銷研究人員曾用很特別的方式研究過專業。他們攔住走出超級市場的購物者做簡短的調查。他們拿著購物者的發票問一些問題，比如「你剛剛買的牙膏多少錢？」經濟狀況較寬裕的購物者往往答得較差。「牙膏的價錢？大概是三元？還是五元？」多數人甚至不知道剛剛幾分鐘之前才付的賬單總共花了他多少錢。不過收入較低的購物者就記得住。他們比較清楚自己花了多少錢，以及所買每件物品的價格。我們做的研究也發現同樣結果，在我們的研究中，我們小心區分知識和經驗的頻繁程度。我們詢問波士頓的通勤族，計程車的起跳價格是多少錢。❻富有的人答對的機會只有一二%；較貧窮的人答對機率是他們的三倍。儘管富人坐計程車的機會應該更頻繁。

對價格的瞭解，牽涉的通常不只是眼睛看到標價。它還需要一點警醒的態度，因為你看到的價格不見得就是你付的金額。比如說香菸稅就會出現兩種變化。菸酒特許消費稅（excise

❻ 高收入與低收入回答者之間正確答案比例的差異就統計數字而言是相當明顯的。$p < .05$, $N = 104$.

tax）會列在標價上，一般消費稅（sales tax）則沒列入；它們在結賬時會全加在一起。如果光是看標籤的價格，你就會漏掉一般消費稅。當菸酒特許消費稅——看得到的價格——調整時，富有或貧窮的抽菸者都有反應。他們都會少抽一點菸。當一般消費稅——看不見的價格——變動時，情況則不是如此。只有收入較低的消費者會做出反應。只有收入較低者會平等看待這兩種課稅（他們也理當如此）。他們注意的不只是標籤價格；他們對總金額也會做出比較好的解讀。❼

低收入的消費者在其他方面也比較擅長。你在超級市場購物時——比如說買一袋洋芋片或一個鮪魚罐頭——你當然會覺得買越大包應該越划算，所以也比較省錢。不過結果往往不是如此。較大包裝的商品可能單位價格更貴；有的商品可能有所謂「數量附加價」（quantity surcharge）。有一項研究顯示，提供商品不同大小包裝的品牌中，有二五％的品牌出現「數量附加價」的情況。這些增加的價格並非出於錯誤。《消費者報告》稱它們是「狡猾的商品詭計」。對那些不注意商品標價，認為買越大包就一定越划算的消費者，這種詭計最容易得逞。（你是不是也常犯這種錯？）有一項研究檢視超級市場運用這種「詭計」的情況，發現一個我們的討論應該可以預測到的結論：在低收入社區的超級市場出現「數量附加價」的情況最少。當一個人想方設法發揮每一塊錢最大的價值時，很難騙他多掏錢出來。

可以簡單地說，窮人是了解一塊錢價值的專家。他們有內在的尺度來估算一塊錢的價值。他們不會全憑背景環境去感覺該付多少錢。他們心頭迫切缺錢的需求，幫他們創造出自己內在的尺度。有了這種內在的度量尺度，代表他們比較不會受到環境的影響，就像專業音樂家精確的節奏感一樣。在愛心廚房裡的受試者，不會像在清奈的亞歷士，或是其他無數有錢的受試者一樣，做出偏差的反應，因為他們對金錢的價值判斷，不會輕易受到背景環境的影響。

想一想這是多麼驚人。在這些研究裡，窮人的表現更加「理性」。他們比較接近理性的經濟概念，比較接近「經濟人」（*homo economicus*）。這不僅告訴我們關於貧窮；它也告訴我們一些行為經濟學。金錢價值會隨相對背景變動，被視為行為經濟學的經典研究結果：它被認定應該是一般人思考模式的重要特質。但是在這裡我們看到匱乏推翻——或至少是淡化——這個經典的研究結果。事實上，匱乏還改變許多其他的推論。

❼ 如果說，這裡說明窮人投入更多的專注是因為他們要付的代價較高昂，可能只說明了一部分的重點。這裡有趣的意涵在於，這種更大的專注力如何改變了作出決定的過程，如何改變了這一廣泛階級人們過去被觀察到的那些「偏見」。

它到底值多少錢？

森迪爾還是大學生的時代，有天他考慮要買台隨身聽。（如果你不知道隨身聽是什麼，我稍微解釋一下，它就像iPod，不過是用來聽卡式錄音帶。如果你不知道卡式錄音帶是什麼，那麼，別費神去管它。）隨身聽要花七十美元。隨身聽到底值不值七十元呢？他該不該買呢？當然這個價格算合理：他已經查過了，別的地方也無法用更低的價錢買到。問題是他比較喜歡哪一樣——七十美元現金還是隨身聽？七十塊美金到底值多少？一美元真正的價值實在不容易弄清楚。當時森迪爾對於這類決定已經發展出一套技術。那時候，森迪爾三餐的主食（其實也是他唯一的食物）是塔可鐘（Taco Bell）的豆子墨西哥捲餅。雖然他對錢的理解不夠，但是他理解墨西哥捲餅。因此他決定把一切都換算成豆子墨西哥捲餅。他不問自己比較想要隨身聽還是七十美元，而是問自己到底自己想要隨身聽還是七十八個豆子捲餅。豆子捲餅似乎比錢還要實際、還容易理解。

為什麼有必要建立一個參照的基準來弄清楚七十元的價值？這是因為寬鬆，有餘裕表示不用考慮取捨。當我們在有餘裕的情況下買東西，我們不會覺得必須因此而犧牲什麼。心理學上，這是很愉快的。不過它也可能成為做決定時的妨礙。如果你不知道要犧牲什麼，你就不容易想像這個東西要花什麼代價，以及到底值不值得。寬鬆的存在，以及毋需取捨的情況，正意味著我們沒有直覺、容易的方式可以評斷東西的價值。

當然，森迪爾的墨西哥捲餅量尺算不上什麼了不起的成就。不過它跟一些專家的想法有點異曲同工。一名研究決策的心理學家提到有個iPhone手機的app也在做類似的事情：「假如你說：『我喜歡的東西有巴哈馬度假、鞋子、拿鐵咖啡和書。』現在，當你考慮想買件東西時，就把它換算成你喜歡的東西。所以，它問你：『好吧，這個特別的東西大概等於在巴哈馬半天、兩雙鞋子和一杯拿鐵。』」也有專家建議使用一套「時間標價」（time price）。假設你上班一個小時賺二十美金（淨值：先要扣掉交通費、所得稅等等）。當你要買一台八十美元的冰淇淋機，就等於你要上班四個小時；你想要訂一個月費比現在多六十元的有線電視頻道組合，你就等於每個月要多工作三個小時。（每天喝一杯小杯低卡拿鐵大概需要一年花掉五十個工作小時。）

在考慮要不要買隨身聽的過程中，森迪爾意識到這個理解方式會造成誤導。所有他想吃的捲餅都已經吃了。如果他選擇不買隨身聽，他也不會上餐館去吃那**多出來的**七十八份捲餅。他並不是在隨身聽和七十八份捲餅之間做取捨。這種理解方式要有效，他必須先知道被省下來的錢會被花到哪裡去。顯然這些錢不是用在墨西哥豆子捲餅上，道理就像你省下錢不買某個東西，也不會因此讓你到巴哈馬度假一樣。要讓取捨關係變得具體，就必須追究錢是從哪邊省下來，並了解它會怎麼花掉。同樣的，上面幾個專家提的建議也是如此：我們要選擇哪個東西做比較才能有比較切實的感受？

相反地，人們往往找價格類似的東西做比較。往往會造成嚴重的誤導。許多這類的物品是你根本不想買的。同樣道理，「時間標價」（「這就像上班四小時」）也會誤導，因為常見的情況是你不買某個東西也不會讓你工作時數因此變少，買了它也不會因此加班。找尋善用這筆錢的最佳方式，同樣也會造成誤導。如果你花四十美元吃一頓美妙的晚餐，你也不能期待每一筆四十塊錢都應該給你同樣的歡樂。就算我正確使用金錢，也很少有其他四十元的花費能比得上這個美好的體驗。但是我一天能有幾次美妙的晚餐？根據收益遞減原則，我花的最後一筆四十元——也就是現在我在考慮，正要做出取捨的——並不會帶給我類似的樂趣。

這些參照基準的問題在於它們並不實在。在寬鬆的狀況下思考取捨，就像魚與熊掌明明只能選一個，你卻偏偏兩個都想要。因為我們並非在實際上有太多取捨，所以多半只能憑空想像。沒有實際的取捨，微小數額的價值根本不是需要關心在意的事。如果多出二十美元，你會拿來買什麼目前還沒買的東西？如果不缺錢，這個問題大概你永遠也不需要回答——甚至不會想到發問。如果你想要某個小東西，你會直接買就是了。

這些問題會出現，是因為在有餘裕的情況下，我們並不會理解十元的價值是多少。這種含混不明的情況可能讓我們易於受人操弄。購物透過明智的比價之後可能變得更有吸引力。度假飯店幫你升級到好一點的房間，你可能覺得是無足輕重的小惠，因為它的金額跟全部的住房費相比實在是不成比例。但是如果把它想成相當於一個精緻高檔的美味甜點，可能就會覺得省了一筆不小的錢。行銷廣告公司——以及非營利組織——也是用這種策略。資助一個非洲小孩或是買一台每天只花你幾分錢的吸塵器。當然，因為寬鬆的存在，這幾分錢似乎來去都感覺不到它的存在。

我們認識一些很節儉的有錢人，跟他們說明我們的研究時，通常他們會頻頻點頭說：「沒錯，我們就是這樣，對錢非常注意。」不過節儉並沒有真正掌握到匱乏的經驗。節儉的人對金錢具有原則性的理智。窮人則必須在取捨之間保持警戒。購物的時候，節儉的人考慮的是價格是否「划算」。相反地，窮人必須問自己的是得犧牲掉什麼才負擔得起這個價錢。節儉的人沒有參與真正的取捨問題，他們就跟生活有餘裕的人一樣，不大容易理解一塊錢有多少價值，因此他們必須依賴背景環境。亞歷士和嘟嘟車的故事就是如此。他很廉價（而且沒有一致性）賣掉自己的時間，因為他是根據背景環境來決定坐一趟嘟嘟車「合理的」價錢是多少。亞歷士是節儉，但是並不窮。

我們一個朋友也是行為研究者，他最近花了三美元買松露巧克力。事後問他值不值得時，他想的是這些錢可以拿來買什麼：「六條巧克力、一份《體育新聞》或者是一杯好一點的餐酒。」或者他也可以把這些錢省下來——這不是一筆大錢。不過如果他在其他方面再犧牲一點，也許明年可以換大一點的公寓。他還回想到衛星電視每個月要繳四十九元，而他最近幾乎不看電視。把這四十九元省下來就夠他買一大堆松露巧克力。最後他終於承認說：「我不知道。」充裕讓我們較難了解一塊錢的價值。

行為經濟學發掘出來的許多偏見和不一致的行為，其實正是關於人們難於理解一元的價值。在我們與霍爾進行的研究裡，人們對於如何評斷節省五十元的價值缺乏清楚的概念，因此他們借助背景價格為基準來評斷五十元的價值。相對之下，窮人因為確實會面對五十元的取捨問題，具有專家般的內在尺度（也許不是很精確的尺度）來度量五十元的價值。因此，他們較少出現不一致的情況。根據這個解釋，有些情況應該會讓窮人具有生活無缺的人所缺少的價值感。也因此，由於對價值缺乏清楚了解會導致錯誤，在這些例子裡，窮人可以避免犯下有餘裕的人會犯的錯誤。

啤酒的價格

人們如何理解未確知的價值？認知的研究提供我們另一條線索。認知過程中，大腦運用大量背景環境的提示來解釋視覺資料。一旦你了解大腦所使用的提示，就有辦法稍加操弄，有時會導出怪異的結果。麻省理工學院阿德爾森（Edword H. Adelson）的「棋盤陰影錯覺」就是運作這個知識製造視覺錯覺最常見的例子。❽

在這個著名的錯覺圖像裡，方格A看起來比方格B顏色還要深。但它之所以被

❽ 這種說明感官認知是依賴環境背景的圖示相當多。阿德爾森的棋盤陰影幻覺是我們最愛引用的例子之一。它經過授權許可複製。

稱為錯覺的原因在於，A和B其實是深淺程度完全一樣的灰色。你也許不相信；甚至我們也常忍不住要再檢查一次，因為這似乎不是真的。如果你對我們的說法有所懷疑，你可以拿張紙，中間剪下兩個洞對準方格A和B。你就會發現兩個方格是相同的顏色。但為何我們的眼睛受到如此嚴重的愚弄？

這裡視覺系統使用圖像的背景提示來理解事物。背景提示影響我們對前台事物的觀察。方格B與方格A的背景並不相同。方格B不只被顏色較深的方格包圍；同時也位於圓柱體陰影應該落下的位置。由於物體在陰影下看起來顏色較深，眼睛會對陰影做自動修正，使物體顯得比較亮一些。我們認知到的顏色，就如同我們所認知的距離，都是依靠周遭的提示。而我們對價值的認知顯然也是如此。

經濟學家塞勒（Richard Thaler）報告過一個相當於金錢的視覺錯覺實驗。我們與夏哈一起重新複製這個實驗。我們讓受試者考慮兩種不同的情境，它們唯一不同點是底下方括弧裡的字——一個是雜貨店，另一個則是漂亮的度假飯店。

想像你在大太陽的海灘上躺著。❾ 你最想喝的就是冷飲。過去一個小時中，你腦子裡想的就是能喝上一瓶你最愛的冰啤酒該有多棒。你的一個朋友站起身來要去打電話，答應幫你從附近唯一有賣啤酒的地方（一間小小的破舊雜貨店）（一間漂亮的度假飯店）帶一瓶啤酒回來。他說啤酒也許會很貴，所以要看你願付多少錢買啤酒。他說如果售價不超過你說出的價格上限，他就幫你買回來。不過如果售價超過上限，他就不買了。你信任這個朋友，而且你也不可能和酒保討價還價。你打算跟他說的價格上限是多少錢？

財務很寬裕的受試者展現一如塞勒的報告中提到的經典決策偏見。同樣的啤酒，在漂亮度假飯店的背景環境下，他們願意付較高的價錢。這也很像亞歷士的行為，他們付錢的樂意程度差別是不一致的。一瓶啤酒就是一瓶啤酒（而且他們會在同樣的海灘喝下同樣這瓶啤酒）。啤酒不管來自雜貨店或是飯店，止渴的程度都一樣。不過財務較寬裕的人，因為不確定該付多少錢，所以用背景環境來決定它的價值。

較貧窮的受試者表現大不相同。在兩個不同背景環境下，他們願意付錢的金額要接近得多。重點並不在他們願意付的金額是更多還是更少。而是他們給的答案有很高的一致性。要注意，受試者被問到的並不是他們**預期**要付多少錢。當你問他們時，窮人和富人的答案都一

❾ 資料的蒐集是在二〇一二年與夏哈共同進行。在不同條件狀況下，富人出現明顯差異，而窮人則否；p < .01（N = 148）

樣：當然度假飯店賣的會比較高一些。這兩組受試者的差別只在於他們本身**願意**付的金額。這正是我們原本預測的：窮人較清楚該付多少錢。不受背景環境的影響，他們可以依靠自己內在的尺度來判斷每一塊錢的價值。

這提供我們類似選單的東西，讓我們找到去哪裡「推翻」一些傳統行為經濟學的發現，也就是依賴任意的局部背景環境來詮釋價值。根據這套論證，人們思考金錢時，會把它劃分成各別分開的賬目。舉例來說，過去研究發現油價上漲時，人們會改加品質較次等的油。我們的行為表現彷彿我們變得「比較窮」，即便是在實質上，油價增加的花費對我們整體的預算支出沒有什麼影響。甚至在這個時候，我們的行為表現彷彿是「在加油方面」變得比較窮。（你可以想一下，如果問題是出在錢上面，你大可以改買比較便宜的餅乾，或是少打幾次高爾夫，就可以很容易地省下錢。）它的原因在於錢是放在個別的局部賬目裡：汽油賬目的負面衝擊（提高的油價）導致我們對那個賬目錙銖必計（換次等油）。這種心理的賬目管理有很多衍生意義。舉個例來說，我們對如何利用兩千美元退稅和股票增值兩千美元會很不一樣，原因可能就是在此。在這兩個情況下，我們都是財富多了兩千元，但是我們處理這兩個賬目（「多出來的錢」相對於「退休賬目」）的方式各自分離而且不相對等，運用這兩個賬目裡的錢的態度也往往很不一樣。窮人比較不會顯現這樣的效應。[10]

機會成本

對事物價值的困惑來自於，當我們在充裕的時候不會進行取捨——或許根本也不知道要怎麼做取捨。為了做直接的調查研究，我們請受試者想像底下的情境：

你買了支持球隊今年球季的比賽套票。⓫這個套票包括時間表排定的八場賽事。雖然每場球賽的門票要三十美元，你的球季套票只花了你一百六十元，等於每張票只要二十美元。對這個套票所安排的比賽組合你很滿意，所以你決定購買。

現在想像球季已經快要結束，你只剩下一場比賽還沒看。事實上，這場比賽未賽先轟動，引發很多球迷熱議，球賽門票現在已經漲到每張七十五美元。你準備去看這場球賽。想像一下，你覺得自己是花多少錢來看這場比賽。

❿ 二〇一二年與夏哈蒐集的資料支持這項預測。我們提供受試者相對於股價的不同退稅方式。富人在兩種情況下，顯示了使用這筆錢的不同態度，窮人則沒有這種情況；$p < .05$（$N = 141$）.

⓫ 資料的蒐集是在二〇一二年與夏哈共同進行。富人較傾向於選擇原來的花費，而窮人則選擇變動後的花費；兩者都是$p < .05$（$N = 98$）.

受試者被要求評斷，底下兩個陳述掌握到他們感覺看球賽花費的切實程度。

我感覺看球賽花了我七十五元，也就是目前門票的價值以及我假如選擇把它賣掉可以得到的金額。

我感覺看球賽花了我二十元，就是我買票時付的價錢。

真正的答案應該是什麼？經濟學家認為七十五元是真正的價格：如果你不去看球，可以賣掉門票得到七十五元。（這甚至還沒有算進省下的時間。）經濟學家把它稱為機會成本——從取捨之間用這筆錢可買到的其他東西。有錢的人會答錯，他們比較傾向於說它值二十元。其中許多人甚至有第三種選項：認為它值零元，因為門票是原本就買好的。你可以理解為何有錢的人會有如此看法。當你有寬鬆，零元（或者說二十元，因為這個金額可以幫你掂量估算）感覺是「正確的」答案。有了寬鬆，你不需要為了看球犧牲別的東西——賣掉這張門票不會幫你買到任何原本你不想買的東西。

相對之下，窮人對他們可以如何利用這七十五元有比較清楚的概念。也因此我們發現窮人比較傾向認為他們覺得門票花了七十五元。窮人再一次顯示他們比較符合經濟學上理想的概念。

每年來自全球各地的經濟學家都會齊聚在一個地方發表研究。（覺得有趣嗎？門票現在還買得到。）在二〇〇五年，費拉羅（Paul Ferraro）和泰勒（Laura Taylor）兩名經濟學家決定倒轉過來。他們拿跟上述類似的問題來問現場兩百多位專業的經濟學家。他們的回答（多少可以預測得出來）跟經濟學理想中的概念相差極遠。經濟學家塔巴洛克（Alex Tabarrok）在部落格寫道：「我真的不敢相信會有七八％的經濟學家提出錯誤的答案！這並不是什麼難題。問題裡沒有什麼陷阱。機會成本是經濟學的核心，這是全世界最好的經濟學家，其中很多人教過經濟學概論，但是答出正確答案的竟是其中的最少數。」

很驚訝世界最頂尖的經濟學家也不過如此嗎？畢竟他們都是收入可觀而預算充滿寬鬆。他們不習慣面對次要的取捨問題，為什麼需要計算這些次要的機會成本？用經濟學教科書的標準來說，這些經濟學家做出錯誤的答案。不過從日常人類行為的標準來說，他們的答案是正確的。許多有錢的人——包括這些經濟學家——對這種小數額不會考慮到取捨問題。

有人或許會因此以為，我們的推論是認為貧窮讓人比專業的經濟學家更懂經濟。也有人可能因此推論如果經濟學家薪水低一點，可能經濟學會好一點，當然，至少本書其中一名作者不同意這個結論。

行為經濟學衍生自經驗觀察發現，人們違反幾個經濟學的基本預測。人們沒有考慮到機會成本。他們對花錢買東西的意願很容易變動。不過經濟學理應根據匱乏的邏輯。因此他們對實際有匱乏思維模式的人可以做出較準確的預測也是很合理的。

當然，我們並不是主張窮人必定比較理性。他們所具有的是一項特殊的技能：他們較善於讓當天的收支平衡。他們能讓每一塊錢用得比較久。他們成了金錢價值的專家。這種專業讓他們顯得比較理性，在特定背景環境裡比較不會出現前後不一致。不過這種局部的專業也可能成為一種妨礙。成就他們專業的專注聚焦也會帶來隧道效應。隨隧道效應而來的是許多負面的結果。

5

借貸與近視症

BORROWING AND MYOPIA

在為了生活最基本必需品進行激烈、毫無止息的奮戰過程中，完全沒有任何前景鼓舞你向前看，一切都是在打擊你的努力。

——雅各布・里斯《另一半人怎樣生活》（***Jacob Riis, How the Other Half Lives***）

美國負責任借貸中心（Center for Responsible Lending）最近的一份報告談到姍卓・哈里斯的故事：

姍卓曾經是接受「低收入家庭先導兒童發展計劃」資助的學生，後來成了主管漢諾瓦郡先導計劃的委員會成員。她在二〇〇三年得到北卡羅來納大學威明頓分校的年度最佳員工獎，威明頓當地居民因她在WMNX電台的主持人身分而認識她。不過姍卓的生活並沒有表面上看來這般如意。她的丈夫丟了餐廳主廚的工作，這對夫婦原本都會預留下個月的房租和賬單預算，如今卻發現自己手頭拮据。他們的汽車保險快要到期，姍卓不如何是好。

後來，姍卓想到一個解決辦法：支薪日貸款（payday loan）。這個想法很簡單。她可以先拿到現金，幾個星期之後她拿到薪水，就可外加利息一起還清。這正是她最需要的。她辦了貸款，準時繳付保險費。在下一個領薪日，姍卓已經準備好償還這筆小額貸款和五十元的利息。

「妳知道嗎，妳還可以展延。」支薪日貸款的櫃台職員告訴她，姍卓突然想到電費也還沒繳。她心裡想：「你說的沒錯，我還需要這筆錢。」

姍卓啟動了連鎖反應。下一個月應付開支並不比這個月容易。手頭的現金更緊了。因為利息的關係，她欠下的錢更多了。接下來幾個月，她一再延期償付貸款──申請新的貸款來償付先前的貸款。有幾個月她甚至延後償付利息。

經過一連串延後付款之後，第一個提供貸款的借貸方要求她把貸款還清。姍卓付不出來，於是她又找了另一家提供支薪日貸款的「急錢服務公司」（Urgent Money Service），拿這筆貸款來付給第一個債主。她越陷越深。在六個月之內，姍卓已經要付給六家不同貸款公司延期還款的利息。到了二〇〇三年六月，姍卓和丈夫已經快要被趕出他們住了六年的公寓。姍卓寫道：「基本上，我們最後必須靠一筆貸款來償付另一筆貸款，最後每個月要付四百九十五元到六百元的利息，借的金額永遠有增無減。」如此過了至少六個月。姍卓說這筆錢並不是拿去享受奢華的生活。她說：「人們認為我們花錢沒有量入為出。」但是她的錢是拿去付賬單，不是拿去買新衣服。在景氣如此困厄的時候，姍卓仍努力工作應付家裡的賬單……姍卓的支票跳票了。她的車子被銀行沒收。姍卓提高所得稅免除額上限，好有更多錢來付她的賬單，結果又欠了幾千元的稅款。她終於承受不住，在電台主持節目的空檔，她忍不住掉下眼淚。

「我是不輕易掉淚的。」她說。

資料顯示姍卓的故事並非特例。二〇〇六年全美國有超過兩萬三千家支薪日貸款服務的分支機構，比各地的麥當勞（一萬兩千家）和星巴克（近九千家）加起來還要多。姍卓延展貸款期限不斷累積利息的情況也很平常。支薪日貸款金額當中有四分之三來自延期還款，總計每年累計的費用達到三十五億美金。❶

❶ 這行業重複借貸的情況實在是太過平常，有九八%的借款數額是流向反覆借貸的借貸方。

為什麼這些手頭缺現金的人會接受這種根本無力償還的貸款條件？為什麼他們讓自己踏出錯誤的第一步？這類問題很自然會導引到關於個人責任感的重要性，或是金融業如何無恥剝削低收入者的討論。這些討論往往強調窮人不該太過短視只顧眼前，他們需要理財再教育。支持消費者權益的人士抱怨金融業的短期貸款嗜血剝削，要求禁止這類貸款。也有些人會指出，當你真正需要用錢時，不管利息多高，借到錢總比借不到好。我們提出這個例子並不是要加入這些討論行列。我們提出這個例子是因為它為我們了解匱乏打開一扇重要的門。

這個問題不僅僅在於支薪日貸款。手頭緊的人會用各種方法借錢，而不光靠支薪日貸款。他們靠著延期付賬單來「借錢」。美國五分法統計裡家庭收入最低的這群人（最底層的二〇%），每六個家庭就有一個，每年至少會有一張賬單遲繳。遲繳最嚴重的後果之一是「復線費用」。有研究發現，最貧窮的家庭一年之內，有一八%曾經電話被斷線，一〇%水電供應被斷線。無法準時繳款而必須多花四十美元讓電話線恢復，就和付四十元的貸款利息避免信貸違約是一樣道理。根據一九九七年的研究，貧窮人口有近五%的年收入是花在復線的費用和逾期的利息，我們懷疑這個數字如今有可能又升高了許多。姍卓同樣也「借錢」，一開始是降低自己的所得稅預扣額，接著又延後稅款的支付。世界各地的窮人，往往也是找非正式的金融機構（地下錢莊）借錢，他們的利息就和支薪日貸款一般驚人（有的還更多一些）。但是貧窮的借貸者償還利息卻不是一次就好，而是一付再付，因而啟動利上滾利不斷累積的債務。

這種現象非窮人所獨有。忙碌的人借用時間，往往也是類似這般高利貸。為了挪時間來做馬上要交件的計劃案，忙碌的人只好延後其他工作。就像支薪日貸款一樣，賬單很快又會到期：原本延後的工作如今又需要立刻做好。而借用時間常常也存在著所謂的「利息」：把工作延後有可能增加完成所需的時間。用掛號信寄出納稅申報只花幾分鐘，不過拖到最後一天，郵局排隊的人可能大排長龍。因為趕著應付最後期限，你手寫的採訪筆記暫時不輸入電腦。過一陣子，你要多花很多時間來辨認筆記的字跡，因為你沒有趁著剛採訪完，印象還很深刻的時候記下來。同樣的，與支薪日貸款的借款人一樣，忙碌的人會逾期償付債務。有件你今天要做的事情得延後，因為昨天被你延後的事必須今天完成。有多少事情是這樣子一延再延才完成？而且每次都是出自相同的理由——下一回你發現有機會做的時候，又發現能用的時間比原本的時間更少。

借貸總是與匱乏伴隨著出現。

隧道效應與借貸

為何我們面臨匱乏的狀況時會借貸？我們借貸是因為我們的隧道視野。而且當我們借貸時，我們讓自己的未來陷得更深。今日的匱乏製造出更多明日的匱乏。

以姍卓為例。一開始她無法付清的賬單製造了匱乏，隧道效應於是出現，她只想著讓那個月收支平衡。置身於這個隧道內，支薪日貸款顯得格外吸引人。它的好處落入隧道視野之中：它可以幫她撐過這個月。貸款要付出的代價——本錢和利息——全掉在隧道之外。這筆貸款似乎對她眼前執著的問題提供解決方法。

我們所做的質性田野調查可以佐證隧道效應讓支薪日貸款特別吸引人的論點。我們在貸款者借錢時問：「這筆錢你打算怎麼還？」得到的往往是模稜的答案像是：「呃，我下禮拜就領薪水了。」再往下追問——「但是你不是還要有其他花費？」——他們可能會有些惱怒，彷彿是你沒聽懂。「你到底知不知道，我得付我**這個月**的房租！」它的潛台詞應該是「我正專心在現在該搞定的事！」下個月的預算是個抽象的概念，晚一點再來對付。就像你趕著送醫院急救時，任何有價值的目標都變得不重要，支薪日貸款的長期經濟效應在借錢的當下也不用在乎。這是支薪日貸款迷人的原因——人們找上它時，隧道視野只專注在如何把身上的火滅掉。這些貸款的最大優點就是它能幫你滅火，快速又有效。但是它最大的缺點——這把火未來還會燒回來，可能火勢更大——則隱晦不見。

當然，這些不是支薪日貸款或是金錢特有的問題。想想看你延後回覆的電子郵件。我們在承擔這個時間的債務時，我們專注在它的好處：「現在我需要把別的事情先做完。」我們不會花時間去問自己：「接下來時間要怎麼補回來？」我們並非對於它的代價一無所知，而是這些代價得不到我們太多的關注。

在這裡，對於什麼東西會讓我們出現隧道視野有一個不明顯但重要的推論。姍卓今天缺錢，預計下個月她也還是會缺錢。始終忙個不停的人這個星期忙碌，下個星期也忙碌。那些體驗到匱乏經驗的人不只是現在體驗到，而且基本上以後還是會這樣。但是人們會對即時的匱乏產生隧道效應；知道你下個月會挨餓，跟你今天就挨餓引發你注意的程度不可能會一樣。現在就必須付清的賬單讓你備感威脅；兩個月後的賬單則還遠在天邊。就算你認真仔細考慮明天的匱乏，你也只是「知道」它抽象的概念；你無法**體會**，因此它擄獲心智的程度不會一樣。其中原因之一在於認知頻寬。此刻的現在會自動對你施壓，未來則不會。關注未來要用到認知頻寬，但匱乏對它課了稅負。匱乏課徵我們的認知頻寬稅負時，我們會變得更加專注在當下的此時此刻。我們的認知能力需要更多資源才能去設想未來的需要，我們同時也需要執行控制力來抗拒眼前的誘惑。當匱乏課徵了認知頻寬稅負，它會讓我們專注於眼前，導致我們去借貸。

我們已經看到數據支持這個推論。回想第一章關於完成期限的研究，有一組學生有三個星期的時間去完成一項作業，而另一組學生每個星期要面臨一次完成期限。第二組學生較佳的表現我們把它歸功於專注紅利。不過，當然第一組學生也面臨一次完成期限，這個完成期限是在三個星期後，而不是一週一次。這也告訴我們，三個星期的期限壓力不是那麼迫切。事實上，每週一次的完成期限，在一開始感覺也不是那麼迫切。不過我們可以猜想接下來的情況。完成期限只有當它逼近的時候才變得事關緊要。在此之前，它只是一個抽象概念；它不足以引發匱乏思維模式。不過對那些每週有一次完成期限的人，這種思維模式會出現三次，而有三個星期期限的人只會出現一次。這種情況，剛好大家都很熟悉。這就是每當我們在完成期限逼近的時刻，總是會體驗強大的生產力的原因。

這類的隧道效應造成我們對借貸的一些偏見。因為只有最即刻的匱乏進入隧道，借貸才會顯得特別吸引人。

當然，借貸未必一定是不好的選擇。如果你下星期真的比較有時間，把工作延後也是非常合情理的。借錢付房租以免被房東趕出門也可能很合情理，如果你馬上就可以有一筆收入。當今天的資源——時間或是金錢——真的可以比在未來提供你更大的利益時，借貸是個不錯的主意。不過，當我們落入隧道視野，我們借貸會完全超過這套損益計算所指示的標準。當我們面臨匱乏的時候，借貸的行為無關它長期看來到底合理或不合理。

來玩《家庭大對抗》

這種關於借貸的解釋與常見的定義並不相同。要解釋為何窮人會以債養債、一再借貸，我們不用訴諸理財知識的不足、放高利貸的嗜血貪婪或是人們過度自我放縱的傾向。要解釋忙碌的人為何一再延遲而進度落後，我們也不需要歸咎自制力薄弱、理解力不足或是缺少時間管理的能力。換句話說，借貸不過就是隧道效應帶來的後果。為了測試這個理念，我們運用我們最喜歡的工具：利用實驗室裡的人造匱乏。

這次選的是《家庭大對抗》（*Family Feud*），沒想到同事夏哈對這個益智遊戲的電視節目相當熟悉（他當時還是普林斯頓的博士班學生，照理說沒有太多空閒時間）。《家庭大對抗》的參賽者必須回答「芭比急著用錢時可以拍賣的東西有哪些」這類的問題。在節目之前，製作單位會把物品列出來，由隨機選出的一百個民眾來選擇他們最喜歡的答案。參賽者要回答最普通的答案，如果有越多人選他的答案，分數就越高。回答「芭比的夢幻車」可以獲得三十五分，因為一百個人裡面有三十五人選了這個答案。（回答芭比的男友「肯尼」可以得二十一分。）許多益智節目的問題可能需要深奧艱澀的知識，讓觀眾忍不住懷疑參賽者平常是不是讀年鑑當消遣。相反的，《家庭大對抗》的問題顯得平易近人又有吸引力，因為這裡沒有正確，只有最受歡迎的答案。它把真理也變民主了——你可以說它是第一個後現代的益智節目。

夏哈了解《家庭大對抗》的參賽者也體驗到匱乏：他們得在時間壓力下回答問題，沒有太多時間思考。一般益智問答需要你去**回想**一個答案——不管原本你知道或不知道。在《家庭大對抗》裡，答問題需要比較有創意的不同方法。當被問到「說出芭比會賣的東西」，你要在一堆可能的答案裡篩選。你可能會想出幾個和芭比有關的東西，並考慮它們可不可能賣掉。你也可以想想人們通常會賣的物品，再看看芭比是否有這些東西。每一條思考路徑都會導向不同的答案，從「肯尼」到「車子」。這些答案都只是憑空猜想，接著你要把每個答案可能受歡迎的程度都考量一下。時間上的壓力意味著你選擇的思考路徑不能太多，也不能花太多時間對每個答案受歡迎的可能性多做猜想。不同於忙碌的人，以幾天或十幾小時來計量時間匱乏的程度，他們是以幾秒鐘來計量。他們要決定的並不是哪一件案子要先做，而是很快地決定如何找出最受歡迎的答案。

我們找了普林斯頓的大學生參加我們在控制環境下的《家庭大對抗》。參加者在固定的時間進行幾回合的比賽——他們所分配到的時間決定他們的「財富」。「富人」組有較多的時間；「窮人」組時間較少。在每個回合他們會看到一個新的問題。在所有回合結束之後，他們累積的得分總數可以換成獎金。

在製造出富人和窮人之後，我們又把真正關心的一個要素加進去：我們提供借貸的選項，但必須連本帶利歸還。在各回合他們每多用一秒，就必須在總時間扣兩秒。我們也允許他們「節省」：如果他們提前完成一個回合，剩餘的秒數就可以「存回」到他們的總秒數。

窮人組專心一致，每一秒鐘都比富人組更有效率；他們猜較多題目，也得到較多分數。這種情況在後面幾回合總時間快用完時更明顯：窮人平均每秒鐘多猜五〇%的題目，得到的分數也比較多。如果富人能夠像窮人這般專注的話，他們應該可以獲得更多的分數。因為我們給了富人多三倍的時間，他們可以參加三倍的回合並得到三倍的分數。但實際上，他們的總分只有窮人的一．五倍。更進一步分析也證實，其它幾個設想到的理由——富人可能因為參賽時間太久而感到乏味，或者每個回合先想到的答案都比較好——都不足以解釋這個結果。

窮人更有效率的原因在於隧道效應。結果就是他們借的遠比富人要多。雖然利息很高，但是在隧道中借貸顯得特別吸引人，比在隧道外觀察的還要吸引人。❷因此窮人選擇不斷借貸幫助當下的自己。不過最終他們會因此受害。所以當我們取消他們借貸的權利——每回合只能盡力，時間到了就要到下一回合——窮人的分數增加六〇％；富人則沒有受到影響。

在另一個版本的實驗裡，我們重建類似姍卓所體驗的支薪日貸款陷阱。《家庭大對抗》的窮人組就像支薪日貸款的借款人一樣以債養債。他們預借的時間在下個回合要扣還，讓這個回合時間變短了些。隨後由於每回合時間變得越來越短，受試者覺得需要預借更多的時間。之前的借貸給窮人製造惡性循環。在時間壓力下，他們無法在匆忙間做出高分的答案，於是只好借用更多時間。他們大部分的時間都是用來償還原本借來的時間（還加上利息）。就和前面的情況一樣，窮人在允許借貸的時候，表現跟不允許借貸時相差非常多，這個效應在富人組並不會出現。

這個研究說明在匱乏的狀況下，成功和失敗只有一線之隔。《家庭大對抗》的參賽者借用時間最多的時候，也是他們最有生產力、最能投入、也是他們真正覺得需要更多時間的時候。某種意義上，他們應該要借貸：這些多出的秒數很可能會帶來報償。但是在另一方面，他們借貸是不正確的，因為這個報償並不足以彌補借貸所產生的利息。他們在隧道中注意的事物——真正對當下有幫助的額外秒數——是準確的。他們的錯誤在於忽略了隧道以外的東西：這些借來的額外秒數在後面幾回合會造成多少損害？值得注意的是，富人組和窮人組在他們特別有生產力和時間特別緊迫的時候，都表現出這種相同的借貸模式。只不過窮人因為秒數比較少，更常會落入這樣的情況。

為何窮人會借得更多？這種結果是否要歸因隧道效應或其他原因？或許時間的壓力讓人在慌亂中借貸。畢竟在十五秒之內回答一個問題並不是平常每天會發生的事。我們在其他不同背景環境下複製了實驗。第一章裡的憤怒藍莓研究裡，我們也允許預支藍莓。我們發現的是，藍莓數量較少的受試者——沒有時間壓力問題——越會預借藍莓並允許借貸給自己帶來損害。專注力在此再度扮演它的角色：每次射擊都花比較多時間的人更有可能借貸：他們越是投入，預借的藍莓就越多。我們對很多這類遊戲做類似的實驗，它們結果是一致的：不管是哪種形式的匱乏都會導致借貸。

或許不無可能，我們的結果是來自今朝有酒今朝醉的普遍心態。舉例來說，研究者記錄觀察到人們有偏好此時此地的傾向，他們稱之為「雙曲貼現」，或「現時偏見」（present bias）。我們往往過度高估現時的利益而犧牲未來的利益；正因如此，存錢、上健身房和提早

❷ 過度借貸另一個常被提到的理由是某種形式的近視症。這種說法的有趣之處在於這裡的近視症——隧道效應——並不是一般的個人特質。每個人在面臨匱乏都會出現隧道效應。回想一下造成隧道效應的力量，也是產生聚焦紅利的力量。與近視症不同的是，隧道效應也可能帶來正面的結果。

繳稅會顯得不容易。當然，現時偏見也會造成借貸的行為。或許窮人借貸純粹是因為現時偏見比較嚴重。事實上，也有人嘗試用這個論證來解釋世界上實際的借貸行為。數據中比較讓人驚訝的是受試者中的「窮人」是**隨機指派**的：他們和「富人」的差別純粹是猜銅板的結果而已。顯然在研究裡不論貧富，這兩組的現時偏見程度應該相同。事實上，如果想把這種短視的思維模式，從窮人和富人的個人差異來分析——不管是他們現實偏見的差異或是其他方面的不用——那就必須先解釋何以匱乏在我們的環境背景下會導致借貸行為，因為他們的貧富狀態是隨機狀態下製造出來的，貧富兩組之間原本並無差異。

這些研究支持我們原先較一般性的假設：窮人借貸的原因在於貧窮。不需把原因推給短視或是不善於理財。如吸血鬼般提供借款的人固然誘發這類型的借貸，但是他們並非根源所在。想要借貸的強大衝動，不理會高利貸錢滾錢造成的沉重債務，把自己逼向容易失足墜崖的陡坡，看起來極不明智，而這正是隧道效應直接造成的結果。

匱乏導致我們借貸，讓我們的匱乏更加泥足深陷。

忽視未來

想像你在迫近的完成期限前工作。轉眼之間，經過幾個星期的計劃後，你明天就要交報告了，而你卻還沒準備好。你整晚拚命趕工東拼西湊，但是有幾個參考資料卻還是找不到。不論如何，明天是來不及了。你只好硬著頭皮把手頭報告交給老闆，並祈禱自己好運。接著你又繼續趕其他緊急的事。隔一個星期後，在你重要的出差行程前幾個小時，你接到老闆的指示：「報告裡漏了幾個參考資料——我現在就要！」就像丟去又飛回的回力棒一樣，你當初的權宜之計在你最背的時刻又回來找你。和借貸一樣，這類急就章的行為在隧道中似乎很吸引人，但是從隧道之外看卻潛在嚴重的後果：它們可能讓你陷入更深的匱乏。

兩名組織的研究員用一個鋼絲製造商的故事來說明這一點。

由於機器的運作時間長短很重要，這家公司鼓勵維修工程師對故障問題**儘速**回應〔黑體字原作者所加〕。儘管如此，整體的表現仍未見改善。直到公司開始逐一檢查每部機器的記錄而不是逐一按照人員檢查之後才了解原因。工程師們……在快速處理故障之後又繼續進行下一部機器。每一次……故障之後要修理三次問題才會真正解決。

從某方面看，工程師做的正是廠房的要求：他們很快地解決問題。你應該會認為，管理部門在這裡犯了很典型的錯誤。如組織研究員所描述的，他們「獎勵甲卻期待得到乙」。他們要求速度，但是卻期待同時得到速度和品質。不過，這並不只是激勵措施安排不當的問題；在這個案例裡，這些維修人員即使自己是老闆，也同樣會採取權宜的快速處理。當工程師趕著要快速完成工作，便出現隧道效應。在他們的隧道視野之中，急就章的維修措施正是他們所需要的。越簡便的方式，就是越好的解決方式；需要為它付出的代價要稍後才會顯現。這就像高利貸一樣，急就章的應付方式在隧道中看來吸引人。它幫我們在今天省下了一點，儘管未來它會製造更大的花費。而且屆時會有更多工作要做，更多地方需要修理，要付更多的錢。修補工作就像借貸一樣，都是無法在當下的此刻投注資源，把事情做好。

缺錢的人也會用拼湊的方式做出短期的解決方案。你需要一台洗衣機，但是手上缺現金？買那台最便宜的。它當然比較不耐用，但是問題已經在隧道外面了。輪胎漏氣，你可能選擇比較便宜的補輪胎，而不是換個新的。你知道補過的胎比新輪胎不安全也比較不耐久，大家也比較不建議用。不過，同樣地，它也是在隧道之外。就眼前看來，在隧道裡面，補輪胎這件事讓你支應生活簡單多了。就像簡單的維修為當下節省時間，這些花費的權宜之計也幫你在今天省下錢。隨著這些修補逐漸累積——不管是對維修工程師、對提交報告的作者或是對窮人——他們長期要付出的代價也不斷在累積。

作家科維（Steven Covey）發現區分工作的重要性以及它們的急迫性是很有幫助的。他談到忙碌的人把時間花在既急迫又重要的事情上，這正是所謂在完成期限前趕工。我們對攸關緊要而期限將近的工作常會爆發驚人的產出。我們把它稱之為專注紅利。

在此同時，他認為忙碌的人會忽略**重要但不急迫**的事。這些是一些可以往後延的工作。我們也是如此。沒有別的地方比辦公室或家裡看得更清楚不過了。當我們忙碌的時候，我們的家裡和辦公室變得非常混亂。永遠有別的事比保持整潔更加重要，因為它始終不是真的很迫切。當然我們不是理智上有意選擇過雜亂的生活。而是說在我們應付迫切的事情時，混亂的情況就是會發生。家裡或是辦公室的雜亂無章是一連串微小選擇造成的結果，大部分都是被動地、自然而然、而且不經意地發生。為了趕去一場會議，你把一疊信件擺在另一疊紙的上面。為了接電話，你把正在讀的書攤在沙發上。許多的小事情到最後就變成一團混亂。雖然它不急迫，但是它很重要。在雜亂的空間工作和生活會比較沒有效率也比較不愉快。

把重要但是不急迫的活動往後延就像是借貸。因為你不做，所以今天得到時間。但是你花掉未來的一些成本：以後你會需要找出時間（可能是更多的時間）來進行。同時你可能也因為沒整理而付出代價，或是無法得到整理之後帶來的好處。辦公室雜亂無章會讓你工作的成效大打折扣。你多花一大堆時間去找出蓋在信件底下的那一疊紙。每天你都會消耗掉一些成本。這些代價永遠不會像完成期限一樣，大到讓你感覺它是急迫的事。相反地，被你忽視的辦公室就像千百個小小的刀割，讓你慢慢失血。

匱乏，尤其是它的隧道效應，會讓你延後重要但是不急迫的事——清理辦公室、做結腸鏡檢查、預立遺囑——它們很容易被忽略。它們的成本是立即的、顯得突出而且易於延遲，但是它們可以帶來的益處卻落在隧道視野之外。所以它們要等到所有急迫的事都做完。即使它們未來有很大的利益，你現在也無力對它們做小小的投資。

延後重要但不急迫事情的傾向不只顯現於時間，也顯現在金錢方面。這裡有一個例子。印度撿破爛的人在街頭尋找被丟棄的舊衣物和破布，可以回收賣錢。你可以想像這是收入微薄的工作：一個普通的拾破爛者一天賺不到一美元。不過它也是不需太多投資的工作：除了勞力之外，需要的只是一部推車，一台大約賣三十美元。然而大部分撿破爛的人自己並沒有推車；他們是用租的，一個月大約要五到十美元。大部分撿破爛的人都希望能省錢買一部，但始終都辦不到。

投資一部推車是一件重要但是不急迫的事。就像保持辦公室整潔一樣，它在未來會帶給你好處，但是它總是可以再等一等；它在眼前並不是最重要的。當然，矛盾的是，如果撿破爛的人有一部推車的話，他就可以減少一筆支出（租金），如此一來，一些急需的費用就比較容易安排。當然，對你的辦公室而言，道理也是一樣——如果整理好一點，你就可以省一點時間而不至於太匆忙。（而且又多出更多的時間可以整理辦公室。）推車不過是貧窮問題的研究者可以舉的例子之一：即使它報酬率很高，最需要有好報酬的窮人卻無法做出投資，而且無法用金融體系脆弱或是缺乏理財能力來解釋。

這些說法聽來可能很熟悉，因為政治的討論常常也是如此。我們看到政府經常為了一些急迫的事而犧牲重要的事，由於幾十年來的預算不足而刪除掉基礎建設的開支。舉例來說，維修橋樑是很重要的投資。但是它也是預算不夠時最容易往後延的投資。維修老舊橋樑重要但是並不急迫，因此根據二〇〇九年美國土木工程師協會的報告，美國鄉村地區大約每四座有一座、都會地區大約每三座有一座的橋樑屬於年久失修。

計劃無效

這些不同的行為有一個明顯的共同特徵：人們的行為很短視。這導引出隧道效應的最基本意涵。當我們強烈專注於現時的收支平衡，我們對未來的計劃就變得較無能為力。當然，過去的研究說明每個人的計劃未來都存在問題。不過匱乏讓這個問題更加惡化。❸

❸ 雖然沒有直接對於匱乏影響所做的研究，我們很自然可以推論「計劃謬誤」對於在匱乏狀況下陷入隧道效應的人而言情況會特別顯著。

換這個方式來想想看。在一切順利的時候，你可能會先看看自己的日程表，花點時間想想今天有哪些事，甚至設想一下這禮拜大概會做些什麼。注意有哪些事會發生，可以在心裡預做準備，預期進行有挑戰性的對話或是提醒自己一些細節，免得開會時冷場。與這個相對的是有時你會撞上忙碌的一天。你無法後退一步規劃一整天的情況。你不是很確定誰來開會，會議內容又是什麼。這並不光是因為時間不夠。你也許有點時間可以利用，但是你的心思完全專注在那些必須做的事，以致於你的眼界變得模糊不清。你在前面幾個會議裡完全不能思考接下來的會議要做些什麼。

退一步設想，從此時此刻脫身，再去思考未來的事，這需要一個較寬闊的視野和一些認知的資源。想想下個月該繳的賬單，另一筆期待中的收入來源，可能要花時間心思投入的新工作，這些都需要一些預留的認知容量。當心智專注於眼前的匱乏，替未來設想的能力很可能成為成為隧道稅負下的犧牲品。

我們能否用《家庭大對抗》再重建這套理論？和先前一樣，我們要求受試者參賽幾個回合。同樣的，有些人是「富人」（他們每回合有許多秒數可以答題），有些是「窮人」（他們只有幾秒鐘的機會）。不過現在給受試者一些機會去規劃未來，為後面幾回合做準備。有一半的人可以預覽下一回合的問題。他們可以在思考眼前題目時，也思考下一個問題。他們可以看題目來決定要節省時間或預借時間，因為他們也在思考應該要花多一點或是少一點的時間來回答下個題目。

預先看題目果然有幫助。說得更準確一點，它們幫助到可以預看題目的富人，他們設想未來，利用這個資訊來得到更多的分數。而另一方面，窮人預看題目之後表現並沒有更好。他們專注在眼前的題目以至於無法運用規劃未來需要用的心智資源。匱乏把他們一直牢牢綁在當下，無法從窺見未來的機會中獲得好處。

一個共通的主題顯現在隧道效應稅負的許多不同形式中。匱乏造成的行為讓我們變得短視。我們忙碌的時候會忽視外食對（未來）健康的代價。我們手頭現金短缺時不會想到支薪日貸款（在未來）所代表的意義。我們在完成期限之前趕工不會考慮到保持辦公室整潔（對未來）的好處。當然也有一些例外，有些事情不管身處任何情況都會引發我們注意。你可能為了規劃一年後的婚禮而忘了今天要開會。這也是人類心智美妙的部分。不過大致而言，匱乏的問題在今天壓迫著我們。明天我們可能仍然窮（在時間或金錢上），但那是另外的問題，到明天再去煩惱。匱乏擄獲我們的現在，它產生隧道效應的稅負讓我們行為變得眼光短淺。

不過值得注意的是，這種近視症並不是個人的失敗。隧道效應並非個人的人格特質。如果我們批評姍卓短視就顯得太魯莽。她靠著低收入家庭先導計劃完成學業，並成為北卡大學年度最佳員工，同時也是先導計劃的委員會成員。同樣地，我們也不會說我們所認識的一些忙人太過短視。在我們實驗室研究的學生如果真的很短視，應該也進不了普林斯頓大學。許多預支時間最忙碌的人們，可能也曾經是投注許多時間追求事業，仔細規劃如何在未來領先的人。事實上，從人格特質來看這些人絕對不是短視；不如說是匱乏的背景環境讓我們所有人都會出現這樣的行為。

隧道會限制人的視野。

6

匱乏陷阱

THE SCARCITY TRAP

只要有時間，到哪兒都是步行可到的距離。

——史蒂芬．萊特（Steven Wright）

印度清奈的科亞姆貝都市場相當壯觀。綿延四十幾英畝的土地上擠滿兩千五百多家商店，賣的東西從芒果到萬壽菊無所不有。成千上萬的顧客穿梭在多彩的陳列商品之間，有如尖峰時刻的地鐵站。各種事物讓人目不暇給。不過這裡最有趣的東西偏偏也可能是最容易錯過的。

在黎明來臨之前，街頭小販就會到達市場。來到世界上比較貧窮城市的人，都看過甚至買過路邊攤的東西。在清奈的攤販就坐在地上，有些會有個小攤位，有的則只有鋪塊毯子，叫賣著蔬果和鮮花。他們的商業模式很簡單。一名典型的小販每天早上大概買一千盧比（約二十美金）的貨。她一整天下來大約收入一千一百盧比，賺到一百盧比的毛利（比兩塊美金多一點）。❶她的生意用到兩個成本：她個人的勞力和她每天買貨所需要的一千盧比。有些攤販一千盧比是自己的錢，不過大部分攤販（照我們的統計數據是六五%）是借來的。而且這筆借貸可不便宜：平均攤販借錢的日利率是五%。換句話說，一天下來，一百盧比的毛利有一半要付利息。這些小販借錢的利息，或許是科亞姆貝都這裡最吸引人的故事。❶

你也許會覺得，只有經濟學家才會把「吸引人」跟「利息」這兩個詞連在一起用，不過，請你再想想。幾乎每個小販的預算裡都有小小的寬鬆，讓她必要時可以轉圜。她可以喝杯茶、買點dosa（印度的脆餅）這一類零食，或是給孩子、孫子買點糖果。如果說她每天都不把這五盧比花掉，而拿這錢去補貨的話。她每天就可以少借五盧比。似乎小販需要兩百天才可以擺脫掉一千盧比的債務。不過事實上，她只要五十天。這就是複利的威力（特別是當利率很高的時候）。每天五%複利累積非常快。

這個成效非常驚人。每天省下一點點，小販五十天之內就可以擺脫債務。擺脫債務之後，每天工作的收入都會**加倍**。任何可以讓窮人一個月內收入增加一倍的社福計劃應該都算是很驚人，好到讓人不敢置信。雖然每個攤販都能參加這個「計劃」，卻沒有人會好好運用。而且一再堅持己見。在我們的採訪樣本裡，一般攤販平均借貸的時間為九．六年。

攤販掉入了陷阱。不過特別有趣的部分在於她如何掉入陷阱。我們習慣認為匱乏是現實的一部分。有些時候也確實是如此。生活在發展中國家，每天只能支用一美元的人，和生活在已開發國家可支用一百美元的人，他們之間的差別與他們的行為沒有太多相關，真正相關的是他們的出生地。不過有一些匱乏——例如這些攤販——則是和人類行為有關。攤販不同的行為表現，就可以讓自己的貧窮程度大為減輕。

小販的情況正是我們稱為「匱乏陷阱」（scarcity trap）的典型：在這狀態下，人的行為促成自身的匱乏。在「匱乏陷阱」中的人就和小販一樣，可能原本就存有非自己所能控制的匱乏因素。如果小販生在紐約，她應該會富有得多。不過我們特別有興趣的是什麼行為導致了匱乏。我們更希望了解，何以匱乏會導致這樣的行為，我們在匱乏模式下的作為，又是如何讓匱乏自我延續甚至自我擴大。

想像有菲利克斯和奧斯卡兩個學生。菲利克斯每個週末都花很多時間在學業上，作業也都按時交。他既忙碌但也很從容。奧斯卡恰好相反，他同樣有天分，上的課程也一樣，但時間卻不夠他用。他要花更多時間準備功課，老是覺得來不及，每個禮拜都要匆忙趕做遲交的

❶ 在本書中，我們談到相對美元的幣值時，都是以現有的匯率做單純的換算。不過許多專家認為這可能造成誤導，因為不同國家的人會面對不同的商品價格。因此以這些小販為例，他們購買的食物或是其他物件的價格也比較低。因此她的收入在美元票面上的價值並不能充分反映出她的購買力。一直以來，有經濟學家建議用「購買力平價」來取代貨幣票面上的匯率。以印度的情況為例，小販的實際收入大約比票面上美元幣制高出二・五倍。

作業。為什麼奧斯卡會這麼忙？他上的課並沒有比較多，他也不是能力比較差。事實上，奧斯卡只不過落後了一步：他在做的是**上個禮拜的**作業。對菲利克斯來說，因為他剛聽完課，所以對內容印象都還很深刻。奧斯卡則不一樣，他必須花更多時間回想上個禮拜上了什麼，同時又得注意不要跟今天早上講課內容（還沒有忘掉的）混淆。奧斯卡花更多工夫，但是完成的卻越少。奧斯卡就是落後一步。

在金錢方面落後一步也是一樣。想像一下菲利克斯和奧斯卡是兩名農夫，每年都種同樣的作物。菲利克斯靠自己的儲蓄買種子、肥料和支應收成之前的生活費用。奧斯卡則是靠借貸解決上述的花費。一如學生菲利克斯比較從容不迫，農夫菲利克斯也是手頭比較充裕。奧斯卡可以支用的錢更少了。雖然菲利克斯和奧斯卡兩人賺到同樣的收入，奧斯卡有部分的錢必須支付借貸的利息。同樣的問題在於奧斯卡就是落後一步。菲利克斯的收入拿去投資下一季的作物；奧斯卡的收入則拿去付上一季的借貸。

這些情境說明匱乏不只是關於實體的資源。在兩個例子裡，菲利克斯和奧斯卡可用的資源相同，但是只有奧斯卡體驗到匱乏。在第一個例子裡，菲利克斯和奧斯卡有同樣的工作和同樣的時間；在第二個例子裡，他們有同樣的土地和同樣的收入。出現不同的結果是由於他們對資源運用的方式。

菲利克斯和奧斯卡的鮮明對比正好為我們的匱乏陷阱做了說明。兩者都面對明確的制約，但是奧斯卡卻因為自己的行為而困在匱乏之中。更廣泛來說，匱乏陷阱不只是實體上資源的短缺。它是基於對這些資產的誤用而出現**效能上**的短缺。它讓人持續落後一步，持續支付前一個月的花費。它也是一種管理和運用所有物的方式，以致於看起來以及感覺上比實際有的還要少。最初的匱乏與其後的行為結合導致匱乏的擴大。❷

我們在觀察匱乏時經常忽略這個特徵。我們可能看到農夫奧斯卡不斷借錢，心裡會想：「他錢花得太多了。他不懂儲蓄。」我們可能看到學生奧斯卡熬夜準備功課而無法如期繳交作業，心裡會想：「他用功過度了。他應該慢下腳步。」不過一旦我們理解到陷阱的邏輯，我們就可以很簡單地說：「奧斯卡錢花得太少（別忘了，跟他同樣土地大小的菲利克斯花的錢還比較多）」或者說「奧斯卡功課做得不夠（他用的時間精力更多，但是完成的卻沒有比菲利克斯多。）」問題不在他們花多少時間或金錢，而是在他們對時間和金錢是**如何**使用的。持續不斷借貸的人，花比較少錢在自己想要的東西上；他的一大部分收入必須拿去支付貸款。進

❷ 經濟學家，尤其是發展經濟學家已把焦點放在他們所謂的「貧困陷阱」（poverty trap）——一開始就貧困的人會一直處於貧窮。這種概念常被討論的運作邏輯是有利可圖的投資機會，但需要一定數額的資金。結果是富人有這筆資金可以做投資，窮人則因為無法存夠錢而很難辦到。其他被討論的運作邏輯還包括奮發向上的態度以及近視症。

度持續落後的人用比較少的時間來完成工作；他有很多時間是用在追趕進度。更具體地說，我們看到印度小販的情況也許會認為他們存下來的錢太少。我們會認為他們的收入太少。這當然沒有錯。不過還有另外一個理由讓他們困在匱乏的陷阱裡。

在這章裡，我們要描述匱乏陷阱，它運作的方式以及我們為何會落入其中。還要說明為什麼我們就像小販，不會每天省下五盧比一樣，不去做可以讓我們脫離匱乏陷阱的事。

挖東牆補西牆

想了解為何我們會被困住，我們必須先了解匱乏陷阱一個常被忽略的特徵。在我們的研究中，最早遇到這個情況是在印度的塔米爾納德農村地區與經濟學家費伊（Michael Faye）進行珠寶借貸的研究。這種貸款類似於珠寶的質押典當。我們合作的對象是一個貧窮村落的銀行，他們提供年利率一三％的珠寶貸款，我們很驚訝地發現，客戶習慣上比較偏好跟當地的錢莊打交道，而他們收的利息要高出許多，利率超過七〇％。村民普遍認為珠寶貸款是用在緊急狀況；它們是最後萬不得已的手段。而錢莊則永不打烊。它的時間很靈活。即使在週末敲門也可以借到錢，銀行則只有平常日和週六部分時段營業。不過，在緊急的時候恐怕也不能等。你陷入隧道的時候就是會這麼做。這似乎很有道理，至少乍看之下是如此。

不過接下來我們查看資料來了解到底哪些算是緊急狀況。排在第三位的看似很合理：那就是醫療費用。排名第二和第一則較讓人困惑：學校學費和購買種子。照理說，人們很早之前就應該知道學校什麼時候要繳學費，什麼時候需要錢買種子。為什麼這也算緊急狀況？事實上，我們進一步研究發現，連一些醫療費用也不算真正的緊急狀況；有些錢是用在預先安排好的手術，像是切除白內障或是分娩。為什麼人們要在最後一刻才對這些事件做反應？為什麼他們把這些例行的、事先排定的事件當成意外？

當然你也一定經驗過類似的情況。當你專注於應付這個禮拜，你就不會顧慮下星期該如何的種種細節。接著一個星期過後，一些原本理當可以預期到的事突然讓你措手不及。你忘記很早之前就知道用得到，但必須提前一星期前預購的折扣機票，或者你很尷尬地告訴伴侶，很早之前你們熱烈討論要一起去看的表演，門票已經賣完了。在工作方面，在狂亂中完成一個計劃之後，你震驚地發現另一個計劃案只剩兩天就必須完成。不久之前，它的最後期限明明還有幾個星期，而你老早就「知道」的事如今變成一個殘酷的意外。

隨期限到來才赫然發現的意外，我們把它導致的情況稱為「拋接球效應」（juggling）：一件急事接著另一件急事不斷迎面而來。拋接球效應是隧道視野很合理的結果。當我們陷入隧道視野，我們片面且暫時地「解決」了問題。我們在當下做好我們能做的，不過它給未來又製造新的麻煩。今天的賬單產生一筆借貸，它會成為未來另一張（比現在金額稍微更大一點的）賬單。簡便的治療方法可能暫時有效，但是我們將來可能要花更多錢做醫療。如要特技般手上同時拋接好幾個球時，我們在隧道視野中只能注意最快掉下來的那顆。有些時候我們可以把問題完全解決。但是更多的情況是，我們只是及時把球接住，馬上又得把它丟回空中。

可預測的事件會被當成措手不及的意外，原因就在於拋接球效應。你在拋接球時，你的隧道視野專注在這快掉下來的球，你會忽略其他在空中的球。當那些球「突然間」落下來，它們對隧道視野的接球者而言是新奇的事，你也可以說它是讓人震驚的意外。旁觀者也許早就已經注意到球要掉下來了。對旁觀的人而言，我們知道繳學費的時間快到了。對財務上有如拋接球一般應接不暇的窮人來說，繳學費這件事只有真正事到臨頭時，才會感覺到它的存在。

這種應付匱乏的方式，會導致收支明細表混亂不堪。由於我們不斷用最簡便的解決方式來應付最立即的問題，經過時間累積之後，這些臨時應變的處理方式會製造出一套複雜的責任承諾網絡，其結果就是一團混亂的資產與義務關係。對忙碌的人而言，這代表的是像我們第一章裡談過的沉重而扭曲的時程表，「幾乎要崩垮」的一大堆待做事項和更動時間的約定。

對窮人而言，這意味著複雜的財務關係。在《窮人的投資組合》（*Portfolios of the Poor*）這本有趣的書裡，非常詳實的研究顯示，窮人平均使用大約十種不同金融工具。在孟加拉有一種工具——一種短期無息貸款——在一年之內有四十二個家庭運用它超過三百次。在這個調查裡面，從年頭到年尾，窮人在任何時間都是同時向多方借出或借入金錢，這個拼貼起來的結構，是經年累月隧道視野專注在當前最迫切問題累積下來的結果。

不管是買新東西或做新投資決定，如今都必須循著這個日益複雜的拼貼結構。前面每一個決定都會牽扯到隨後每個決定，讓它變得更複雜艱鉅。隨著拋接球效應，我們因為自己的行為而把問題變得更加複雜。匱乏陷阱中混亂的收支明細表又增加我們達到收支平衡的複雜度與挑戰性。

拋接球效應不只是時間上的忙碌。在一些地區，窮人身兼好幾個工作，真的很忙碌。不過有些地方的窮人，即使有很多空閒，他們還是在拋接球。對農民而言，收成期的尾聲最會出現這種拋接球現象。在這個時候前一季收成的收入已經快要用罄。在我們的研究中，這個時期人們的流動智力變得較低，執行控制力也會減弱。而同樣在這個時候，農民除了等待作物成熟，也是最無事可做的時期。使用時間的資料顯示，他們每天的工作時數很短，但是其中有很多拋接球的情況會出現。拋接球不只在時間上有所延誤，而是心裡同時想許多事情。

一個人的認知頻寬有很大一部分被空中即將落下的那一顆球所佔據。

匱乏陷阱就是由這兩個特徵——落後一步和拋接球效應——所界定。在匱乏陷阱中的生活就是你實際有的，要比你能夠擁有的還要少。它一直在追趕進度，處理每一個即將落地的球，以及東拼西湊的最後結果。而它有很大部分的原因是匱乏下的行為造成，所以這裡有個很明顯的問題。為什麼？如果一個固定的資源有好幾個可以處理的方式，為什麼我們會堅持落入那個極端無效率的方式？我們為什麼不走出這個陷阱？

擺脫陷阱

我們已經看到一個一直困在陷阱裡的主要理由：隧道效應致使我們借貸。在利息的利率很高時——如小販的情況——這個基本的衝動為我們創造更多匱乏；第五章姍卓的支薪日貸款也是同樣的情況。雖然這個機制非常強大，不過它難以脫逃還有別的理由。

擺脫匱乏陷阱首先需要設定計劃，這是匱乏思維很難適應的部分。設定計劃是重要的，但卻不是急迫的，這正是隧道效應會讓我們忽略掉的事。計劃需要退一步想，但是拋接球效應把我們鎖定在當前的情況。專注於即將落下的球讓我們很難設想事件的全貌。你很想停止追趕進度，但是你有太多事情要做，以至於不知道從何下手。現在你得交房租，現在你得在期限之前完成企劃案。長期計劃很顯然落在隧道視野之外。

而且，最重要的，或許是計劃未來需要用到認知頻寬，它被匱乏大量課用。在科亞姆貝都的小販，每天她的心思都被一大堆需要考量的問題佔滿。每種蔬菜水果要批多少，應該要什麼品質？她還有哪些存貨該拿出來賣，這些貨隔夜還賣不賣得出去？今天生意怎麼這麼清淡，會不會情況一直都這樣？每個做生意的人都有這類的問題。比較有錢的生意人可以承擔偶爾的失算，作出決定後依計行事。但是對小販來說，這些想法會不斷縈繞心頭。這些思考增加認知頻寬的負擔，因為她會不斷回頭設想，甚至在她在決定後又想改變心意。該不該為下禮拜的節日準備一些存貨？這會不會冒很大的風險？這類想法一直在她的心頭拉鋸。如前面所見，這些想法會製造出無比真實的認知頻寬稅負。在這樣的狀況之下，很難構思一個計劃來逃脫出她的匱乏陷阱。

讓事情更不利的是，實際的計劃比我們所勾勒的簡單計劃要複雜許多。每天存五盧比對嗎？該不該有些日子多存一點？當她真的需要錢的那幾天該怎麼辦？同樣的，這也不是只有小販會遇到的情況。在導言裡面，我們談到讓森迪爾和紹恩擺脫困境的簡單「計劃」：不要再做新的承諾或是再買新的物品。實際上的計劃一定會更加難以擬訂。紹恩是不是真的不能再花錢買任何東西？像是牙齒定期檢查和幫汽車更換新輪胎，長期而言可以讓他省錢的這種花費該如何處理？哪一個債務又應該優先清償？最緊急的？還是積欠最久的？或是欠最多的？拋接球效應和匱乏陷阱製造了混亂拼湊的責任義務關係。構想出一個最佳處理方法並不是簡單的任務。

最後即使擬出計劃，執行也很不容易。如前面所見，最好的意圖往往無法真正實現。在面對很吸引人的研究案或商品時，我們往往很難說不。貫徹執行一套計劃需要認知頻寬和認知控制力，而匱乏卻會讓這兩者減弱。

拋接球效應讓脫離陷阱更加困難。會有意料之外的事情出現。你終於做出計劃要爬出陷阱，突然之間又收到駕照登記逾期的罰單。重辦駕照的事當初被延後，這是眾多你丟向天空的球之一。現在它卻掉到地上。又多了一個待辦事項，你再度落入匱乏陷阱。

這一切因為餘裕不存在而變得更加複雜。假設小販每一天都很明智地避免隨便亂花錢。她謹慎小心就如同我們計劃一樣存下錢。接著偏偏有一天，她把持不住，一時衝動花錢買了些東西。她分心，估算錯誤，有東西看起來很有價值，而她身上有錢。如此一來，幾個星期下來心理上的努力和物欲的克制全成了泡影。擺脫匱乏陷阱需要的不僅是偶爾為之的謹慎戒懼。它需要的是持續不斷長久的警戒；幾乎所有時間都必須抗拒任何的誘惑。

這麼說來，難道意志力無法透過學習建立起來？難道窮人不能因為持續的實踐，發展出更堅強的意志力？沒有證據顯示意志力可以透過運用而增強。（難道說窮人有更強的意志力？這跟我們一般的常識看法相矛盾！）就算貧窮能夠增強意志，我們有理由相信這仍不足以達到分毫不出差錯的要求。雖然不是不可能，但是顯然有很充分的理由相信，情形可能恰恰相反。

近期的研究顯示自制力實際上可能因為不斷運用而日益消磨。舉例來說，有一項研究讓節食者待在充滿零食誘惑的房間（多力多滋、skittles彩虹水果糖、鹹酥花生）並交付他們一個電腦作業。其中一些受試者的零食就放在電腦桌旁，一眼就可看到。另外一些受試者的零食則離他們遠遠的，不會讓他們放在心上。完成電腦作業之後，他們供應受試者大桶裝冰淇淋。那些零食擺在電腦桌旁的節食者，在歷經掙扎之後，最終還是向誘惑投降。他們吃的冰淇淋量明顯比原本遠離零食比較不受誘惑的人來得多。這方面的研究這把意志力類比成肌肉，運用之後容易出現疲憊。根據這個說法，需要持續對抗誘惑會消磨意志力，讓脫離匱乏陷阱更加困難。

問題的根源

匱乏陷阱帶來的痛楚格外強烈，原因在於感覺似乎只要再加把勁，一旦擺脫所有債務，這個人就可以脫離這種惡性循環的擺佈。永遠進度落後的人會哀嘆：「要是我有再多一點時間就好了，我一定可以把事情完成，保持進度領先。」至於那個小販，要是她能拿錢去買水果（而不是把錢一點一滴存攢下來），她早就可以脫離匱乏陷阱，她的收入也將因此加倍。在這些案例裡面，一次性的投注心力和資源似乎就可以解決問題。

為了觀察這一點，我們決定提供科亞姆貝都的小販們需要的錢。我們與經濟學家卡朗（Dean Karlan）合作，對幾百名小販進行研究。其中半數我們只追蹤一年，記錄他們的財務狀況。另一半攤販則幫助他們脫離陷阱：我們償付他們的債務。我們讓他們在一夕之間，從負債者變成有存錢可能的人。而他們的收入也明顯加倍。

我們想要了解匱乏陷阱是如何形成和為何形成。比如說，小販為何會落入債務陷阱，人們通常會想到的一些理由。一個可能的解釋是他們寧可借錢而不存錢，是因為他們沒有安全的地方放存款。他們可能沒有銀行的帳號，並且擔心現金放在手邊，會被家裡的人偷走或挪用。如果是這種情況，那麼提供他們現金的話，他們應該會趕快買些耐用且安全的東西，然後繼續靠借錢度日。這最終將導致他們再次落入匱乏陷阱。

另一個可能的解釋是小販只是短視：他們會困在債務陷阱是因為他們對於未來缺乏設想。在我們看來，這種觀點似乎不大合理。小販們清晨三點就起床，駕著狹小擁擠的機動車，開四十五分鐘車程去批貨；一整天都在烈日下做生意。這聽起來完全不像短視的人會做的事。不過，可能還是有人會說這些小販至少在理財方面太少為未來打算。如果是這樣的話，那麼一旦我們提供他們現金，他們應該會拿錢去大肆揮霍。你不難想像短視的人會在很短時間花掉大把鈔票。小販應該很快發現自己又落入債務的陷阱。

還有第三種解釋，是假設這些小販只是因為未能明瞭複利率利上滾利的威力。畢竟，只要花五十天就可以清償債務──支付利息的金額累積是如此快速──連我們都不免驚訝；或許對小販而言也同樣不容易相信。對一個寧可借錢且不明白她的借貸累計所要付出代價的小販而言，每天借錢可能感覺上數額比較少。既然提供她現金也無法改變她對複利的認知，她應該還是會覺得借的只是小錢，結果不久又會落入債務陷阱。

我們認為提供小販一次補足的現金讓他們脫離債務陷阱，可以提供我們許多值得研究的內容。在接下來一年裡，我們繼續追蹤這些如今已經無負債的小販行為。

在最前面幾個月，無負債的小販並沒有落入債務陷阱。他們也沒有拿錢去做一些不明智的花費。他們並沒有為了安全起見，用其他的形式把這筆錢存起來。他們也沒有再繼續借錢。他們似乎看出債務陷阱的危險並努力不重蹈覆轍。這大致上與量化數據相吻合：小販似乎完全明白落後一步的沉重代價。就如忙碌的人完成任務始終落後，他們似乎完全理解生活在匱乏陷阱之中，他們必須付出的高昂代價。

不過故事到這裡還沒有結束。在接下來幾個月，他們又逐漸走回頭路。或者我們應該說，他們是接二連三地走回頭路。在一年即將結束時，他們已經又累積大約相當於我們當初幫他們解決的債務。所以，雖然數據沒有支持這些標準的解釋——這些小販並不是立刻又落入債務陷阱——但是數據也沒能支持一次性的解決債務就可以脫離匱乏陷阱的說法。

我們該如何解釋這樣的行為？為什麼這些小販最後還是落回陷阱？匱乏陷阱到底有什麼因素，在它們強大運作下再次改變小販的生活，即便我們已經提供可以幫他們收入加倍的金錢？

突發變故

問題的核心在於缺乏寬鬆。即使我們投入現金，小販的生活花費每天仍不超過兩美元。畢竟她要養的不只是自己。在手頭如此緊繃的情況下，一旦遇到狀況——比如親戚結婚，她必須準備一份賀禮。在印度這樣的地方，社會習俗要求購買體面的禮物，因此小販如何處理這些狀況，部分是由她處於負債循環或是儲蓄循環來決定。

在負債循環中，小販將面臨困難的挑戰。她必須做出取捨：要買禮物得放棄什麼？也許她乾脆就買小一點的禮物。她會陷入隧道視野，不過借貸已經是不大可能的選項；她已經要靠地下錢莊來買水果和蔬菜。她必須靠犧牲手上僅有的東西來度過難關。她可能為了買禮物必須犧牲自己而感到痛苦，也可能因她能拿得出的禮物太過寒酸而覺得丟臉。

現在，想像一下我們已經幫忙解除債務處在儲蓄循環裡的小販。面對必須買禮物的臨時狀況，她也會陷入隧道視野。她必須解決這個迫切的問題。對她而言有個「簡單」的解決方法：她手頭有一些現金。當然這是為了應急才動用，但眼前這就是緊急需要。她可以借用手頭現有的現金來應付婚禮的禮物。她要如何走出另一個負債循環？這會有什麼代價？我們應該已經知道答案：「我現在顧不了這些。」這些應該關注的問題完全在她的隧道視野之外。

由此看來，小販重新落入匱乏陷阱是因為她的預算沒有足夠的寬鬆來應付她面臨的「突發變故」（shock）。這個突發變故大過她的寬鬆，讓她再次被推入匱乏心理。一旦進入這種心態，最先被犧牲的就是她的儲蓄。雖然沒有直接證據，不過從小販的數據可以支持這個說法。小販並不是立刻落入陷阱，而是逐漸地，一個接一個，彷彿被挑選過一樣，如大家所預期被偶發的突發變故推回陷阱。有許多案例裡，小販們都提到某個突發變故觸發他們再次落入借貸、乃至最後沉淪。

如果你用時間的範疇來設想，這一切應該很眼熟。想像一下如果有個始終忙不過來進度永遠落後的人，我們給他們多一點時間：已超過期限的任務全消失了，所有重要的約定承諾都解決了。這個原本完全忙不過來的人現在只是比較忙而已，他可能有一陣子可以維持工作進度領先。不過最後仍然很可能會失足：一個大計劃案出現不預期的問題、家裡有人生病或是偷懶昏睡短暫出現生產力不足——之後他就會再度突然發現，自己的進度已經出現落後。

任何一點點的不穩定對一個生活在匱乏陷阱的人來說都是一大威脅，因為幾乎沒有寬鬆可以吸收，他們對於不穩定性必然是反應強烈。在《窮人的投資組合》書中，作者觀察到窮人的生活充滿不穩定和難關；每天生活花費兩美元的人並不是天天都能只靠兩美元活下去。他們可能有幾天要花三美元，有幾天只能花一美元。底層的生活浮動多變。在美國與其他已發展國家，這種浮動的情況也許比較低，但是情況依舊很明顯。窮人仰賴許多不同來源而多變的收入。他們往往要兼好幾份工作，每個工作都可能很不穩定。他們許多工作是按時計費，而且工時長短並不一定。而失業一直是實際存在的可能問題。突然多出的花費——車子故障或是疾病——也會帶來問題。我們可以看看底下的描述，這是從新墨西哥州的社區學院訪談得到的內容：

〔汽車〕的修理費是無法預期的花費。這些受訪者提到修車的賬單要好幾百元，這占了他們每個月收入相當大的比例。為了支付這些修理費，受訪者要向親友借錢，找銀行貸款……或是指望預期將收到的一筆收入，比如像是學校的助學金。

最關鍵的問題在於能否有寬鬆讓他們度過每個新的突發變故。這也是不穩定性會帶來如此衝擊的原因。沒有足夠的餘裕，車子壞了的時候要從哪裡找錢來修車？如果你有流動的現金儲蓄就會動用它。如果你收入充裕，只需要削減一些其他花費，也許是取消原本週末計劃的昂貴晚餐。如果你有第二部車，也許你可以延後一點時間，等到確定籌到錢才送修。這些都是簡單或省錢的選項。不過當你沒有儲蓄也沒有第二部車，更沒有晚餐可以取消的時候，這就會變成嚴重的挑戰：你要上哪兒籌錢？在這種時刻，你就會陷入隧道裡。你會去借貸。你開始走向匱乏陷阱的道路。

這一切說明我們應該更深入說明匱乏的觀念。匱乏不僅是資源和欲望之間的**平均**差距。如小販的案例裡，即使她許多時候有寬鬆，但是真正關鍵的問題在於那些匱乏的日子。想要擺脫匱乏陷阱，在平均數上資源大過於欲望仍不足夠。同樣重要的是要有足夠的寬鬆（或是其他的機制）來應付隨時有可能會出現的重大難關。社會科學的專家——特別是經濟學家——很久之前便明瞭不確定性影響結果的重要。我們知道不確定的報酬率會降低投資意願，不確定的收益流會造帶來焦慮和無心工作。不過，目前針對匱乏的討論，對不確定性和不穩定性又有一種不同的觀點。它認為匱乏的時期會導引出一些行為，把我們再次拉入匱乏陷阱。而因為匱乏陷阱的存在，原本應該是幾段充裕的時期夾雜一些匱乏的時刻，也可能很快讓我們陷入長期匱乏的狀態。

這裡要附帶一提，並不是說避免匱乏陷阱的唯一方式是擁有巨大的財富足以應付所有突發變故。並不是說要解決小販的問題，唯一的辦法就是給她**更多的錢**。相反地，這段討論強調的是需要一些工具來減緩突發變故帶來的衝擊。如果小販可以申請低利貸款或是有活期存款帳戶——只有在緊急時刻可以取用——可以在缺乏寬鬆的關鍵時刻提供她所需要的寬鬆。同理，針對這類突發變故的保險也可以解決問題。當然很多人已經明瞭這類緩衝措施的好處。不過這種好處似乎還遠大於我們原先的預期。這些緩衝不僅是風險管理，他們也是保護我們不會重新滑入匱乏陷阱的堡壘。

宴會與饑饉

我們可以責怪小販因為突發變故降臨就重新落入匱乏陷阱，不過我們也可以從缺少緩衝的角度來看。既然她知道自己面臨多變的環境，為何在手頭寬鬆的時候不留些錢準備應急？

當然，會犯這種錯誤的不光只是印度的小販。全世界的窮人擁有的**流動**存款都是少得可憐。如我們前面提過，研究報告指出半數美國人說當他們遇到緊急狀況時，無法在三十天之內籌到兩千美元。資料顯示更容易遇到突發變故的窮人，流動存款往往也越少。

從這個角度來看，小販問題的發生早在突發變故出現之前。匱乏陷阱的種子早在相對充裕的時刻就已經播下。同樣的狀態似乎同樣發生在時間的管理上。你狂亂忙碌地完成一個計劃案；你進度落後，生活慘不忍睹，你發誓再也不要這樣。一旦完成，你終於可以喘一口氣。下一個完成期限在幾個星期之後。謝天謝地！你終於可以放鬆一下。幾個星期之後，你開始懊悔時間哪裡去。你又開始忙亂地與時間賽跑。就如小販的匱乏一樣，你的匱乏源自於你在較充裕時期所犯下的錯誤。

在充裕的時期，我們會浪費時間或金錢。我們太過鬆懈。在第二章的收成研究，農夫在收成之前很貧窮，但這卻是可避免的。只要他們收成之後做好金錢的管理，他們就不會在耕作週期的尾聲出現缺錢的情況。他們在收成之前顯得貧窮，正是因為他們在財務充裕時沒有做好金融管理。這和因為貧窮而借錢的情況不一樣。這裡是在金錢充裕時太浪費。它導致的結果原可避免，定期會出現一些充裕時期中間夾雜有威脅的匱乏時期的週期循環。

目前為止，我們主要專注於匱乏思維所導致的問題。我們的認知頻寬被課了稅負，我們變得較缺乏遠見也較衝動。這好像不是很恰當地暗示我們在充裕時期會非常精於計算並充滿遠見。當然不是如此。過去數十年來的研究顯示，即使在——不，應該說**特別是在**——最美好的時刻，我們傾向於拖延時間，過度專注眼前的事物，並不時出現一派天真的樂觀。我們把應當完成的工作延後。我們揮霍掉應當存下來的錢。我們對自己的充裕做了錯誤的安排，節省或完成的部分太少，以致無法應付可能出現的匱乏。當然，不論窮人或富人都會出現這種情況。不過富人因為他們有著寬鬆，可以順利脫身，而窮人和忙碌的人因為幾乎沒有寬鬆，一次的突發變故就可能讓他們落入匱乏陷阱。

想和匱乏陷阱保持距離需要的不只是充裕。它需要的充裕程度必須是：即使在過度花費或時間延遲，仍有足夠的寬鬆可以處理大部分的突發變故。足夠的充裕讓我們在時間嚴重拖延之後，還有足夠的時間應付出乎預期的完成期限。要離開匱乏陷阱需要有足夠的寬鬆，讓我們處理世上帶給我們的突發變故，以及我們給自己製造的麻煩。

把這一切連結在一起，可以看出匱乏陷阱的出現有幾個相互關聯的原因，最終可以追溯回到核心的匱乏思維。隧道效應導致我們借貸，以至於我們對實體資源運用的效率降低，導致我們進度落後一步。由於我們出現隧道現象，我們會忽略它的代價，並且發現自己需要挖東牆補西牆。匱乏陷阱變成錯綜複雜的實踐，由一大堆延遲的承諾和代價高昂的臨時解決方案拼湊而成，如今需要不斷地加以修訂。我們沒有足夠的認知頻寬來做出脫逃陷阱的計劃。當我們做出計劃，我們仍缺少認知頻寬來抵抗誘惑和堅持到底。除此之外，缺乏寬鬆代表我們缺少吸納突發變故的空間。而這一切還要再加上我們沒有運用充裕時的寶貴時刻為未來預留緩衝。

不一樣的匱乏陷阱

設想有人初來到一個新城市。他在老家有很多朋友，但是在這裡不認識半個人。幾天之後，孤獨的情緒開始在心中發酵。他打電話給家鄉的朋友，但是感覺已不一樣。他在電視機前吃晚餐，對於一個人外出吃飯感到有些膽怯。他一個人要怎樣跟人見面？他決定試試一個約會網站，在幾封電子郵件交流之後敲定一個約會。但是隨著約會的日子接近，他發現自己變得越來越緊張，過去的約會都不曾這麼緊張過。約會一開始就不妙。他想要說點笑話，但是意思卻表達得不很順暢，整個晚上氣氛有點乏味。他滿腦子都在想自己接下來要說什麼，以致於無法注意約會對象在說些什麼。他知道自己是努力過頭了。整個約會是場災難。

你可能要說這個人是受困於社交的匱乏。孤獨使得他跟新朋友見面變得困難，並導致他做出加深原本獨孤的行為。不過這種匱乏陷阱與我們目前所談的類型並不一樣。這裡並無借貸，也不是沒有未雨綢繆為突發變故預做準備。相較之下，他的問題——搞砸一句俏皮話或是沒注意聽對方談話——是太過努力嘗試獲取好感，也就是過度專注於匱乏本身。

一些研究已經顯示孤獨的人會過度專注。在一份報告裡，研究人員要求一些自評為孤獨的受試者對著錄音機講話。他們的任務並無特殊之處。他們只需要做點自我介紹，說些有趣的事。他們都知道稍後會有人聽他們講話並給予評分。可以預期到，負責評分的人聽這些孤獨者談話的內容感覺並不特別有趣。他們評斷這些孤獨者談話內容有意思的程度，遠遠不如那些不孤獨的人。這結果並不讓人意外。你也許會說：「這或許就是他們會孤獨的原因」。

另一個版本的實驗則說明，這樣的解釋遺漏一些重要的東西。在這個實驗中，孤獨的受試者對錄音機說話有一個重大的不同。他們並不知道有人會來聽他們的談話並做評斷。他們只是自在地對自己說話。對這些錄音記錄，獨立的評分員們覺得孤獨者的談話和非孤獨者的談話同樣有趣。孤獨者的問題並不在於他們很無趣或是不吸引人。他們的問題在於當他們覺得事關緊要的時候就會表現得很差。這也不是因為他們知識不足。是否還記得在導言提到的研究：孤獨的人比較善於解讀他人的情緒——這是他們的專注紅利。不過當真正事關緊要時，他們卻無法好好運用這個技能。或許可以說孤獨的人是突然怯場。回想一下自己感覺口舌僵硬，顯得格外笨拙是什麼情況。如果和我們一樣的話，你應該還記得有些社交場合裡，你特別想要有好表現，反而搞砸場面。

當然，這種「怯場」的情況不是孤獨者所特有。最明顯的情況就是在運動比賽裡。在籃球比賽裡，罰球是最容易的得分方式之一。它距離籃框並不太遠，而且你可以調整自己的步調來投籃，沒有任何人來防守。它的英文名稱free throw（自由投籃）正好說明它的容易程度。一名七十二歲男子曾經保持過連續投進二，七五〇個罰球的世界紀錄。只要有足夠的練習，維持九〇%的命中率原則上對任何人都不太困難。但是有些球員就是辦不到。在二〇〇二—二〇〇三年球季，職業籃球選手包溫（Bruce Bowen）成了這個問題的典型範例。那一年他的罰球命中率只有四〇%。包溫的問題並不在於缺乏技巧，事實上他有能力在更困難的情況下投籃得分。他在那個球季三分球的命中率領先全聯盟，命中率有四四%。三分球線距離籃框更遠，而且往往必須從奇怪的角度出手。出手的時間必須要快，同時常會有防守球員正對你面前或正朝你而去。但是在那年球季裡，包溫的三分球投得比他的罰球還要好。

每個球迷都知道一大堆球員「怯場」的故事。某個球員因為投不進一個簡單的罰球而輸掉一場比賽。某個高爾夫球選手在最關鍵的時刻，偏偏在最平凡無奇的推桿出錯。不管這名選手到目前為止如何光芒萬丈，在面臨這些時刻仍不免戰慄難安。它充滿戲劇張力，原因就在於我們擔心，甚至預期會出現怯場的情況。

研究學者如今對怯場心理學有比較多了解。在運動比賽中許多動作可能是有意識的，有些則是無意識的自動反應。你在投罰球的時候，可以一邊想像自己的手臂動作。高爾夫揮桿時，可以專注在它跟進的後續動作。或者，你可以把它當成機械化的自動動作，腦筋保持空白完全不做思考。對職業的運動選手而言，這些動作都已經是家常便飯，所以他們非常擅長用自動化的動作進行。事實上，他們用自動化的方式做**會比較好**。（下一次你從樓梯跑下來時，思考一下你的腳如何運動。不過如果害你摔跤的話，我們恕不負責。雖然你是很專業的樓梯使用者，思考動作會大大降低你走樓梯的效率。）對一個初學者而言，在罰球的時候注意收攏手肘（或是打網球注意擊球後的跟進動作）可以有助改善表現。有意識的提醒注意會有幫助。對職業選手而言，這些動作應該是自然而然的反應。到了職業程度的選手，過度專注動作會讓肌肉協調性無法在最快最自然的情況發揮。運動員會怯場原因在於他們過度專注。

怯場只是許多更普遍現象的冰山一角。心理學家發現許多不同任務的表現好壞，與它們的關注或是覺醒（arousal）程度，關係呈現一個倒U字型曲線。太少關注則表現差，太多關注和過度覺醒則又讓表現變差。

對於落在曲線頂點左邊的任務，我們多些關注是好的。但是其他的任務——像罰球，如果你是職業球員的話——可能是落在曲線的右半邊，表示我們賦予太多關注。罰球對一些好

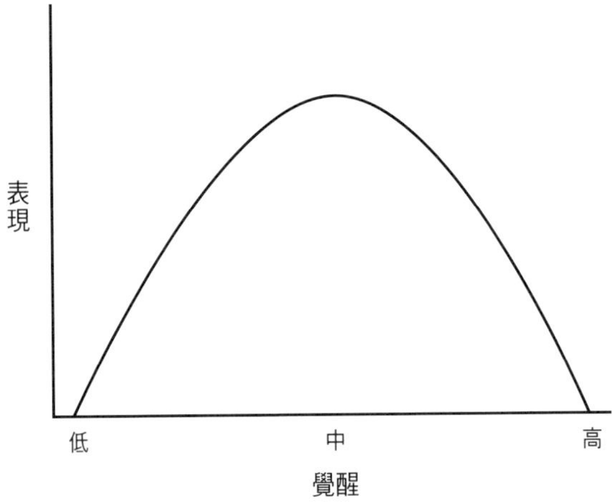

球員之所以困難，原因是他們太過度關注。包溫沒有時間思考三分球投射。但是罰球卻給他太多時間去想。更糟糕的是，你越試著不去想，反而越會想到它。心理學家把這稱之為「矛盾歷程」（ironic process）。當你被要求不要去想一隻白熊，你就越想不出白熊以外的東西。

回到孤獨者的問題。我們可以了解他們為什麼會表現得差。他們會怯場正是因為他們專注於匱乏。對談同樣也存在著倒U字型的曲線。談話漫不經心毫無重點的人會很無趣。同樣地，談話太過專注則顯得緊迫盯人。孤獨的人表現得不好，原因就在於除了管理自己的孤獨之外，他們想不到別的事情。他們表現得不好，因為他們已經超過倒U字型的頂點。他們無法傾聽對方說話做適當的閒聊回應，他們全心全意專注在「他們喜不喜歡我？」或是「這個故事是不是最好笑？」就像最準確的罰球射手，不太過專注於罰球時表現得會更好，孤獨的人如果不要太在意他們的社交需求，就會表現得更好。但是匱乏令他們辦不到這一點。它讓孤獨者的心思只能專注在他們極力想要避免的事物上。

節食者面臨類似的問題。節食最大的挑戰之一就是自制力。抗拒衝動最簡單的方法就是一開始絕對不要有衝動。如果你心中沒有想到哪個特定的食物，就越容易去抗拒它。萬一你想到了，越早把它摒除在腦海之外越好。想像某個美味的點心只會讓節食變得更困難。節食製造卡路里匱乏，這種匱乏又會把點心牢牢當成心頭的要務。研究顯示，食物最後會變成節食者的心頭要務，不只是因為出於飢餓，而是因為他們所面臨的匱乏。在一項研究裡，節食者在吃過一根巧克力棒之後，對食物的念頭只會越變越強烈。從生理學上來看，他們已經攝取更多的卡路里；從心理學上來看，他們如今需要做取捨的情況更加惡化。節食所以如此困難就在於它讓我們專注於我們必須避免的東西。

在這兩個案例裡面，匱乏的關鍵特徵——它會攫取你的注意力——變成一種障礙。節食者和孤獨者必須與他們的匱乏苦苦搏鬥，原因就在於匱乏迫使他們專注在每一個細節。

一線希望

窮人始終貧窮，孤獨的人一直孤獨，忙碌的人永遠忙不完，而節食總是會失敗。匱乏製造出的思維模式更進一步強化延續了匱乏。前途看似黯淡無光，不過我們可以對照一下另一個不同的觀點：窮人之所以貧窮，原因是他們缺乏技能。孤獨的人之所以孤獨，原因在於他們不討人喜歡；節食者缺乏意志力；忙碌的人始終忙碌是因為他們欠缺組織生活的能力。如果從這種觀點來看，匱乏是深層個人問題所導致的結果，很難有所改變。

相對之下，匱乏思維是背景環境下的產物，比較有補救的開放可能性。與其說它是一種人格特徵，應該說它是匱乏本身帶來的環境條件所造成的結果，這些條件往往可以加以管理。我們越是明瞭匱乏在人們內心運作的機制，我們就越有可能找出方法避免，或是至少緩和匱乏陷阱造成的效應。

7

貧窮 POVERTY

在你批評別人之前，應當穿著他們的鞋走一哩路。這樣子一來，你批評他們的時候，你已經離他們一哩遠，而且還穿著他們的鞋子。（譯註）

——《週六夜現場》作家傑克．漢迪

貧窮當然是匱乏最普遍也最重要的例子。當今世界貧窮嚴重和廣泛的程度令人咋舌。聯合國兒童基金會（UNICEF）估計每天有兩萬兩千名兒童死於貧窮。有將近十億文盲連自己的姓名都不會寫。全球有半數的兒童生活在全球貧窮線以下。❶大約有十六億人沒有電力供應。即使像美國這樣的國家，貧窮問題依舊顯著。美國有近五〇%的兒童在某些時刻需要用到食物券。大約有一五%的美國家庭在一年的特定時間供應一家人溫飽會出現困難。

我們到目前為止所探討的各種匱乏，似乎認定這些問題是可以互通的。我們從節食跳到貧窮再談到時間壓力，幾乎都沒有討論到其中有何差異。畢竟這也是我們的主要論證。如果不論匱乏的來源為何，都會引發某種獨特的心理機制，那我們就有理由把這個類型的匱乏同等看待。如果存在著一套共通的匱乏心理學，我們從窮人身上所觀察到的一切，豈不是應當也適用於忙碌的人或節食的人？

不過，不同形式的匱乏有一些共同的構成因素，並不必然表示它們都會產生類似的結果。就像在化學，同樣的基本元素依據它們比例和組合方式可以產生不同的化合物。碳與氧可以形成二氧化碳——生命週期的一個基本要素——或是形成一氧化碳，一個可致命的污染物。相同的成分，卻有大不相同的結果。我們對匱乏的分析依據的也是類似的邏輯。有一些共同的成分要素：隧道效應、借貸、缺少寬鬆、認知頻寬稅負。不過這些成分根據背景環境以不同的方式展現其效應。以金錢的匱乏而言，借貸是其中一個明顯的特徵。不過在孤獨的案例裡，甚至借貸的意義都難以定義清楚。這種特定的成分就像是多增加的氧原子一樣，在孤獨的案例中似乎不存在。而貧窮的構成元素，則給匱乏思維製造出特別有害的環境。

一個家境優渥的專業人士之所以非常忙碌，是因為他接了太多計畫案。如果他案子少一

譯註：英文成語walk a mile in one's shoes「穿著他人的鞋走一哩路」原意是指設身處地為別人著想，幽默作家傑克．漢迪在這裡用來諷刺，提醒批評讓人不快，最好離被批評的人遠一點（還穿著他們的鞋！）以策安全。

❶ 世界銀行採用的貧困率是一天二．五美元。它所強調的是「絕對」貧窮。依照這個標準，所有美國兒童都不是處於貧窮狀態。

點就不會這麼忙。事實上他可以選擇不那麼匱乏。他匱乏的程度，就某個程度上來說是他自找的。

這種自由斟酌提供關鍵的安全閥來限制匱乏的壓力和傷害。要在一個星期的時間裡逛遍義大利的觀光客，因為時間的匱乏迫使她必須馬不停蹄。她也可以在某一個時刻說：「算了，大競技場下次再看好了。」或者是「我在羅馬多留一天，南部就少去幾個地方好了。」安全閥限制匱乏陷阱的傷害和嚴重程度。對於可以自由斟酌的人來說，匱乏陷阱雖有威脅，但程度有限。做過度承諾的人可能會錯過幾次的完成期限。節食者可能半途中斷計劃。忙碌的人也可能讓自己放個假。

但是人們無法從貧窮中放個假。光是決定想要不窮——就算是一點點——都是不可能。節食者可以決定要不要忍受自己過胖，忙碌的人可以放棄一點自己的雄心壯志，但是貧窮的世界卻不存在與這類似的東西。認為印度鄉村的窮人應該克制自己欲望應付金錢的匱乏恐怕有些太過天真。基本的欲求，包括購買衣物、免於疾病、甚至是買些廉價的玩具給孩子帶來歡樂，都是很難以摒棄的。這種強制性的匱乏不是窮人所獨有。面臨嚴重健康威脅的飲食控制者、極度孤獨的人以及必須兼兩份工作才能付房租的窮忙族，也都是面臨別無選擇的情況。自由斟酌的缺乏，造成一個特別極端的匱乏。

這段討論釐清我們對貧窮的定義。我們所指的貧窮是經濟上的匱乏狀況，在這狀態中，你想要或認為需要的東西是沒辦法改的。這些難以改變的需要有些是生物學上的，像是必須與飢荒搏鬥的自給農夫（subsistence farmer），有些是則由社會建構而成的。我們覺得自己需要什麼，是根據別人有什麼以及我們過去有過什麼。比如說室內衛浴設備，如今在已開發國家可能大多數人都視為稀鬆平常，不過一直到十九世紀的最後二十五年它都還是很難想像的事，今天在許多地區它也仍僅是夢想。對自給農民而言它是奢侈品；對某個住在美國紐澤西的人而言它則是必需品。開車在五十年代的美國是一種地位象徵，如今在世界許多地區依然如此。但是現在世界上有一些地區，汽車已經是必需品。這裡有個深刻而複雜的問題：這些需要究竟該如何做比較？一個美國的窮人負擔不起足夠的衛浴設備，他內心的感受是否跟買不起一件襯衫的窮農夫，或是買不起車子的窮歐洲人感覺一樣？幾乎沒有證據可以讓我們了解這兩種形式的貧窮——絕對的貧窮相對於相對的貧窮——在心理學上該如何相比較。基於研究目的，我們把它們都當成貧窮的案例。

貧窮在另一個方面也是極端的。想像一下新生兒的父母親，他們會突然出現時間的匱乏。他們也同樣沒有辦法選擇「需要少一點」；小嬰兒需要看醫生、要餵奶、換尿片、逗他抱他、給他洗澡、還要（永無止境地）哄他入睡。有如此多無法自由斟酌的活動必須像拋接球般一一應付。不過如果你是有錢的父母，時間上的匱乏可以用其他方式來緩和。你可以請奶媽或女傭，吃外食而不用自己煮，雇用會計師，雇用園丁，這都可以讓時間空出來。同樣的，如果你正在節食，而你有許多錢，你可以買美味而健康的食品。金錢由於具有可互換性，可以用來補償其他形式的匱乏。

反向而行——也就是試圖緩和金錢的匱乏——卻是困難許多。當然你可以嘗試多加班幾個小時，但是大部分情況下你所能做的並不多，而且它能增加的財富有限，卻會讓你更加忙碌而精疲力盡。錢少就代表越沒有時間。錢少代表更難參與社交活動。錢少代表著較低品質且較不健康的食物。貧窮意味著金錢的匱乏，因為它是幾乎涵蓋生活各個層面的必需品。

我們前面用匱乏的心理學來建立同理心的橋樑。我們用一種形式的匱乏（比如說，時間）來連結我們另一種形式的匱乏（金錢）的體驗。在了解迫切需要多一點時間會是什麼情況之後，可以開始想像迫切需要多一點錢或是多幾個朋友是什麼樣的情況。我們先前利用這個橋樑，來連結趕在完成期限為時間不夠所苦的忙碌經理，和一名短缺現金為籌不出房租而苦惱的人有何相同之處。

不過這座同理心的橋樑，它們的相關連性可能也只有到此為止。畢竟這個經理大可以說：「算了。我不想這麼辛苦，我要調整我工作和生活之間的平衡。」但是因缺錢而苦惱的人卻沒辦法說：「算了。我不需要租房子。」因此，雖然時間和金錢都會課徵認知頻寬稅負，這些稅負的**規模**——它們嚴重的程度——可能大不相同。

屋子裡的大象

大部分有關貧窮的討論都像是屋子裡的一頭大象。（譯註）以糖尿病為例，它影響全世界兩億八千五百萬人的生活。這個嚴重的疾病可能導致昏迷、目盲、截肢以及死亡。幸好如今它已是可控制的疾病。定期服藥——有些是口服、有些是注射——就可以避免糖尿病造成太嚴重的傷害。不過糖尿病如今仍是重大的問題。部分問題是藥理學的：醫藥仍無法完全根治這個疾病。不過更大的一部分問題是心理學上的。治療若要有效，必須病人定時服藥。但是糖尿病患者大約只有五成到七成五的時間按時服用藥物，這一來大大降低它的效力。❷

譯註：標題the elephant in the room「屋子裡的大象」是一句英文諺語，屋子的大象明明大家都看到了，偏偏大家都閉口不談，用以比喻心知肚明卻刻意迴避的事物。

❷ 估算範圍這麼大的原因在於遵照醫囑的比率與研究調查範圍裡的人口有關。遵照醫囑的衡量方式是什麼——比如病人自身回報或是藥物補充率、電子設備監控——也會影響到衡量的結果。

想想看這問題有多奇怪。幾十年來的醫學研究，把這個會日益惡化的致命疾病扭轉為可控制的疾病。但是我們卻在最後一里路最微不足道的一步滑跤：那就是吃顆藥或打個針。這最後一里路大大困擾了醫學界。二十年前人們如果知道有像今天的治療HIV（人類免疫不足病毒）的抗反轉錄病毒藥物，必然會雀躍振奮不已。但是仍有上百萬人因為沒有持續服用藥物而導致死亡。拿肺結核病來說，由於問題太過嚴重，在開發中國家採用的標準醫藥程序「都治計劃」（DOTS，directly observed therapy–short course英文直譯為直接、目測短程治療計劃）就是專為持續按時服藥而設計：意思是每天有人會來看你把藥吃下。有些國家負擔不起肺結核藥物的費用。原因並不在於藥價昂貴——它們是一些便宜的抗生素——而是在於「都治計劃」成本太高。一個又一個重大的醫學成就，就因人們未遵規定服藥的奇怪行為而功虧一簣。

未遵規定服藥是許多人的通病，不過有一群人特別明顯：窮人。雖然各個收入層的人都有未按時服藥的問題，這個問題在窮人身上卻是最常出現。一個接著一個的疾病——HIV、糖尿病、肺結核——同樣模式一再重複出現。不論發病的位置、哪一種方式的療法或是副作用為何，有一個問題始終不變：窮人最難持續按時服用藥物。

換到另一個大不相同的環境背景，思考一下農作物收成的情況。一塊田地可以生長的穀物數量會影響社會每個層面。它會決定糧食的價格、世界的貿易、環境的衝擊、乃至於全球可存續的人口數。最重要的或許是它會影響到農夫的命運：他的收入全靠他的收成。和醫藥一樣，科技為農業收成改善和永續發展帶來很大幫助：包括改良種子、更好的農耕技術和有機栽培方法。不過就像前面提到的醫生一樣，有一件事不斷困擾著研究這些問題的農業科學家：那就是農夫的行為。

幾千年來，農夫就知道除草可以大大改善作物的收成。雜草會吸收掉主要作物的養分和水。除草不需要太多的技術或工具，需要的只是辛勤的努力。但是世界上最貧窮地區的農民卻不去除草。有人估算非洲因為沒有除草造成的損失佔了超過總收成的二八％。❸在亞洲，雜草的生長對稻米生產總量造成的損失最多可達五〇％。這些估算有可能高估了。不過用幾天的時間辛勞除草，能夠換得即使是一〇％收成的增加，也已算是很好的回報。而且還要考慮到，靠除草增加收成並不需要多花錢或用到更多的土地，所以一〇％收成的增加其實代表收入增加了二〇％到三〇％，這是筆不小的數目。但是，許多農民卻因沒有定期除草，放棄

❸ 二〇〇九年二月十五日。從這些研究裡，任何一名農夫可能都很難具體歸結出除草的益處，因為研究依據的是模型耕地或跨領域的數據。以仔細的隨機控制實驗讓農民了解除草的益處，將可為這些地區帶來很大的幫助。

了這可輕易到手的收入。而在農業的領域裡，又是最貧窮的農民最常犯這種錯誤。

再換另一個例子，我們來看看子女教養的問題。研究者花了很多時間研究人們如何撫養小孩。父母親有沒有在毫無必要的情況下提高聲量？在子女需要他們的時刻是否展現出關愛和支持？父母對子女的規範是否有一致性，還是會對子女做出隨性而專斷的要求？對子女的好表現是否會做正面的回饋？父母陪伴子女的時間相對放任她看電視的時間有多少？是否會陪子女一起做功課？

數十年來的研究發展出一個普遍的主題：窮人是比較糟糕的父母。他們對子女比較嚴厲、管教方式比較不一致、態度比較疏離、也因此比較缺少關愛。他們在生氣時比較容易會遷怒於子女；可能前一天因某件事責罰子女，隔天又因為完全相反的事情責罰她；他們無法與子女有更實質的溝通；他們比較少陪子女做功課；他們寧願讓小朋友看電視也不陪他們讀故事書。我們如今比較了解良好家庭環境需要哪些因素，而貧窮的父母則比較無法提供。

窮人在許多方面都有狀況。美國的窮人肥胖症比例比較多。在大多數開發中國家，不讓小孩上學受教育的也是窮人較多。窮人不會存足夠的錢。窮人也比較少讓小孩接受疫苗接種。村落裡最窮的人也是最有可能不洗手或是在喝水之前不先煮沸過濾的人。❹懷孕的時候，貧窮的婦女也是比較不會注意適當飲食或是做產前調養的人。關於窮人較差的事例不勝枚舉，我們可以一直說下去。

這些事實伴隨而來「就像意圖陰險的冗長辯論」（生吞活剝借用艾略特的詩。）（譯註）在這裡的「重大難解的問題」則是老掉牙的問題。為什麼窮人在這麼多方面都會如此失敗？

這就是屋子裡的大象。

面對這頭大象

當我們面對這些令人不安的事實，自然先要質疑這些解釋是否正確。或許窮人並不是「做不到」按時服藥；或許純粹是因為這些藥太昂貴。他們為什麼不去除草？因為他們太忙了。為什麼他們不好好教養子女？因為他們自己也是生長於類似的環境，沒有人教過他們教養子女的技能。的確，這些獲取管道、成本和技能的議題都有一定程度的關聯。不過當你仔

譯註：原文 like a tedious argument of insidious intent 引自詩人艾略特 T. S. Eliot 著名的詩作《普魯夫洛克的情歌》，下一句同。

❹ 許多地方都觀察過收入高低與洗手或是用水間的相關性。在秘魯一項研究裡，觀察了母親或是其他人照顧子女的行為。研究發現，只有四六%的照顧者在使用廁所之後有洗手的習慣。即使在這份數據裡面，它也和收入高低有強烈的相關性：收入最高的四分之一族群，使用廁所後有洗手習慣的比例有五六%，而最底層四分之一則只有三四%。報告中，他們為孩子更換尿布之後或是給孩子餵食之前洗手的比例也有類似的差異。

細研究數據，一再出現的情況說明這些理由不足以解釋窮人為何事情做不好。舉例來說，在美國享有醫療補助（Medicaid）的窮人領藥不用負擔醫藥費，但是他們還是無法按時領藥。在鄉下的窮人，根據他們的說法，在收成之前時間很充裕，但他們卻不去除草。這些失敗無法單純歸諸環境因素：它們核心的重點是這些人行為的問題。

另一個本能反應是質問事實的本身。窮人是否失敗是由觀察者認定的。或許他們並不算失敗。或許建立這些數據的人本身有偏見。有很多具有說服力的心理學理論支持這類的主張。舉例來說，在一份研究裡，受試者觀看一名少女漢娜接受測驗的影片。她的表現好壞不一：有些難題她可以答出來，但卻把一些簡單的問題答錯。研究裡提供一組受試者的背景資料，暗示漢娜是來自貧窮家庭；另一組得到的資料則是暗示她來自中上階層。兩組受試者同時觀看漢娜接受測驗並且評斷她的表現和能力。觀察「貧窮的」漢娜的這組人看出她比較多的錯誤，判斷她表現比較差，他們認定漢娜的程度比觀察「富有的」漢娜的那組人心中所認定的程度還要低。

我們在解釋窮人的數據時似乎很容易出現偏見。由於我們對窮人有很深的負面刻板印象，基本上認定他們是失敗者（他們是窮人！），很自然我們會歸諸他們個人的失敗。從研究結果裡「看出」弱勢族群的失敗應當不是令人意外的事。遺憾的是，當你更仔細觀察，很難對這屋子裡的大象視而不見。大部分這些數據確實都有關聯性，並不只是存有偏見的感受。

同時，這些數據也不能視為政治偏見產生的結果而予以否定。研究者在蒐集這些數據前多半沒有預先設定議題方向，即使有，結果也往往和他們原先的設定相反。有些時候，他們的數據也是在研究過程中意外偶得的，而不是他們想尋求的資料。農業經濟學家與醫學研究員蒐集大量的數據組，而收入可能只是其中的一個變項；他們把這數據與其他相關係數一起列入報告裡。他們並沒有查看關於窮人的研究發現，更沒有藉此大肆宣揚。還有一點，當研究者終於把焦點放在貧窮，他們的實驗往往帶著傾向窮人的偏見。對家庭關係、肥胖症或是其他以貧窮為焦點的內容進行研究的學者，往往與受訪者有自然的親切感，對自己研究的發現表達不滿意。或許最具說服力之處在於他們資料證據的廣度和深度。它並非孤立的個案或是有爭議性的研究。從眾多研究的努力已經累積大量的數據。它們的總量已成了體積相當龐大的大象。

既然我們不能忽視這頭大象，我們該如何來理解它？一個方式是假設從錯誤到貧窮有因果關係；窮人之所以窮，正因為他們的能力較差。如果賺錢需要靠正確的決定，那麼自然而然做不到的人最後就會變窮。這個觀點明顯有許多複雜的變化因素。出生地的差別——像是在哪一洲出生——對你是否會成為窮人有很大的影響。不過，主張失敗導致貧窮，仍是解釋貧窮與失敗之間的強烈相互關聯的流行觀點。

我們手邊的資料認為有一個同樣強有力的因果關係循著另一個方向進行：那就是貧窮——匱乏思維——導致了失敗。

教養子女

有一個關於子女教養的研究是以塔台航管人員為焦點。塔台航管人員有趣之處在於他們的工作每天都有更動，而且可能處於高壓力狀態。有些日子航班多，天候惡劣，還有班機壅塞和延誤的情況。在這些時候認知負載（cognitive load）——長時間隧道視野專注於所有飛機的安全起降——相當高。有些時候比較輕鬆，沒有太多飛機在空中或需要掛心。研究者發現，飛機起降的數目可以預測出當晚教養子女的品質。飛機越多，父母表現就越差。或者說，如果不介意我用比較粗俗的比喻，可以這麼說。同一名航管人員在輕鬆的工作日之後表現得像「中產階級」，而在忙碌的工作日後表現則像「窮人」階級。

當然你也很清楚。結束漫長挫折的一天工作之後回家，你想要的就是平靜和安寧，但是你的孩子們正興奮地看著電視卡通。電視並不是特別大聲，但已足以擾亂你的心神。你要孩子把電視關掉，滿意自己控制情緒還沒發脾氣。但是他們卻回說這是他們看電視的時間，你已經很清楚答應他們只要做完功課，這個時間就可以看電視，而他們的功課已經都寫完了。你猶豫了一下，但是電視實在太吵。「我說把那個鬼電視關掉！」你大聲吼道。不久之後，你開始覺得很糟。你不應該這樣對待你可愛的孩子們，但是你就是控制不了。

而你應該很有理由可以生氣。雖然對於該如何教養子女的研究意見眾多，不過有些顯然是該做的事，很容易憑直覺判斷。其中首要的就是一致性。如果父母的言行不一致，對學習一些事物——紀律、行為規範、安全感——的孩童而言會是困難且充滿焦慮。不過這說起來容易做起來難。要做好父母不容易，就算你知道該怎麼做。要達到一致性需要持續的注意、努力和堅持到底。

對子女良好的教養需要認知頻寬。它需要做複雜的決定和犧牲。孩童需要誘發的動機去做自己不喜歡的事，約定必須遵守，活動要事先計劃，需要會見老師並對他們的回饋加以處理，提供或是找尋課業的輔導或額外的協助，之後還需要持續的監督。這對每個人都不容易，不管他有多少的資源。這在你的認知頻寬減少時更是加倍困難。在那種時刻，你沒有多餘的心思去保持耐心，做你所知道正確的事。上班時忙碌的空中交通盤踞你下班的心情。對一個航管人員來說，忙碌辛苦的工作讓他們在家裡成了較不適任的父母。

窮人也有自己在空中盤旋的飛機。房租、貸款、滯納的賬單讓他們應接不暇，忙著計算下一個支薪的日子。應付匱乏讓他們認知頻寬消耗殆盡。窮人的情況就像頭暈腦脹的航空管制人員一樣。對於不了解他們上空盤旋著飛機的旁觀者而言，確實很容易就會判定這些父母缺乏管教子女的技能。

一項最近的研究顯示這方面的證據。如我們之前所見，貧窮的父母每個月領取一次食物券，不過每到月底他們又會入不敷出。每個月的月底是他們認知頻寬被課徵的稅負最多的時候，這時候對子女的教養往往變得最嚴厲。經濟學家格內提恩（Lisa Gennetian）與同事的研究顯示在月底的時候，父母領取食物券的孩童最可能在學校出現脫序行為而受到處罰。

當一個好父母需要面面俱到。不過最重要的是他需要心智的空間。這是窮人無法奢望的東西。

萬般皆窮

窮人並不只是缺錢。他們也缺少認知頻寬。我們在購物商場的研究以及對農民收成的研究所看到的正是如此。同樣一個人當他體驗到貧窮時——或是被促發去思考自己財務上的麻煩時——在許多測驗裡表現都會變差。他的流動智力會降低。他的執行控制力變弱。由於匱乏盤踞他的心思，他會比較無心於其他的事物上。

這個發現有其重要性，因為不只是教養子女，我們許多行為都要仰賴認知頻寬。舉例來說，認知頻寬被課徵的稅負越重，表示我們越容易遺忘。它指的不是你知道的事（心理學家稱之為陳述性記憶（declarative memory）），像是你第一部車的廠牌車款，而是一些心理學家稱為前瞻性記憶（prospective memory）的事物——你原本計劃要記住的一些記憶，像是跟醫師預約門診或是在期限內繳付的賬單。這些任務需要在腦中保持鮮活記憶，但在你認知頻寬降低時很容易被遺忘。窮人常常忘記按時服藥是否會讓你覺得意外？有些人也許覺得難以置信：你怎麼會忘記這麼重要的事？但是記憶的運作方式卻非如此。你無法記住具有長程價值的功能。當然沒有人會忘了吃止痛藥：因為身上的病痛會時時提醒你。但是像糖尿病這類的疾病卻是「沉默的」；它們的後果不是即刻會感受到的。當一個人的認知頻寬過度負擔時，沒有東西可以提醒他記得去吃藥。

另一個後果則是工作的生產力降低。幾乎每一項任務——從處理「得來速」的點菜單到排放貨架的商品——都需要「工作記憶」（working memory），也就是讓幾個資訊在我們腦中保持活躍，直到我們使用它為止的能力。貧窮課用了工作記憶之後，就會導致我們的表現變差。它降低我們的生產力，因為我們心智的處理器被其他事物所盤踞。這製造了窮人悲慘的情況，他們需要靠勞力換取工資，但是他們的生產力被課估的程度卻是最嚴重的。

認知頻寬稅負過重意味著處理新資訊的能力降低。如果你的心思一直被其他事情所分散，你在課堂聽講能吸收多少？現在假設有個低收入的大學生心裡想的一直是交房租的事。她在課業上能吸收多少？我們上面提到的數據顯示收入多寡與課堂表現的相關性，或許可以用認知頻寬稅負來解釋。而且，學習受妨礙的情況不只發生在課堂裡。許多公共衛生計劃需要仰賴窮人吸收新的資訊。很多活動試圖教育大眾關於健康飲食、減少抽菸、產前醫療照顧，接受HIV篩檢等等的重要性。在一些貧窮國家，推廣運動的社工人員到鄉村教育農民關於最新的作物品種或是最新的病蟲害。毫不意外地，這些努力在窮人身上往往成效不彰，大致上都無法幫他們減少吸菸、吃得更健康或是採用最新的農業技術。吸收新的資訊需要工作記憶。

認知頻寬稅負也意味著你運用自制力的心智資源會變少。在一整天辛苦的工作之後，你還會不會用牙線清潔牙齒？還是你會說：「算了。明天再說。」更糟糕的是，我們前面已經看過，長期與貧窮搏鬥（以及與一般性的匱乏搏鬥）會讓自制力更加耗弱。但你擁有的如此少，你需要抗拒的誘惑就會非常多，最後你的自制力難免將潰散。現在假設你是個農夫，滿腦子只想著如何熬過這個星期。你上床睡覺時心裡只想著兒子在抱怨牙疼，你要如何籌錢帶他去看牙醫。你可能得放棄原本約好晚上跟朋友一起出門的計劃。還有你要趁早去除草。隔天醒來你仍然感覺疲累且充滿焦慮。就像沒有用牙線潔牙的道理一樣，很容易就可以想像你會決定：「明天再去除草好了。」

我們從抽菸的數據可以看出這一點：面臨經濟壓力的抽菸者比較無法在戒菸過程中貫徹始終。窮人也比較容易發胖；要吃得健康，本質上也是一種自制力的努力。一項研究發現，當低收入的婦女搬到較高收入的社區時，過度肥胖和糖尿病的比例會明顯降低；這其中或許也有其他的因素，但是壓力減輕必然是原因之一。做一個好父母需要有自制力。即使身體不舒服也要去上班需要自制力。不對老闆和顧客的要求發牢騷需要自制力。定期出席職業訓練課程需要自制力。如果你住在偏遠的鄉下，讓你的小孩子每天上學需要自制力。因此環繞著貧窮的許多「失敗」都可以透過認知頻寬稅負來理解。

最後，想想底下的情況。你明天要做一個重大的報告，你已經密集準備許久。你知道休息的重要，所以你決定在下午五點之前結束工作。你回到家，與家人共度美好晚餐之後早早入睡。但是你滿腦子想的還是報告的事情。所以雖然你需要睡眠，但還是睡得不安穩。睡眠研究指出，你的情況並非特例。在一項報告中，三十八位睡眠習慣良好的人被指示要儘快入睡。其中一些人被告知睡醒之後必須做一個報告。大部分人並不喜歡做報告。實際上，這一組人明顯較難入睡而且也睡得較不安穩。一些關於失眠者的研究數據顯示，他們往往有比較多讓他們憂慮的事。簡單地說，腦子裡有心事時就是難安眠。

這也許是匱乏課徵認知頻寬稅負最有害的方式：讓匱乏的念頭侵蝕睡眠。對孤獨者的研究發現他們睡得較少也較不安穩。這些效應在窮人身上特別強烈：他們的睡眠品質也較低。而睡眠不足可能有災難性的後果。美軍研究報告說明睡眠不足如何可能導致士兵對同袍開火。一九八九年埃克森瓦德茲號油輪（Exxon Valdez）在阿拉斯加擱淺漏油事件，船員的睡眠剝奪（sleep deprivation）與睡眠負債（sleep debt）很可能是部分原因。這些效應會累積。研究顯示連續兩個星期睡眠只有四到六個小時造成表現的損害相當於連續兩個晚上不睡覺。睡眠不足會進一步占用更多的認知頻寬。

窮人最欠缺的事物之一就是認知頻寬。他們為每日收支平衡所做的搏鬥讓這一關鍵資源變得稀缺。這種欠缺與營養不良或是童年時期的壓力導致腦部發展受損這類生理學上的欠缺性質並不相同。同時，貧窮對認知頻寬的損傷也不是永久性的。它是窮人為求收支平衡在當下所造成的認知負載：一旦收入增加，認知容量也會隨之增加。❺農民在拿到收成的款項之後認知頻寬就會恢復正常。貧窮的核心就在於它會課徵認知頻寬稅負並損害認知容量。

認知頻寬幾乎是決定我們行為各個方面的基礎。我們運用它來計算贏牌的機會、判斷他人的臉部表情、控制情緒、抗拒衝動、看書，或是做創造性的思考。幾乎所有高階的認知功能都要仰賴認知頻寬。然而認知頻寬的稅負很容易就被輕忽。或許可以這樣做類比：想想看跟一個正在做其他事情的人說話，比如說他一邊和你說話一邊上網。如果你並不知道他正在做別的事，你會覺得他如何？發愣？困惑？不感興趣？心不在焉？認知頻寬稅負製造的正是這樣的感受。

因此，如果你想瞭解窮人，可以想像自己心不在焉的情況。你前一晚沒有睡好。你發覺自己無法清楚思考。自制力似乎面臨大考驗。你心思不集中而且容易被干擾。同樣情況天天發生。除了物質上的考驗之外，貧窮帶給人更重大的考驗是在心智層面。

如此看來，屋子裡的大象的問題不再那麼令人困惑。窮人之所以會失敗最核心的原因在於他們一開始就窮。在這樣的條件下，我們必然（而且已經！）會失敗。

❺ 事實上，越來越多的文獻主張孩童時期的早期經驗可能影響大腦發展。我們認為，除了這一類的影響之外，貧窮對認知功能，即使在生命稍後階段，仍然有很大的直接影響。

認知頻寬稅負是罪魁禍首？

我們從一些採樣觀察開始，發現一切問題指向屋子裡的大象。在許多不同環境下，貧窮與失敗似乎都有相對的關係。我們對於這些發現提出一個解釋：認知頻寬稅負。但是我們怎麼知道這就是實際上的正確解釋？舉例來說，你可能會好奇，認知頻寬稅負是否真的大到足以解釋從未按時服藥到忘記除草的所有一切失敗。我們認為是如此。在第二章購物商場的研究裡，低收入的實驗組嚴格來說還不是真正的貧窮，他們的認知頻寬稅負相當可觀：大約等於十三分到十四分的智商，而它執行控制力減低的程度也大致相同。在印度進行的農作物收成研究，我們發現它對智商的影響大約九分到十分，對執行控制力的影響則還要更大。我們前面已經提過，這對認知能力是很大的影響。用標準的智商分級術語來說，智商增減的分數可以讓你從「正常」變成「優異」，或是從「正常」變成「遲鈍」甚至「邊緣性智力不足」。認知頻寬不只是課徵的稅負相當沉重，而且我們從兩個背景環境差異極大的案例中得到強有力的證據。印度農村的窮人與美國紐澤西州購物商場的低收入購物者有很大的不同，但是他們顯示出相當類似的認知頻寬稅負。因此我們可以合理推斷，認知頻寬稅負對所有地方的窮人都扮演相類似的重要角色。

認知頻寬稅負解釋的迷人之處在於它可以說明諸多現象。對窮人何以失敗的解釋通常都是破碎片段的。或許農人不除草有文化習慣的原因；或許糖尿病患者不按時服藥是因為它的副作用；或許貧窮的父母缺乏教養的知識。這些解釋都是零星片段，因為貧窮的環境往往大不相同。在紐澤西特倫頓的人們所不理解的事也許在肯亞的奈洛比人就會明白。在奈洛比被視為常態的事在菲律賓農村可能並非如此。相對之下，一個單一基本的機制——認知頻寬——可以說明種種不同時空環境下的各種行為。當然，對理解窮人的生活而言，特定的環境也很重要，但是認知頻寬有其基本上的重要性，而且對它們一體適用。

了解認知頻寬的角色也有助於我們對貧窮個別特定環境的理解。疾病、噪音以及營養不良不再只是不幸的來源，它們也是一種額外增加的認知頻寬稅負。設想一下窮人缺乏某種基本技能的情況。或許我們不應該只把它當成既成的事實，同時也該考慮到認知頻寬稅負或許是這種技能欠缺的原因之一。任何形式的技能獲取，不論是學習社交技能或是培養良好的花費習慣，都需要認知頻寬。假設窮人缺乏認知頻寬，自然對他們獲取有用的技能較為不利。

這一切對我們理解貧窮提供新的視角。我們需要透過考量過匱乏問題後所認知的視角，重新審視已經蒐集到的數據資料——包括關於遵醫囑服藥、除草、教養子女和其他的行為。它們不應被視為需要各自分開陳述的孤立行為，而是應該被視為認知頻寬稅負在課徵過度後的可預期結果。這個觀點也暗示了關於蒐集資料的一個新的重點。在研究貧窮問題時，我們往往偏重於物質條件的研究，但我們應該同時研究它的心理條件——也就是認知頻寬。如此一來，一些現存的疑問或許就不那麼令人困惑。要理解窮人，我們必須了解他們會聚焦問題、他們會出現隧道效應，而且他們會犯錯；他們缺的不只是錢，也欠缺認知頻寬。

第三部

針對匱乏的設計

DESIGNING FOR SCARCITY

8

改善窮人的生活

IMPROVING THE LIVES OF THE POOR

在第二次世界大戰期間，美軍困擾於「機輪收起」的迫降意外一再發生；也就是在飛機著陸之後，飛行員會把飛機的輪子誤當成襟翼收起來。你可以想像，在飛機著陸時收起起落架絕對不會是個好主意。為解決這個問題，美軍派出專家。出身心理學家的查帕尼斯中尉（Alphonse Chapanis），正是調查這些飛行員想法的理想人選。他們為什麼如此粗心大意？他們是否疲累？是否他們太早放鬆心情，認為在緊張的任務之後可以輕鬆一下？還是訓練出了什麼問題？

一條線索很快就浮現：出問題的都是轟炸機的飛行員，他們駕的是B—一七和B—二五型轟炸機。運輸機的飛行員則不會出現這種錯誤。這條線索幫助查帕尼斯破除自己原本的偏見。他決定該研究的不是飛行員的心理狀態，而是他們的駕駛艙。在這些轟炸機的駕駛艙裡，輪子與襟翼的控制器並排在一起，而且看起來幾乎完全一樣。相較之下，運輸機的兩個控制器則大不相同。轟炸機飛行員與運輸機飛行員之間的區別只有機艙不同。其中一型的駕駛艙使人容易犯錯。

這個經驗讓駕駛艙的設計就此轉變。查帕尼斯與其他人開始了解許多飛行員的錯誤實際上是駕駛艙的錯誤。在這之前，焦點一直放在加強飛行員的訓練和要求提高警覺，打造出幾乎不會犯錯的「卓越飛行員」。而查帕尼斯的結論讓這種情況改觀。當然，飛行員必須加強訓練；軍隊當然也應該挑選最優秀的人才。不過不管訓練如何精良、人才挑選如何嚴苛，人還是有犯錯的可能，特別是當你把他們放在容易混淆的環境下。

人們犯錯在所難免，但是意外卻是可以避免的。駕駛艙的理想設計不應該促成錯誤的發生，更重要的是，它應該要防範人們因為犯錯而造成悲劇。查帕尼斯解決轟炸機駕駛艙問題的辦法是在起落架操作桿上裝一個小橡膠球，如此飛行員就可以辨認出要動哪一個操作桿。好的駕駛艙在人們**可能**犯錯的時候提供反饋。裝設在高度計旁邊的低空警告，可以幫助飛行高度太低的飛行員確認自己是否真的要低空飛行。飛機的安全如今大為提升，不光是因為我們設計更好的機翼和引擎，同時也因為我們處理人為錯誤的方式有所進步。

窮人的表現

查帕尼斯一開始對飛行員的表現感到困惑。許多分析家對窮人的表現往往也有類似的困惑。舉例來說，美國提供低收入者的職訓計畫會出現學員缺席、中輟或是有資格接受輔導的人卻未註冊登記的情況。在開發中國家的微型貸款援助計劃也常常感慨客戶沒有做高回報率的投資：他們往往把貸款拿去還其它的債務，緊急「救火」任務（像是馬上得繳的註冊費），或是一些耐久性的消費用品。而疫苗接種的計劃也常常遇到民眾不來接種的情況，結果是原本可預防的重大疾病仍在開發中國家許多地區蔓延。

我們在自己的研究中也看到這種情況。我們曾經擔任美國一個就業福利計劃的顧問，專門幫尋求就業的民眾提供協助。其中最大的挑戰在於找工作的人本身。儘管一再提醒他們到就業地點面試時要穿著專業的服裝，他們往往還是穿錯衣服。許多人履歷表根本不符標準，不僅格式錯誤還有錯字。雖然有些時候是因為他們欠缺相關的知識或技能，但大部分情況是他們無法遵照原本計劃的指示去進行。即使在接受指導之後，還是很少人會利用現場的電腦來修正自己的履歷表，或是換上我們所建議較為合適的服裝。當最後真正的面試排定時，許多人還是沒有帶著履歷表，沒有準備好原先安排的「A計劃」。許多人甚至根本沒有現身。

不過這些社會服務計劃的設計者很少會用查帕尼斯的觀點來看問題。他們不會觀察駕駛艙的內部，而是認定問題就出在個人的身上。他們認為問題在於這些人理解力不足或是欠缺動機，所以會試圖教育或提供他們更強的動機。在已開發國家，這導致人們關於「社福文化」的討論。其中一個解決方式就是限定每個人一生之中可以享有社會福利的上限。這種限制的動機就是鼓勵無業者去找工作。它也帶動援助工作中懲罰措施的設計，有時它也促使政府官員決定改用不直接補助的方式——比如說，原本免費提供的清潔用水改成必須收費。有時它也促成人們在計劃裡加入強大的鼓勵誘因，像是一些有條件的現金轉賬計劃，人們接受補助的數額是根據是否「良好」為評斷依據。

但是為什麼不看看駕駛艙的設計而只看飛行員在做什麼？為什麼不看看這個社福計劃的架構，而只注意接受幫助者的失敗？如果我們能接受飛行員也會犯錯的事實，並認為駕駛艙需要更好的設計來杜絕這類的錯誤，我們為何不能用同樣的方式來對待窮人？為什麼不設計一個比較不會導致失敗的福利計劃？

同樣的問題也可以問一些對抗貧窮的計劃。試想一下，這些訓練計劃的缺席率高，中輟率也很高。當負擔沉重而且疲累的學員沒來上課時，到底發生了什麼事？為什麼上課心不在焉？下一堂課會變得更難。錯過一兩堂課之後，半途而廢已成了必然的結果，甚至不來還是最好的選擇，因為她已經完全聽不懂課堂裡的討論。一個僵硬的課程表——每堂課都是接續前一堂課的發展——對認知頻寬已經過度負荷的學生來說實在是嚴酷無情的考驗。偶爾錯過一兩堂課，學生可能就此一蹶不振。課程的設計安排，事先假設人們有足夠的動機，而且不會犯錯誤。這個假設暗地裡似乎認定，那些不能準時來上課的人，根本是自己不在乎：他們根本「不配」來接受訓練課程。

不過匱乏心理學可以預見，不管個人動機多麼強烈，這類的錯誤必然會屢見不鮮，甚至或許可說是無可避免。想像你上班一天後回到家，還在煩惱不知道去哪裡籌錢付這個月的房租、賬單，以及準備女兒的生日派對。你一直沒睡好。幾個星期之前，你登記參加學習電腦的訓練課程，未來有望讓你找到更好的工作。但是就這個晚上而言，受訓的好處抽象而遙遠。你精疲力盡而且正為眼前比較切身的事情煩惱，你也知道就算去上課，也無心聽課。這樣的情況過了幾個星期。現在你又缺了一次課。上課時，懂得比上次上課時還少。最後你會覺得這實在夠了；決定中輟課程，等下次財務狀況沒有這麼困難時再重新登記好了。你參加的課程在設計上並不容許你犯錯誤。課程的安排會放大你的錯誤，這都是可以預見的，而且基本上等於是幫忙把你推出門外。

不過事情並不是非如此不可。與其強調不要犯錯誤或是改變你的行為，我們也可以重新來設計駕駛艙。舉例來說，課程可以調整成不同的班次，在不同的時間開課，在同時間教授不同的進度。假設你錯過一堂課，進度落後了怎麼辦？你可以換到另一個進度「落後」它一兩個星期的班次。要是你錯過了這個班次，你可以在下一期的課程再補上進度。當然這會花你更多的時間，但至少你有機會完成訓練課程。一些職業訓練課程的設計都不允許錯誤發生，似乎設定參加者都不應該出差錯。不過窮人——即使是，或者應該說特別是當他們失業時——往往有許多問題要解決。其中一些問題可能讓他們無法好好當學生。面對匱乏問題的人在職訓課程裡缺課，跟蹺課的中學生情況無法相提並論。不可以不上課的線性課程安排，對全職學生的效果或許良好；但是對疲於奔命的窮人而言則沒什麼道理。

這裡要強調的一點是，對於錯誤的容忍，並不是要取代個人的責任感。情況恰恰相反：容許錯誤是要確保窮人把改善貧窮當成自己的責任時，他們確實可以改進——確實有許多人辦到了。容許錯誤讓人們得到的機會，可以和自己投入的努力與自己面臨的環境相符。它不是意味著不需要認真努力；相反地，它讓願意正面迎接挑戰的人的認真努力可以有更好的回報，就像是改良駕駛艙的操作桿可以讓努力的飛行員更加卓越。它是保障一些小小的差錯——因為認知頻寬稅負而無法避免的結果——不會讓辛苦的努力徒勞無功。❶

❶ 這個論證有部分不需要訴諸匱乏心理學。大部分的政策設計都是基於理性的預設。光是讓人們有自然的心理限制就足以改良政策的設定。我們先前已用這個邏輯來主張：只要明白窮人和其他人一樣會受到心理上的習癖的影響，我們就更能理解貧窮。為了對認知頻寬作出妥協，匱乏在這些論述上會擴大和延展。心理學上具有洞見的政策在貧窮議題上是格外的重要。

無效激勵

還記得前面討論到福利給付設定終身的上限？它所依據的想法是會一再尋求社福援助的原因，在於窮人缺乏改變的動機。他們說，人們會不斷進出社福機構，原因在於這個體制很容易讓他們不想找工作。為了改進調整這個體制，美國在主要的社福計劃（如今已改名為「貧困家庭臨時協助計劃」）設定了終身的上限。每個人一生之中最多只能接受五年這項計劃的協助。

終身上限也許不是壞主意。它的邏輯是限制製造匱乏，所以這些資源「被利用」時能做比較好的管理。這幾乎可說是建立在匱乏的心理學之上。不過這其中有缺陷。前面已經看到，當完成期限很迫切，成為人們心頭要務時，設定完成期限會有效果。長時期的限制，就像遙遠的完成期限，只有在接近尾聲時才會感覺到它的迫切壓力。對那些目前處於應接不暇和隧道視野的人而言，幾年後會到來的限制，在它非常迫近之前只會一直停留在隧道之外。在完成期限成為迫切的威脅之前，它會一直被忽視而且很少被聯想到。當期限到來時，一切都已經太遲了。這應該可以確定不是這套計劃設計者的本意——幾年來一直忽視最後期限，最後一刻才開始慌張，最終結果是無法再接受更多的援助。就某些方面而言，這是最糟糕的一種安排：它只有處罰，但沒有獎勵動機。

如果我們了解隧道效應，就可以把限制設定得更有效果。要讓限制影響到行為，必須把它放入隧道視野內。一個辦法是定時傳送很清楚的倒數提醒，最後期限還剩下幾個月。不斷提醒注意可以強制讓遙遠的問題進入隧道之內。另一個辦法是改變限制的架構。我們之前已經見到，頻繁設定多個階段性的完成期限，比單一而且遙遠的完成期限影響力要更大。因此較好的解決辦法應該是制定較小規模但是較頻繁的完成期限。（或許不要設定終身能享有多少年的援助，而是在特定的幾年內能有多少個月的援助。）同時，超過期限所導致的後果應該小一點、但是有立即性、而且容易察覺、易於存活——比如說減少撥款而不是撤消所有的福利。

如何建構一套獎勵機制有一套通則。激勵的誘因如果落在隧道視野之外就很難有效。假設你要鼓勵在**這個月**為家計入不敷出煩惱的父母，送他們的小孩子來接受疫苗接種。你一兩個月後發補助費或是現在就發補助費，哪一種對他們比較有吸引力？在印度拉賈斯坦（Rajasthan）農村的一項研究裡，一公斤的豆子對鼓勵人們接受疫苗接種效果特別好。在遙遠未來的獎勵和懲罰對於在隧道效應裡的人比較沒有效果。幾年之後可以獲得大筆補助的儲蓄計劃雖然很好，但是它使得目前的儲蓄變成「重要但不急迫」的事，會落在隧道視野之外並且無限期地被忽視。激勵的誘因要有效果，就必須讓人們眼前看得到。而大部分的激勵誘因，若沒有良好的設計，都可能落在隧道之外，人們會視而不見，也因此發揮不了效果。

認知頻寬的代價

「有條件現金移轉」（conditional cash transfer）是提供窮人救濟金越來越普遍的方式：根據個人的行為決定可領取的金額。研究顯示這些計劃有效；申請者對現金的獎勵措施會做出回應。不過這只是故事的一半而已。故事的另一半是許多潛在的申請者並沒有回應。在這裡同樣的，鼓勵的誘因往往落在隧道之外；現金撥款是未來的事，而期待被做到的行為卻不在目前隧道視野之內。不過這也引發另一個問題：即使我們有辦法把鼓勵的誘因移入隧道裡，我們應該這麼做嗎？每個新增加的誘因都會課佔認知頻寬稅負。為了獲得小孩子健康檢查的獎勵金，父母親必須約定時間、記住醫院日期、挪出時間交通往返、並且強迫要求自己的小孩去醫院（沒有小孩子喜歡去醫院！）。每一個步驟都需要一些認知頻寬。這還只是一項行為而已。有條件現金移轉計劃希望能鼓勵好幾十項這類的良好行為。光是理解這些鼓勵措施並做出必要的取捨——決定哪些值得做，哪些不值得做，以及什麼時候要做——都需要認知頻寬。

我們從沒有問過，希望窮人把認知頻寬用在這些事情上嗎？我們在決定哪些行為最值得獎勵的時候從未把這個成本考慮進去。我們設計對抗貧窮計劃時，知道窮人欠缺現金，所以我們努力讓他們儲存現金。但是我們沒有設想他們的認知頻寬也是同樣匱乏。這種情況最清楚表現於我們想要教育人們的衝動。我們對許多問題第一個反應就是教導人們缺少的技能。面臨子女教養問題的，我們就提供教養子女的技能課程。面臨金錢運用不當——用太高的利率借貸太多的錢——我們就提供財務教育課程。面臨員工缺乏社交技能，我們就提供「軟性技能」課程。我們把教育當成是最沒有侵略性的解決方法，純粹不摻料的善行。不過在認知頻寬有限的情況下，事實並非如此。教育雖然無疑是件好事，但是我們不該誤以為窮人取得它完全不需代價。事實上，認知頻寬付出的代價相當大：人們可能無法專注，以致我們設計的努力無效，或是人們專注，但必須因此付出認知頻寬稅負。當人們真的專注於訓練課程或獎勵誘因時，他**沒在**專注的事情是什麼？那些額外的課程是否值得他犧牲原本可用來閱讀或照顧子女的極微少寶貴時間？這裡暗藏課徵認知頻寬稅負的成本。

即使我們真的認為教育是正確的決定，它還是可以用其他方式來進行，同時還兼顧到節省認知頻寬，在經濟學家蕭爾（Antoinette Schoar）和共同作者進行的研究就說明這一點。他們與多明尼加共和國一個名為ADOPEM的微型貸款機構合作，它的客戶多半是不另外聘雇員工的小型店家，像是一般商店、理容院和餐館。ADOPEM認為這些客戶往往記帳容易出錯，而且對財務問題不夠了解。他們的解決方法看似很簡單：財務管理的基本教育。蕭爾取得一份標準的財務管理訓練課程內容，這是全世界微型創業所使用的典型教材。她看到這些教材的反應是：哇，好繁重！（她本人還是麻省理工學院的財金教授。）課程長達幾個星期，而且重點是放在傳統會計的一些技巧，教導每天收支的簿記、存貨管理、應收帳款與應付帳款以及利潤與投資的計算。

在認知頻寬不受限的情況下，這些都是很值得學習的知識。但是在現實世界裡，蕭爾認為有更好的方法可以幫助這些客戶。她在當地找了一群最好的創業者，看看他們如何管理自己的財務。這些人也沒有運用複雜的會計，不過他們做到了較不成功的創業者沒做到的事：遵循好的經驗法則。舉例來說，其中有些人會把自己店裡的現金放在一個收銀櫃裡，從裡面付自己的薪水。這避免把家用和做生意的錢混在一起，導致難以判斷到底家裡花用多少以及生意到底賺了多少。（有些婦女把一部分錢放在自己胸罩的左邊罩杯，另一部分的錢則擺在右邊罩杯。）這還稱不上複式記賬，不過它簡單又有效。它節省了認知頻寬，同時保留絕大部分的好處。

蕭爾整理一些最好的經驗法則並據此設計一套「財金教育」課程。她的課程時間較短，也較容易學習。這大大減少認知頻寬的運用，從數據上看也是大有成效。出席率高了許多，而在這套經驗法則課程結束時，學員們都是興致高昂，希望能再多上一些課；許多人甚至說他們願意**自己付學費**再多上新的課程。正常情況下，你往往需要百般勸說，人們才會願意再回來上財金教育的課。

減少認知頻寬的使用也讓課程變成更易於吸收而更有成效。在後續的調查裡面，與會計學的複雜規則相較起來，學生們多半較樂意拿這些經驗法則做實際的應用。這從財務報表來看也是大有成效。完成經驗法則學程的畢業生營收——實際的銷售量——增加了，特別是買氣清淡的幾個禮拜，做法改進至關重要：他們在淡季的營收增加了二五%。相對之下，傳統財務課程的訓練卻沒有產生影響。這裡的教訓很清楚：改善認知頻寬的使用可以獲得更大的收益。

不管是對於導引人們做權衡取捨、安排教育課程、訂定激勵方式的，或是我們對失敗的處理方式，瞭解匱乏心理學都可以大大改變社會工作計劃的設計方式。當然，這其中並沒有任何可以終結貧窮的神奇子彈。貧窮存在著深層的問題。但是認知到匱乏心理學及其行為上的挑戰，可以大幅改善反貧窮運動成效不彰的問題。

打造認知頻寬是可能的

妳是一個兼兩份工作的單親媽媽。許多事情讓妳應接不暇。除了前面談到的財務問題，妳還要應付小孩子白天托育中心的昂貴費用。妳知道一個提供高額補助的安親計劃，但是他們只接受一個小孩，而且他們每天關門的時間太早，對妳的第二份工作沒有幫助。於是妳想出一個拼湊式的解決辦法：安排老二到祖母家。如此妳還需要安排從學校到祖母家，以及老大從學校到托育中心的交通。由於妳從事的工作是服務業，小孩子托育時間長短還要看主管排定的時間。主管雖然為人親切也有心幫忙，但是排班總是難免有異動。

現在再想像一下我們提供妳高額補助的安親托育方案。妳真正希望得到的是什麼？當然我們會節省往返接送小孩的時間，也可能幫妳省一點錢，不管是直接的（這個方案比原先的要便宜一些）或是間接的（如果把祖母花的時間也算進去）。但是我們提供的還不只這些，還有更加珍貴的。我們提供的東西在許多地方都可以花用。我們給的是妳現在焦慮、擔憂、應接不暇做種種安排所用掉的認知頻寬。我們幫妳卸下一個認知方面的負擔。正如前面所說，它將有助於妳的執行控制力、自制力，甚至更廣泛地說，會幫助妳對子女的教養。它會增加妳的一般認知容量、集中注意的能力、工作表現的品質以及其他種種妳選擇要用心注意的事。從這個觀點來看，提供托育服務不只是托育服務。它是打造最深層類型的人類資本：它創造出認知頻寬。

典型的情況下，專家在評估安親專案時，看的是狹隘的結果：這個母親更多的工作時數；她做事有沒有較不受耽擱？但這可能是太過於狹隘的觀點。這個專案要創造的是心智的自由、更大的認知頻寬，而不是某種很容易用尺度衡量的東西。如果這個計劃成功，它的好處在許多層面都會顯現。在其他條件都一致的情況下，人們應該就能直接看出這個計劃帶來的影響。工作記憶是否改進了？衝動的控制和自制力是否改善了？我們現有一些計劃看法悲觀的原因是它們無法體認並進而評估這一類的影響。如果我們對托育計劃的看法太過狹隘，就會錯失許多範圍更廣的一些好處。把它們都考慮進去，社會工作的成功介入帶來的不會只是如此小的回報。但是如果我們不能看到最深層的需要在哪裡，以及這些好處如何累積，我們會低估它的影響。

除了兒童托育之外，全世界還有許多建構認知頻寬的例子。首先是金錢方面。回想一下，窮人對問題應接不暇的情況，往往是在應付每日生活費用上的困難。如果可以幫助人們解決這些臨時的急難，就可以創造出新的認知頻寬。「緊急」是這些困難先天的特點——對金錢有立即迫切的需要。這種需要並不是大的投資；它們只是小的金額——比如像是買一件學校制服。換一個方式來說，窮人最需要的，正是放債人可以輕易提供的：一筆小額的金錢，可以快借快還，幫助解決迫切的需要。但是提供給窮人的金錢援助往往卻依據相反的原則：謹慎而緩慢提供一筆中等程度乃至大額的金錢。這一類的貸款有助於投資。但是如果人們正忙著四處救火，他們不會有投資所需的認知頻寬。因此我們無需意外，儘管有令人尊敬的微型貸款機構，人們還是比較喜歡上地下錢莊借錢。我們在印度，與專供農村窮人服務、經營全業務的金融機構KGFS合作，進行一個非常短期的小型貸款實驗。我們很驚訝地發現對平均額度不到十美元的貸款的需求極高。這個貸款方案不足以創造財富；它無法幫助人們成為創業家。從表面上看來，這種數額的貸款無法改變人們的生活。但是它實際上做的就是改變生活。匱乏陷阱的一開始，就是窮於應付四處救火，伴隨而來是隧道視野，做出一些在隧道視野外將需要付出巨大代價的事。如果改變它，就可以改變貧窮的根本邏輯。

我們也可以回到問題的源頭。在開發中國家，收入往往起伏不定，因為工作者缺少正式而持續的聘雇關係。即使在已開發國家，許多低收入的工作者也會面臨收入和獲利的動盪。如我們先前所見，收入的變動是導致最後需要挖東牆補西牆的重要原因。為什麼不試著減緩這個問題？把更大的焦點放在為全世界的窮人創造可靠的工作和穩定的收入應該會帶來心理上的轉變。

不過還可以更進一步。我們往往把焦點放在重大的變故，像是醫療緊急狀況或是降雨量的投保。當然它們也很重要。不過當人們疲於奔命，小的變故也可能有同樣大的效應。對貧窮的農夫而言，一頭生病的牛造成每天收入的損失就足以讓他跌入匱乏陷阱。因此我們應該幫助確保窮人來對抗這些顯然是「小的」難關。在美國，工作時數不穩定這類的問題（這星期你工作五十小時，但下星期只能做三十小時）可能讓人窮於應付而持續陷入匱乏。有一個解決的辦法就是創造類似失業保險的機制來對應工時的變動。

我們已經見到，大部分因為「拋接球效應」以及隧道視野而出現的突發變故一般是可預期的。一方面，突然需要錢購買肥料也被列為突發事故。而另一方面，它完全可以事先預期。它每年都會發生，但是當你窮於奔命，就見不到它的來臨。這點出了找到緩衝這類變故衝擊潛在的重大價值。一個方法是設計一些金融產品幫窮人建立儲蓄的餘裕。我們可以運用先前討論過處理匱乏的技巧。比如說，我們可以利用隧道效應帶來的好處。提供高費用的貸款來處理眼前的緊急狀況。這些貸款在隧道裡具有吸引力，而我們可以利用收取的高額費用成立儲蓄的賬戶。

還有更好的方法，那就是創造可以防範緊急狀況出現的金融產品。我們看到匱乏陷阱與拋接球效應往往是隨著相對而言較充裕且金錢管理鬆散之後出現。為什麼不在這個時候就提供協助？利用農夫收成的收款建立一個金融產品，然後逐期償付，有效產生固定的每月收入。這只是其中的一個例子。更廣泛地說，我們把大量的資源放在退休的財務計劃。協助窮人擺脫持續的拋接球效應與四處救火的生活也可以帶來心理上有效的轉變。

上述的一切反映出關於貧窮更深層、稍稍有些不同的觀點。它的焦點不再僅是放在窮人的收入這個明顯匱乏的資源，同時在另一方面也注意到認知頻寬這個較難察覺，但是同等重要的匱乏資源。認知頻寬的考量是，**在正確的時機**提供金錢可以帶來重大成效這個簡單的道理。如果做法正確，提供某人一百美元可以提供心智平和。而心智的平和可以讓這個人把其他更多事情做好並避免犯下代價高昂的錯誤。在馬拉威一個現金援助計劃顯示，低收入的參與者心理壓力減少四〇%。了解如何在正確時機提供現金援助並衡量它更廣泛層面的影響，有助於政策朝關注認知頻寬的方向發展。

這一切是對抗貧窮的政策，從根本上重新建立概念。它迫使我們認知到不同行為許多鏈接的方式。我們知道房租和三餐和學費都是家庭預算支出的一部分。現在我們不應該把教育、健康、財務和子女教養當成個別的問題，而是應該要認知到它們都是構成個人認知頻寬容量的一部分。而就如同金融的稅負可能對某人的預算造成重大衝擊，認知頻寬稅負也可能對任何個人需關注的諸多領域帶來失敗。反過來說，解決其中的瓶頸問題可能會帶來深遠的影響。兒童照顧提供的不只是兒童照顧，而適當的金融產品提供的也不只是未雨綢繆的應變存款。它們每一項都有助於解放認知頻寬、增加智商、強化自制力、提高思考清明度、甚至改善睡眠品質。太過打高空？數據可不這麼認為。

持續存在的問題

對抗貧窮一直是一場逆勢的苦戰。一個接一個的計劃不是以失敗告終就是只得到有限程度的成功。社會安全網（social safety net）往往讓人舉步維艱。在美國，人們一旦落入社會安全網之後，往往會一而再，再而三回到尋求社會救助的老路。職業訓練課程的效果似乎不是特別明顯。評估效應的研究學者評斷這些課程的一些功效：這些課程值得投資，不過幫助並不大。在美國的一項實驗，把數千個低收入家庭搬移到較高收入的社區，發現雖然小有成就，但也不是特別顯著，也許和壓力與生活品質的問題有關，但是貧窮的基本模式並沒有改變。❷

❷ 這個「搬往機會」（Moving to Opportunity）的計劃對生活品質有正面的效果，但是對於經濟上的自給自足則沒有明顯幫助。

在美國以外地區情況也大致類似。微型貸款——提供小額貸款協助小型創業——被誇譽帶來重大轉變功效。不過，雖然微型貸款有些正面的影響，有好幾個研究顯示它無法從根本改變貧窮的運作邏輯。營養午餐的補助計劃對學童的學習帶來正面幫助。教育訓練的回報很正面但是效果仍屬有限。多年來非營利組織一直努力提供各種不同的整體計劃來處理窮人的各類需求。他們確實是在做好事。不過同樣地，看到的成效也很有限。

我們的目的當然不是對現有的計劃方案提出批判。貧窮是個困難的問題。即使是有限程度的回報也是有價值的社會投資。不過，我們希望能做得更好。面對只得到有限度成功的計劃，我們不得不設想或許它們提供的是人們覺得不需要或是覺得不重要的東西。不過或許問題不在於這些計劃試圖提供什麼，而是在真正提供了什麼。就像是二次世界大戰的轟炸機駕駛艙一樣，這些計劃透過更好的設計或許可以得到更大的成功。而更好的設計，需要整合從匱乏心理學衍生出關於聚焦和認知頻寬這些問題的洞見。

密蘇里州的急性病症照護醫院「聖約翰地方健康中心」有一個手術室的問題。每年這裡的三十二間手術室要進行超過三萬次的手術，手術房排班不是件容易的事；往往班表都是排得滿滿的。在二〇〇二年，醫院的手術室使用率達到一〇〇%。因此當急診出現時——大約占了全部工作量的二〇%——醫院就不得不調整原先早已排定的手術。「結果就是醫院人員有時候半夜兩點鐘還在進行手術，醫療人員經常出現臨時加班的情況。」這是接下來發生的重大事件總結調查報告裡的一段話。

這是匱乏的經典案例：要做的手術比手術房還要多。聖約翰醫院陷入匱乏陷阱。醫院的手術進度落後，因為進度落後，它必須重新安排手術班表，犧牲睡眠和工作的規律時間，甚至效率也變得更差。在這種環境下試圖重新調整可能要付出很大的代價。而且，至少在短期內，這些努力可能讓匱乏的情況更加惡化，因為原本已經不足的經費有一部分要「浪費」在重新調整的工作上。醫院就像是工作超過負荷的人，認為調整太花時間，一方面也是因為工作超過負荷的人已無法想像額外的——而且是很花時間的——往回退再重新組織的任務。

但是聖約翰醫院必須想出辦法。醫院的行政部門找來醫療改進研究院（Institute for Healthcare Improvement, IHI）的顧問，用數據分析的方式研究問題，不需把焦點完全擺在醫院日常的壓力上。他提出一個有點讓人意外的解決方法：把一間手術室空出來。聖約翰醫院一般與創傷外科醫師拉森（Kenneth Larson）的反應一如你會預期的，他回憶自己當時的想法：「我們已經夠忙了，他們還要從我們這邊拿走一些東西。簡直是瘋了。」

不過這項建議背後的寓意深遠，它的邏輯對匱乏的管理是很有啟發。從表面上看來，聖約翰醫院缺的是手術室。不論如何調整班次都不能解決問題。不過如果再深入一點看，它缺的東西其實有點不大一樣。外科手術有兩種：事先排定的和臨時增加。目前的情況是，事先排定的手術已經佔滿所有的手術室。臨時增加的手術，當它們出現（總是會出現！）就需要重新安排班表。為了配合緊急狀況調整已排定的班表需要花費成本。有些是財務上的——加班工時——而有些可能是醫療上的——出現更多疏失。不過有一部分是在效率上的成本。讓人們在沒有事先預期的情況下加班會比較沒有效率。他們工作的表現無法那麼流暢，手術的時間也會更長。

不需為急診手術重新調整班次——每個人可按既定時間更有效率地完成——那就會有足

夠的手術室可以處理所有病例。手術室真正的匱乏並不是在於缺少手術的空間；而是在無法調整配合急診手術。這裡跟負債累累的窮人很類似，只要平時花費正常，沒有遇到緊急事故，窮人所擁有的錢夠他們過稍微好一點的生活。但是他們大部分的錢卻是被拿去還債。它不僅讓預算變得更拮据，問題還在於這麼大比例的錢是用在彌補落後的進度。在聖約翰醫院的例子裡，問題並不是醫院的手術室「太少」。而是當急診手術出現時，排得很緊的班表必須調整，隨後又需要追趕落後的進度。

「大家都認為未事先排定的手術是不可預期的，所以在空間運用上，預留一間手術室當備胎非常沒效率。」主導這項計劃的緊急創傷中心副院長丹普西（Christy Dempsey）如此說。從結果看來，「臨時增加」或「事先未預期」的手術這個詞本身就會造成一些誤導：這個說法意味著這些手術是無法預測的。當然，每一個個別的手術都不可能預先知道，但是會有這一類手術的出現，就像窮人或是忙碌的人會遇到臨時變故一樣，卻是事先可以料到的。永遠會有「事先未預期」的手術持續出現。何不把一間手術室空下來，專門用在未事先排定的病例上？如此一來，其他的所有手術室都可以安排妥當而且不受意外突發事件阻礙，而所有未事先排定的手術則可以在特別指定的手術室進行。

它奏效了。一旦有一間手術室專門用在急診手術，醫院外科手術的處理病例增加五・

一%。在凌晨三點鐘之後進行的手術減少四五%，而醫院收入也增加了。這項試驗只進行一個月，醫院就決定繼續採納這個辦法。在之後的兩年，醫院每年外科手術容納量增加七%到一一%。

事實上，當醫院開始感受到改變的好處，其他的洞見也會隨之出現。外科醫師過去傾向於把手術安排在一週的頭幾天，以避免術後的治療會落在週末，這個做法也讓預排的手術分佈不大平均。這種不平均的現象在沒有緊急手術做為掩護時，就變得透明無所遁形。不久之後，聖約翰醫院開始把預排手術平均分配，因此做出更多的改善。

被忽略的寬鬆

聖約翰醫院的例子說明匱乏陷阱一個很基本的觀念。醫院原先出現的手術室不足問題實際上是欠缺寬鬆。許多制度需要寬鬆才能運作良好。過去卡式錄音帶需要多留一點空白帶以確保錄音帶不會斷裂。咖啡磨豆機如果裝得太滿就動不了。鐵路在七成以下的載客量運輸情況最好；交通堵塞是缺乏寬鬆造成的。原則上，如果一條公路的承載量達到八五%而所有人都以同樣速度行進，所有車子都很容易可以維持一定的行車間隔。但如果有一輛車稍微加速隨後又剎車，在他後面的車子也都要剎車。結果大家速度減慢了，由於降低車速總是比重新加速要容易一些。這個小小的意外變故——有人稍微脫離正確的速率踩了剎車——會相當程度降低交通流量。再增加幾個變故，交通會陷入停擺。八五％的汽車承載量有足夠的公路可以行車，但是卻沒有足夠的寬鬆來吸收一些小小的變故。

但是，更需要了解寬鬆的人，偏偏一再低估寬鬆的重要。

你已經習慣一個很厲害的助理，他很樂意幫你準備馬上需要的事，而且做得又快又好。但接下來有個管理顧問發現你的助理有很多空閒時間做自己的事。部門重新改組，現在你跟另外兩人共用助理。公司的數據顯示這會比較有效率；現在這名助理的時間和你一樣塞滿行程。但是你必須馬上交辦的緊急要求，現在卻無法馬上處理。這意味著在你工作滿檔的行程表裡，就算最微小的變故也會造成你進度落後。當你開始落後，只好挖東牆補西牆，結果落後情況更嚴重了。這名助理是你寬鬆的重要來源。他在你所有正常行程全部排滿時，可以處理一些「緊急」的狀況。正因為這名助理「沒有被充分利用」的事實，就像聖約翰醫院的手術房一樣，才會讓這名助理變得如此有價值。

當需做的事情很多時，典型的衝動就是把它們安排打包得更密實一些——盡可能密實，讓所有東西都能容納進來。這時如果打包得不夠密實，你心裡可能就會感覺做得不夠。在實際上，當效率專家發現工作者手邊有「沒用到的」時間，往往開始要這些工作者「更有效率地」運用時間。❶不過結果可能是寬鬆不見了。當你的安排很緊時，在路上塞車困在車陣裡面，對其他人而言也許只是些微的不快，對你卻可能造成行程表上的大騷動。你要做第一件事的時間已經遲了，由於中間沒有緩衝，所以又影響到第二件事，接著第三件該做的事也要往後延。你最後別無選擇，只好把今天的一個行程延到明天，當然能否延後還要看你第二天的行程表原本是否「有效率地」緊密安排而定，這不斷往後推遲的代價相當高昂。聽起來很熟悉嗎？當然。你低估寬鬆的價值。一點點最微小的差錯都會變成你應付不了的任務，而從明天的預算裡借貸需要付出高額的利息。

沒能製造出寬鬆的原因在於我們專注在現在必須做的事而沒有多考慮可能在未來出現的事。現在是即時而清楚的，未來可能的事既不是那麼迫切也較難以設想。當未可捉摸的未來突然迎面而來，實際可觸，寬鬆成了一項奢侈品。畢竟它正是你原本覺得無力負擔的東西。你該怎麼做？是否該在行程表上留出空檔，比如說週一和週三的下午三點到四點鐘，以防萬一有沒料到的事情出現，儘管你覺得你想做的事情太多而時間又太少？確實是該如此。就像你會為一段三十分鐘路程的距離，預留四十分鐘的開車時間，或是像你從每個月固定家用的錢裡先抽出一些做臨時應急的基金。面臨匱乏時，寬鬆是必需品。但我們往往忘記把它加入規劃。當然，大致上這是因為匱乏導致這個念頭變得難以設想。

寬鬆 vs 肥油

對寬鬆的不當處理不僅限於個人；它也適用於組織企業。在一九七〇年代和一九八〇年代初期有個普遍的看法是企業過度「膨脹」。一些產業的資金過度充裕，導致行政主管恣意揮霍。他們用過高的價格購買房地產和併購企業，既沒有精打細算，也不在乎財務基線。資金被誤用，以至於一些石油公司的市值甚至不及於本身所擁有的石油價值；市場預期他們會把自己的資產全浪費掉。一九八〇年代的融資收購（leveraged buyout）浪潮就是試圖解決這個問題。它的邏輯很簡單：買下這些公司，透過負債對他們施壓。把他們從充裕變成匱乏。債務帶來的規範——用我們的術語來說，就是因匱乏產生的專注力——將改善公司的表現。

行政主管會開始注意，花錢會更明智謹慎，並生產出更大的利潤。

事實上，許多實際研究的結果顯示，不論其他的結果如何，融資收購確實改善公司的營運表現。其中一個理由是「企業肥胖」（corporate fat）讓問題更惡化。主管經理亂花錢，因

❶ Tom DeMarco對於組織中寬鬆的重要性有引人入勝的討論。「讓組織更有效率未必能讓組織運作改善。這是寬鬆消失時會出現的情況。讓組織的效率稍微減損也有可能讓組織獲得巨大的改善。為了達到這樣的目的，你需要重新導入足夠的寬鬆讓組織有呼吸的空間，可以自我重新創造，並做出必要的改變。」

為花的不是自己的錢。肥油，也就是實際上可隨意運用的錢，被用在行政主管喜愛、但從股東觀點看來毫無用處的的奢侈品上。透過增加槓桿減少肥油，可以讓主管花錢更明智。

槓桿操作因為匱乏心理學而有另一個效用。和設定完成期限有助增加生產力以及低收入的乘客較能掌握計程車費高低的道理一樣，公司會變得更加「精實苦幹」（lean and mean）。具有高度警覺性要注意壓低成本的主管，需要花費很多心智上的勞力。你要勤奮不懈地與供應商討價還價，同時仔細監看是否每個品項的花費有所必要。這類的專注力在匱乏之下較容易，但在充裕的情況較困難。即使是花自己錢的私人企業，在現金浮濫的時候也會開始出現「肥油」的行為。

不過，如前所見，寬鬆既是浪費，也是好處。在刪減的時候或許很難分辨真正的浪費和有用的寬鬆，而事實上許多槓桿操作的公司可能走上破產邊緣。面對那樣的現實，他們會出現隧道效應。如果說一九八〇年代得到的教訓是裁減肥胖的力量，那麼二〇〇〇年代的教訓則是管理者的近視症導致的危險。或許這兩者是相關的。砍掉太多的肥油，移走太多寬鬆，你等於讓經營管理者向未來抵押借貸來讓今天的收支平衡。

火星軌道探測器

一九九八年十二月，美國航空暨太空總署發射火星軌道探測器。因為火星與我們如此靠近，大小與地球相仿（甚至火星日也和地球日長度相近），而且有微小但引人遐想的生命跡象存在可能性，讓人類基於好奇想像，開始推動火星任務。軌道探測器本身無法做出重大的發現。不過它是一個先頭部隊。它可以提供有價值的資料，給未來包括載人登陸火星在內的任務。這項發射任務是整個火星計劃的頭號重頭戲。正如「軌道探測器」（Orbiter）這個名稱所賦予的意義，它的設計是要進入接近火星的穩定軌道以便蒐集資料。

進入環繞行星的穩定軌道是一件麻煩的工作。隨著人造衛星逐漸接近，行星的引力會把它往下拉。如果人造衛星運行速度太慢，重力的拉引足以把它拉下地表而撞毀。如果人造衛星移動速度太快，重力影響力太少，人造衛星會從行星側邊滑過且朝不同的方向前進。只有在正確的速度（當然，還要正確的角度）下，重力牽引的力量才會剛好把人造衛星拉入穩定的軌道。不消多說，判斷出正確的速度需要複雜而精密的計算。隨著軌道探測器接近火星，它需要啟動反向推進器以減速進入環繞火星的軌道。由於它的訊號到達地球需要十分鐘，因此一切程式是預先設定好的。所有地面控制人員能做的事就是坐著聽訊號（時間上有延遲的訊號）。幸好，死寂的太空中不會有太多的意外。天文物理學家可以做出令地球上的工程師既羨且妒的精準計算。

在發射之後九個半月，一九九九年的九月二十三日，軌道探測器到達火星並開始進入軌道。它在火星的背面進行，造成幾分鐘的聯絡中斷。但是接著麻煩出現了：軌道探測器照理說會從火星背面出現，太空飛行器卻沒有傳送任何訊號。隨著時間一分一秒過去，最後一絲希望也逐漸消失。最後地面人員放棄，軌道探測器應該是墜毀了。

事後的調查立即展開。發生什麼事？為什麼會墜毀？當初該如何做才能避免？誰該為此負責？錯誤——特別是複雜體系裡的錯誤——往往有多重原因。不過在這件案例中，出錯的部分有高度的新聞價值而且目標很明顯。反向推進器的推力太大。不過特別值得玩味的是推進器誤差的值。美國航太總署計算預計發射與實際發射的誤差比是四．四五，一個令人熟悉又好奇的數字。這個數字是公制與英制力的單位換算的比例。這個令人尷尬的錯誤讓人恍然大悟。

軌道探測器這樣的人造衛星是由好幾個合約廠商共同打造出來的。製作推進器的這家公司，使用英制系統以「磅」為單位來設定輸入的資料。中央處理器則是由另一家公司所製造，他們輸入的數據則是以公制的「牛頓」為單位。每一次中央處理器發送「X」的數值，推進器接收的就是「四．四五乘以X」的數值（當中央處理器說「十」，意思是十牛頓，但是推進器則解讀成「十磅力」，相當於四四．五牛頓。）其結果就是軌道探測器減速太多而墜毀。對一個如此重大的計劃而言，這實在有些搞笑。

錯誤是不可避免的。美國航太總署的科學家也知道這一點，所以他們要進行無數次的測驗和檢查。那麼到底發生了什麼事？在即將發射的前幾個月，噴射推進實驗室的整個團隊已經進度落後。他們的人力不足，而且沒有把全副注意放在計劃的細節上。每個人都進度落後，過去人們也觀察到，忙著四處緊急救火的組織企業，往往會安排比較小的團隊去執行新的方案，因為大部分的員工都還在幫忙救火。不過和其他產業的工作者不一樣的是，這些航太總署的工程師們少了一般人在延誤下的退避之道——把完成期限往後延。天體軌道的運行決定發射日期：火星與其它天體的位置決定短暫的發射窗口。你很難跟天文行事曆討價還價。

緊繃的最後期限讓人必須日夜趕工。同時它也製造了隧道效應。焦點被放在趕上發射時間。與這個目標無直接相關的事被推延了，而後來這些被拖延的事再也沒人重提。這個四．四五的錯誤正是其中的一例。工程師自己的數據在發射之前就已經顯示有些不大對勁。他們注意到數據不一致的情況。不過要解釋這種數據上的不一致等於是在待辦事項裡又多加一個任務，由於要做的事情太多，所以就無法面面俱到。根據不一致的數據來進行任務已是一個致命傷。另一個致命傷則是推進器與中央處理器沒有做同步的聯合演練，否則就可以直接找出問題所在。平常的檢查和修正在這裡被省略了，潛在問題的訊號被忽視，一切都是為了趕上最後期限。現在你應該可以看出這是隧道效應會帶來的合理結果。

這並不是後見之明。美國航太總署在探測器**墜毀之前**對噴射推進實驗室的報告中就指出這項問題。它認為最初計劃延後（可能因為人力的不足）可能是導致取巧走捷徑和迴避問題的主因。工作人員需加長工時且容易出錯。最初的延誤造成更多的效率減低。更糟糕的是，關鍵的檢查工作——似乎是比較不急迫的工作——被忽略了。這份報告基本上已經預告將導致數據混淆和探測器墜毀的失敗模式。

這不只是進度落後時出現的徵兆。當負責調查火星探測器墜毀原因的調查人員完成技術鑑定報告之後，他們開始研究組織上失敗出現的原因。他們歸結其中一個原因，與美國航太總署所奉行的「更快、更好、更節省」的信條有關。這個信條強調節省成本和簡化程序。團隊一開始在時間不足的情況下運作而出現隧道效應。於是接著開始忽略問題。在這個案例中，檢查的工作被忽略是因為它們雖重要但並不急迫；對於手邊正在進行的任務——讓發射任務及時進行——而言，它們並不重要。

救火陷阱

聖約翰醫院與美國航太總署都落入「救火陷阱」（firefighting trap）。研究組織的波恩（Roger Bohn）與翟庫馬（Ramchandran Jaikumar）指出，像消防隊一樣急著救火的組織有幾個共同的特徵。首先，他們都是「問題太多，時間太少。」第二，他們會解決迫切的問題，但是把不急迫的問題往後延，不論其是否重要。第三，這會導致連串的效應，因此待做的事項會越變越多。簡單地說，時間被用在撲滅眼前著火的地方，但是因為你沒有任何防止火勢擴大的措施，新的火苗會持續冒出。在聖約翰醫院的外科醫師忙著處理眼前的病人，以至於無法退後一步思考整體病患的組成比例。在太空總署的工程師忙著讓每一個環節都能趕上完成期限，因此無法查看每個環節之間如何配合。救火陷阱是屬於匱乏陷阱中比較特殊的案例。

一份對美國四家頂尖的製造業進行五年的完整調查研究，記錄許多救火陷阱的例子。如其中一名經理所說：「如果你看了我們對傳統方案所做的資源分配，我們總是起步太晚，沒有把人力投入計劃案……接下來我們盡可能投入需要的人力……資源的分配在我們計劃案開始推動時到達最高峰。」根據他們多年的研究，結論是：「關於研發部門的管理，目前的討論中最常見的印象就是加班過度的工程團隊在計劃案推出前幾天熬夜加班，苦苦趕工。」

救火陷阱不只會導致錯誤，而且它導致的其實是個不難猜想的錯誤：重要但是不急迫的任務會被忽略。就像救火這個字所暗示的，你正在救急切的問題（火苗）；其他的問題，不管多麼重要，都會淹沒於這些最急切的事情之下（在趕去救火的路上繫安全帶）。結果就是，結構性的問題——重要，但是可以稍待一會兒——永遠得不到解決。當微軟推出視窗二〇〇〇時，它出現兩萬八千個**已知的**程式缺陷。這個計劃案的團隊知道他們推出的產品有很多問題，但是他們趕不上完成期限。結果，他們又開始進行第一回合的修補，任務是修正軟體裡的程式缺陷。在程式不斷被發現缺陷的情況下，顯然這絕不是件容易的差事。

救火陷阱往往牽涉到「拋接球效應」。你如此專注於迫近的最後期限，當完成的時候你才會發現下一個計劃案的時間已經到了。大部分人或多或少都會在某些時候經歷這種情況，我們很本能地知道救火陷阱就和匱乏陷阱發生的原因一樣。一旦你開始救火，就很難全身而退。當工作團隊忙亂趕製一個早該完成的計劃，他們的下一個計劃起步又會延後，代表他們到時候又得緊急救火，不斷處在進度落後的情況。

理解匱乏與寬鬆的邏輯，有助於我們降低進入救火陷阱的機會。然而我們也知道隧道效應會讓我們容易忽略其他的考量。至少對組織企業而言，一個解決方法是就是刻意經營並確保餘裕。銀行如何管理風險，可以提供我們一個教訓。銀行長久以來就明瞭，企業主管的隧道視野會專注在收支損益的基線，而無法對風險做充分的考量。從二〇〇八年的金融危機來看，這恐怕還太過輕描淡寫。最近許多銀行開始引入「風險長」（Chief Risk Officer，或譯首席風險官）的職務，他獨立於其他管理階層並直接向執行長報告。他必須從風險的角度，對金融產品、貸款和其他轉帳交易做批核。不同於其他主管專注（隧道效應！）在最吸引人的交易、製造最大利潤及銷售目標，這個主管的唯一目標就是監督風險。

同樣地，當「肥油」被切除，寬鬆也會隨之而去，所以組織可能希望有個內部人員，沒有因為專注擴張資源而出現隧道效應。這個人擺脫每日例行工作的隧道視野，他的任務就是確保組織有足夠的寬鬆，而他的焦點不是擺在今天該完成什麼，而是注意有哪些可能的意外變故會打亂明天緊密安排的計劃。這個人必須確保那些專注於達成即刻計劃目標的人沒有向未來的計劃借貸，導致寬鬆受到損害，讓組織在未來更加深陷在認知頻寬的大坑裡。聖約翰醫院的顧問能完全跳脫出如何安排下個手術室的困境之外，顯然不是個偶然。

管理正確的匱乏資源

真正有效率的勞動者不是把自己一整天排滿工作，而是在輕鬆愜意的氣氛下悠哉面對他的任務。

——亨利・大衛・梭羅

從美國航太總署的經驗還可以得到一個教訓。當噴射推進實驗室的任務成員進度開始落後時，管理階層做了大部分管理人員會做的事。他們增加工作時數。他們看出時間的匱乏——軌道探測器很快就要發射——所以他們花更多時間來處理它。這是對時間匱乏的一般反應。方案的進度落後時程表了嗎？加更多人力來處理問題，好迎頭趕上。而如果一個組織擴張人力——時間很緊迫，雇用和訓練新人需要花時間——只會讓員工的工作時間變得更長，至少要等到新的人力可以上手為止。從表面上看來，這似乎是最顯而易見的解決方式，也是在資源固定不變的情況下，加快工作進度最簡單的方法。但是這種應變方式卻未必像表面上看起來那般有道理。它理解到一個匱乏——完成計劃所剩的時間——但是卻忽略了另一個形式的匱乏——認知頻寬。它忽略認知頻寬降低後對工作表現造成的影響。

想一想手機的使用。美國有十個州目前禁止開車使用手持電話。這確實有些道理，其他一些州應該也會跟進。畢竟只有一隻手放在方向盤上，你開車效率會變差，反應也會變慢。不過這也代表一個隱而不顯的假設。事實上，開車時手裡拿著手機發生車禍的機會明顯高出許多，不過用耳機的駕駛，發生意外的機會也很高。問題並不是出在手上——而在心上。在一個模擬的實驗裡，使用免持聽筒的手機開車的人，沒注意到交通號誌的機率是沒用手機的人的兩倍。❷我們很自然地會把駕駛當成需要體力資源的活動，不過安全駕駛需要的不只是兩隻手；它同時也需要認知頻寬。

同樣地，我們安排時間時往往也會忽視認知頻寬。我們自然而然會考慮到的是完成待做事項所需要的時間，而沒有考慮到它會需要或會得到的認知頻寬有多少。回想一下噴射推進實驗室的工程師是如何回應天體運行即將迫近的最後期限。他們投入更多工程師的**時間**來應付這個問題。但這做法未必能提供更多的認知頻寬，甚至我們可以說工作過度的工程師儘管

❷ 後續研究使用了高保真的駕駛模擬器來比較使用手機（免手持）的駕駛與酒醉駕駛表現上的差異，導出的結論認為因手機分心導致車禍風險增加的程度，與駕駛血液中酒精濃度超過合法規定導致的意外相當。

工作時數變長，他們投入工作的認知頻寬總量卻變得**更少**。

大約一百年前的汽車大王亨利．福特，他注意到工作時數和認知頻寬之間的區別。他為工廠員工設定每週工作四十小時的決定，顯然除了人道的考量之外也有利潤的考量。如一位評論者所說：

> 當亨利．福特在一九二六年採用著名的每週四十小時工時的政策時，他受到全國製造業協會成員的嚴厲批評。不過他至少已經進行十二年的實驗清楚地告訴他，把每天工作時數從十小時減為八小時——以及每週工作六天改為五天——可以增加工人的總產量並降低製造成本。福特高談減短工時對社會的利益，宣稱給人們有更多時間消費，可以造福所有的人。不過他的主張最核心的重點是降低工時會增加產能。

要找到福特當初實驗的原始資料有些困難。不過在福特的實驗之後近一百年，已經進行許多類似的研究。一個針對建築施工的研究發現，「當一個每週工作六十小時的工作時程延長超過兩個月，對生產力降低的總體影響將導致完工日期延後，甚至落後於每週工作四十小時同樣人數的工作團隊。」在另一個截然不同的產業裡，軟體開發者注意到當他的員工每週工作六十小時，在最初幾個星期可以看出完成的工作量增加。但是到第五週之後，員工能完成的工作量比他們每週工作四十小時的量還要少。

另一個研究是觀察心臟胸腔外科部門的醫護人員，當他們每人負責的病患人數增加時會出現的情況。同樣的，在短期之內出現工作效能的增加。處理病患的速度變快。不過這需要付出一些代價——會出現疏忽的情況。處理更多的病患很快就帶來品質的降低：病患的死亡率提高了。事實上，效率的好處也沒有持續很久。長期的工作量增加最後導致處理每個病患所花的時間也**增加**了。

對工作產能的影響也出現在其他地方。底下是一名研究者關於職場創新的討論：

> 在每次訪問的最後，我問受訪者如果他們突然手握大權，要鼓勵公司創新精神的第一件事會是什麼。目前為止最普通的答案就是時間。不過回答的人對這個答案通常會補充設定條件——他們要的不是同樣類型的時間，他們希望更多非框架式的時間，沒有對工作的產出或是工作時程的附加要求。一名董事總經理……說得很好，她說希望能有「遊戲的時間……凝視窗外的時間……慢慢沉澱的時間……好好閱讀和回應的時間。」

就某方面而言，這些研究發現並不令人意外。就跟我們身體疲勞需要休息一樣，我們的腦力也需要休息。相對地，長期的匱乏會讓認知頻寬稅負累積。要了解這類的機制，可以設想一下睡眠這類簡單的事。在時間上匱乏而工作更長時間的人，會設法每天擠出更多的時間；他們會省略一些事來補貼。睡眠顯然是個好選項。當你沒有時間，你會睡少一點來多做一些工作。然而睡眠對產能的影響是相當驚人的。各種研究一再顯示工作的人睡得越少，工作動機就會越弱，犯的錯誤會越多，漫不經心的情況也會更頻繁。一個很巧妙的實驗利用觀察日光節約時間的開始和結束來做說明。這段時間的夜晚，因為時間的調整讓人們減少睡眠。研究發現人們因為晚上少睡的那一個小時導致白天「網路閒逛」（cyberloafing）——意思是在毫不相干的網頁上搜尋——的時間增加了二〇％。這還只是一個小時的睡眠。研究顯示總體累積的影響還要更糟糕。隨著工作時數累積和睡眠時間的減少，最後會導致工作產能下降。

不過，大部分的企業仍然只管工時而不管認知頻寬。有一個研究團隊如此描述一家大型會計公司三十七歲、已婚、有四個孩子的合夥人：

> 我們在一年前遇到他時，他每天工作十二到十四個小時，永遠都覺得疲憊不堪，而且晚上回到家發覺自己很難融入家庭生活，這讓他覺得有罪惡感並且對自己不滿。他睡得很糟，而且都沒有時間運動，飲食也很不健康，常常是在路上胡亂抓些東西吃或是在辦公桌邊工作邊用

餐。他的情況並不是特例。我們大部分人對職場上提高的要求，往往是以加班工作來回應，這無可避免地將對我們體能、心智和情緒造成傷害。這導致我們投入工作的程度降低，無法專注的程度提高，犯錯的頻率增加，以及員工醫療費用大幅上升。

這一個研究團隊試圖發起一個「能量管理」的計劃。這個計劃包括工作中間做幾次短暫休息散步，以及特別注意睡眠在內的幾個重要因素。在這個實驗性的研究裡，他們發現十二家銀行的一〇六名員工依據幾項衡量標準工作表現都有所提升。或許這聽起來有些太過牽強。不過這和我們管理自己身體的方式有多大差別？為了避免「重複使力傷害」（repetitive strain injury，簡稱ＲＳＩ），長期使用電腦必須每隔一段時間就強制休息。為了改善「電腦視覺症候群」（computer vision syndrome，簡稱ＣＶＳ），醫師建議人們每二十分鐘眼睛就必須離開螢幕二十秒稍作休息。為何直覺上我們會認為我們的認知系統應該與身體不一樣？

它給我們更深一層的教訓是，儘管匱乏會迫使我們走向相反的方向，我們需要更專注在管理與培養認知頻寬。增加工作時數、增加工作的分量，以及取消休假等等都是隧道效應下做出的回應，就如同高利貸一樣。它們忽視長期造成的影響。心理醫師發現越來越多病患出現急性緊張的病徵「無限制地緊繃自己，在生活裡完全沒有休息、放鬆和沉思的空間。」一個星期工作四十、五十或六十個小時都不是什麼稀奇的事。不過有一件重要的事是讓你的心情做點小跑步——儘量去擴大有效的認知頻寬，而不只是延長工作的時數。

當然，這些錯誤——從四處救火到未培養認知頻寬——都是屬於個人的問題，每個人都可能落入這一步。不過組織卻可能讓這些問題更加放大。當團隊裡的一個人開始落後或是落入四處救火的模式，可能造成其他人出現匱乏的感受。當一個人的認知頻寬被課徵稅負，特別當他是主管時，一連串錯誤的決策可能導致更進一步的匱乏以及課估其他人的認知頻寬。組織可能製造骨牌效應，每一個成員都可能讓整個團隊陷入四處救火和認知頻寬降低的情況。不過組織也可能具有洞察的遠見，創造有建設性的環境有效管控匱乏帶來的挑戰。

紅花鐵板燒

「洛基」青木廣彰（Hiroaki "Rocky" Aoki）和眾多美國創業家一樣，有一段狂野的青春年代。一九五〇年代在日本時，他還是個桀驁不馴的少年，他在學校裡賣色情書刊，還組了一支叫做「下流之聲」（Rowdy Sounds）的搖滾樂團。同時他也展現個人的紀律：身為一名輕量級角力選手，他的勤奮苦練為自己爭取到一九六〇年夏季奧運的參賽資格，以及一所美國大學的獎學金，最後他成為全美輕量級角力冠軍並入選角力名人堂。隨著年紀漸長，他逐漸把自己的創意、精力和勤奮不懈的精神投入事業。在參與角力競賽的同時，他完成餐飲管理的副學士學位，課餘則在紐約哈林區經營流動式冰淇淋車。

青木最成功的創業是從小投資開始。靠著賣冰淇淋賺到的一萬美金，他開始在紐約西五十六街經營一家只有四張桌子的「紅花」日式鐵板燒。最初幾年的生意時好時壞，不過餐廳的氣氛和它所提供的食物逐漸引發話題，最後成了許多名人光顧的熱門景點。（拳王阿里與披頭四都曾在這裡用餐。）青木把餐廳擴展為連鎖店，從紐約市開始，一路拓展到全美國乃至全世界各大城市。如今紅花鐵板燒在全球十七個國家有連鎖店。二〇〇八年青木過世時，他的餐飲帝國市值估計超過一億美金。他的形象如此深植人心，以致於關於他的傳奇故事有些已經接近喜劇的諧擬，包括他的姓名、私生子官司、家族內鬨的訴訟、收藏的古董車、一堆稀奇古怪的嗜好收藏以及關於餐廳名稱起源充滿日本風味，幾近傳奇的故事（餐廳名稱是日文的「紅花」（Benihana），據說是青木父親在二次大戰美軍轟炸東京後，在一片廢墟之中見到孤零零的一朵紅花）。

任何人去過紅花鐵板燒馬上會了解它獨一無二之處：料理大廚就站在你面前；事實上，「料理」實在不足以形容他的表演。大廚是炫技的表演大師：他的廚刀在空中飛舞，用鍋鏟直接把食物拋到你的餐盤裡，還會製造洋蔥圈火山！只有在紅花鐵板燒用餐是以喝彩聲結尾。在YouTube搜尋Benihana（或者直接搜尋hibachi chef）你可以找到幾百個影音視頻，超過上萬人點擊瀏覽這個充滿電影特效的表演。這一切多少也間接促成紅花鐵板燒的成功。青木創造的不只是一點娛樂效果。他在更深的層面上理解餐廳所面對的匱乏。而他把它解決了。

人們認為餐廳不外乎食物、裝潢和服務。畢竟這是我們身為顧客所體驗到的東西。但我們也知道一些很棒的餐廳關門大吉。讓顧客上門並不一定保證餐廳成功。枯燥的補貨和營運決策才能推動餐廳獲利。餐廳所面臨的問題是大部分的成本是固定的。當然，他們得花錢在食物上，不過原料的成本和其他像是薪水、房租、水電和保險等開銷實在不能相比。不管你接待的客人有多少，這些成本仍得列進去。所以這門生意其實是關於所謂的「奶油」（cream）。當你的營收到達足以涵蓋固定成本的水平之後，其他的營收絕大部分都可以直接成為你的獲利。這導致出一道有趣的數學命題。在忙碌的週末夜晚三次的翻桌率比兩次的翻桌率多出不只是五〇%的獲利。如果前兩輪桌子的客人可以涵蓋你的固定成本並得到小小的利潤，那麼第三輪的客人就是你的「奶油」，絕大部分都是淨賺的。

青木（還有其他人）所理解到的是餐飲生意其實是與訂桌匱乏有關的生意。每晚你能夠翻桌幾次？如果能擺更多的餐桌就可以獲得更多的訂桌數。每張桌子如果能坐更多人也可以得到更多訂桌數。你翻桌的速度更快，每晚一張桌子輪換四組客人而不是三組客人，也可以獲得更多訂桌數。

在紅花鐵板燒看似劇場的表演其實是對匱乏非常高明的解決方法。大廚製作的食材與所有共用大桌子的客人都相關。而可以坐八個人的共用桌子代表著對顧客較有效率的打包方式。不用再等待兩組的雙人餐桌，你可以讓四個人合坐在一起。在共用的大桌子只需要讓顧客坐上來把位置填滿就可以。來一桌四個客人，其實就是大桌上的四張椅子而已。更棒的是，餐桌翻桌的速率也變得更快了。大廚在你面前表演廚藝秀——而且速度很快。你坐著，主廚就在你面前，而且餐點樣式很固定，點菜的時間也很有限。主廚接著以炫技為你料理食物，接著把食物拋送上你的盤子裡，你吃東西的速度要加快，因為你看到下一道菜又快要拋過來了。甚至連飯後甜點——冰淇淋，放在鐵板旁邊融得也特別快——設計也是考慮到趕時間。當表演結束時，主廚向你鞠躬而你鼓掌喝彩，一切宣告完成。這時你該怎麼辦，坐著繼續動筷子嗎？當主廚就站在那裡，廚藝表演已經結束，桌子也清了，其他人都走了，你很難繼續逗留。這一切意味著紅花鐵板燒每晚每一張桌子賺的錢比別人多出許多；有人估算紅花和其他餐廳比起來，每一美元的營收要多出十分錢的利潤，讓這個餐廳更能賺錢。❸

❸ 這裡的討論主要依據是哈佛商學院對紅花鐵板燒相當精彩的商業模式案例研究。

企業的打包

除了精心設計的料理，紅花鐵板燒提供給許多組織重要的一課。即使企業有足夠的洞察力看出他們真正匱乏的資源，他們往往也會低估控管匱乏的複雜程度以及稍作改善就可以得到的好處。

在康奈爾大學研究營運管理的凱姆斯（Sheryl Kimes）受雇於一家連鎖墨西哥餐廳Chevys，設法改善餐廳利潤時發現到這個問題。她一開始先和員工談話以掌握問題所在，其中有個問題十分明顯：太多人排隊了。從某個方面來講這是好消息——代表餐廳很受歡迎。但是它也代表壞消息。長長的人龍也許讓你引以為傲，但是它不會讓你多賺錢。你要讓人們進到店裡吃東西，而不是讓他們在外面站著排隊。顧客可能發脾氣從此再也不來。你不希望人們用尤吉・貝拉（Yogi Berra，前紐約洋基職棒名將）的名言來形容你的店：「再也沒有人要去那裡，那裡人太多了。」想要知道可以做哪些改善——漲價？擴大店面？——凱姆斯做了一個完整的數據分析，讓她得到比職員印象更加精確的輪廓：每張餐桌的收入是多少？哪些桌子最常被人使用？餐桌流動率是多少？諸如此類。

她的發現連自己都感到驚訝。用眼睛看到的是長長人龍；數據顯示的卻是低使用率。每個星期只有五個小時使用超過半數的桌子。但是外面有排隊長龍的時數卻要多出許多。發生了什麼事？數據裡面有兩個線索幫助破解謎題。首先，在用餐的時間上有巨大的差異，而最大的差異是出現在一桌前面客人用餐結束到下一桌開始用餐之間的時間。即使在最忙的時段，一張餐桌前後兩組客人之間仍有長長閒置的時間。第二點，雖然像Chevys這樣的餐廳被認為是適合朋友和同事一起用餐的地方，但是數據卻不是這麼回事：七〇%的客人組合是一個人或兩個人。餐廳似乎沒有適當的餐桌來招待這樣的客人組合。為了驗證她的看法是否正確，凱姆斯利用客人組成數的數據運用演算法來找出Chevys最有效率的打包方式，特別是該是用什麼樣的餐桌。結果是一個相當清楚的建議：多增加一些雙人的餐桌。管理階層採納這個建議，結果是財務上的大豐收——營業額增加超過五%，光是一家分店一年就增加大約十二萬美金。當然，購買新的餐桌、餐廳的重新改裝以及其他的改變也需要一些成本，不過從整體賬面上來講，第一年的利潤仍然超過了成本，在未來幾年都將是獲利。在匱乏管理上的投資獲得了高回報。

直到凱姆斯出現之前，Chevys一直無法管控匱乏，原因在於它低估了匱乏會造成的問題。這些問題並不是瑣碎的小事：嚴謹的計算分析對一家餐廳的問題是有必要的。而這也不光只是餐廳的問題。企業如何管理匱乏往往是成敗的關鍵。

10

每日生活中的匱乏

SCARCITY IN EVERYDAY LIFE

醫生和有線電視裝修人員有一個共同點。安排在下午三點鐘的約定很少會在三點進行。按照行程表行事有時非常困難。前面的一點差錯——或者是某個耽擱或是某件事進行的比預期要久——在沒有寬鬆能吸收這種變故時在後頭會不斷被放大。一開始看起來還可以勉強應付的緊湊行程會變成無際蔓生的延遲。每個約定都變得匆忙緊迫。你的隧道視野專注在趕快把約定完成。時間的債務陷阱已經形成，緊湊的行程表讓你幾乎每個會議都會遲到。而且大部分日子你從一大早就開始遲到。（你的顧客如何忍受這種情況又是另一個問題了。）

一位同事——一個基金會的董事長——對緊湊的行程已習以為常。他對於把大部分時間排滿，一個接一個的會議有特殊的喜好。他很可能一下子就落入像醫生或有線電視裝修人員一樣行程持續落後的情況，一場會議比前一場會議延後更久。由於見他的人多半是為了找他捐款，所以他們會忍耐！不過他並不會拖很久。每場會議大約在預定結束時間前五分鐘，他的助理就會出現並宣布：「時間還有五分鐘。」當會議結束時間到，他的助理再度出現。這種非常明白的干預——這是許多主管常用的方法，如果他們有幸身邊有老練而認真的助理——避免了延誤的蔓延與匱乏陷阱。

助理敲門並不是特別創新的干預手段，不過它說明意味深長的道理。一個人環境的小小改變可以避免匱乏帶來的後果。匱乏的心理學是相當原始的，從「內在」要改變它可能有困難。但是你不需要為了得到正確結果去改變這個心理機制。基金會董事長出現隧道視野的情況和他人沒有兩樣。他的訣竅在於改變環境來對抗這種心理。而且這個改變並不激烈：助理並沒有創造額外的寬鬆。會議的安排仍然是一個接一個，董事長在開會當中也同樣會出現隧道視野。助理唯一做的事是站在中間，避免匱乏心理帶來損害。你可以把它想像成類似高速公路上的跳動路面。它只是小小的改變，但是它保護駕駛避免分心或疲勞駕駛；它比要求駕駛專心或是多補充睡眠要簡單多了。

利用同樣的道理，我們可以在環境中設置「防匱乏」機制。我們同樣可以引入跳動路面和得力的助理，運用洞察力來觀察情勢可能惡化的原因，做出更好的結果。真正重要的在於進取的態度——對於理解匱乏可以幫助我們做不同思考並管控長期性問題的領悟。

在隧道裡的是什麼？

管控匱乏一個簡單但是常被忽視的工具是影響隧道裡的事物。這是助理做得相當在行的一件事：主管在這場會議仍處於隧道之中時，她強制送進來下一場會議。我們與卡蘭（Dean Karlan）、麥克尼爾（Margaret McConnell）和金曼（Jonathan Zinman）三位經濟學家合作的研究中，嘗試把儲蓄放進玻利維亞、秘魯和菲律賓貧窮民眾的隧道之中。根據我們的發現，窮人沒辦法儲蓄是因為隧道效應。儲蓄是重要但是不迫切、幾乎總會落在隧道之外的事。在任何的時間點，總是有比儲蓄更迫切的事情要做。因此我們設法暫時把儲蓄放入隧道，成為他們的心頭要務。在詢問人們打算存多少錢和存錢的目的是什麼之後，我們會在每個月的月底發出一個簡短的提醒——一則簡訊或是一封郵件。光是這個溫和的提醒就讓儲蓄增加了六%，相對於這種偶爾一次而且沒有強制干預性的提醒，這樣的成效已經相當驚人。（畢竟簡訊跟站在你門邊的助理比起來不是那麼鮮明突出。）我們沒有透過教育或是鍛鍊人們鋼鐵意志，而只是靠著提醒他們處於隧道視野中一些重要但容易忽略的事，就成功增加他們的儲蓄。

隧道效應提供我們對金融商品新的看法。有些財務上的決定在隧道視野中很自然會出現。有些人利用激勵因素來確定你會償付貸款，會繳出房租。這個人或是機構就像助理一樣，會把這件事帶進隧道裡，不管你陷入什麼樣的隧道視野。而在另一方面，儲蓄卻沒有認真負責的助理幫忙打理——沒有像我們一樣行為上告知的干預——最後大部分都會落在隧道之外。

當然，對隧道效應的理解也可能被濫用和剝削。你可能設定高額的延期償付費用卻不提醒人們即將到期的付款。這類的影響效應，從提醒到延遲付款的影響，往往會不成比例地對窮人造成特別大的衝擊，因為他們是陷入隧道效應——並因它的後果而受害——最嚴重的一群人。

當然，提醒的方式不只限於金錢。一個忙碌的人很容易就會忽略上健身房運動，因為它是重要但不急迫的事情。跟健身教練預約可能會減低這個問題。教練的電話現在又把健身帶入你的隧道裡。上健身房現在成了無法忽略的事：一個教練正闖入你的隧道，問你這個星期什麼時間要上健身房運動。教練是一個持續固定的存在，確保健身是你的心頭要務。

比起提醒，衝動也很容易被放入隧道之內。超級市場很久之前就明白這個道理。他們發現一個容易賺錢的好方法：把糖果擺在收銀台前。糖果以立即渴望的形式闖入隧道裡：**我想要巧克力**。許多渴望和這類似；不管東西是多重要或多麼被人渴望，當人們沒看到時可能就不會想到，因為它們並不是迫切需要的。但是只要它們被看見，就提醒我們它們的存在，把其他的衝動——在這裡是注意自己體重的衝動——推出隧道之外。

有了這樣的認識之後，為什麼我們不把同樣的道理應用在儲蓄上？我們在另一個計劃案做了實驗，推出我們稱之為「衝動儲蓄」（impulsive savings）的產品。就像糖果和巧克力棒一樣，衝動儲蓄卡就掛在顯著的地方，比如像收銀台的旁邊。上面貼有照片勾畫人們儲蓄的目標——像是上大學、一棟房子或是一部車——設計方式和糖果與巧克力棒一樣，就是要製造渴望。唯一不同的是當人們「買」這些卡的時候，他們實際上是在儲蓄：他們付的錢會轉入他們存款的戶頭。

這些卡藉著把個人潛在的目標擺到最前面，不只可以對抗隧道效應；這些卡還提供簡單的方式來利用隧道效應——在目標模糊變之前「買這些卡」。與IFMR信託基金（一個為窮人提供金融服務的大型機構）合作的小規模試驗計劃中，我們發現居然有許多人很樂意用這種方式存錢。一個大忙人的電腦螢幕上不時浮現全家福的照片（出現頻率不能太頻繁，程度足以吸引注意而不至於變成背景的一部分）也可能會有效：它把可能被忽略的事變成心頭的要務。

提醒有時很有威力，但卻常常會被忽視，這或許是因為它們太過明顯。二〇〇八年美國麻州的汽車監理所想出一個降低成本的方法。他們寄給汽車駕駛人汽車行照即將到期的提醒信件成本太高了。所以他們省略這些提醒信件。從一方面來看這完全合理，不過從我們的分析看來，你應該很清楚它是個愚蠢的決定。汽車行照到期的日期是相當隨機的，只和你上一次登記汽車的日期有關。沒有提醒就很難記住。對那些最窮和最忙的人來說，這個提醒似乎是唯一可以避免汽車登記逾期導致車主收到罰單的辦法。事實上，這個單純政策上的改變（不是刻意的？），麻州等於設了一套累退稅。

提醒往往看似簡單卻常被忽略。制定政策的人可以花幾千萬美金來建立人們儲蓄的觀念，卻沒有透過提醒來促使人們儲蓄。我們可能繳了大筆的健身房會費，卻從沒有考慮過要如何確保健身這件事可以留在我們的隧道視野之內。

忽略

去年，我們忽略儲蓄。事實上，有好長一段時間我們兩個都沒有去想到這回事。為什麼會出現這麼粗心的事？（我們其中一個還有小孩！）當然，這還不算是非常糟糕的粗心大意。我們的存摺賬戶裡——從退休儲蓄到孩子的入學存款——數字仍然有相當不錯的成長。我們沒有主動儲蓄，那我們是如何存到錢的？方法就和大部分的人一樣。很早之前我們就已經加入一個存款方案，它會自動從我們的薪資裡扣下一〇％。我們的存款簿上說明我們存了不少錢，儘管我們在日常生活的行為中把它完全忽略了：我們把薪水花掉時都沒有想過存錢這回事。自動扣款讓我們得以在完全忽略的情況下儲蓄。

這個例子提供一個很簡單的啟發。在忽略的狀態下，你接受因忽略導致的結果總是比對抗它要來的容易。這裡是個退休存款的例子。在美國人要換新工作時，他們需要填一份四〇一（k）退休福利計劃的相關表格。基本上如果沒填寫表格，就沒有加入這個計劃，這對退休後的晚年生活可能是一個大災難。不過當你剛剛被雇用，新工作給你帶來的混亂和焦慮往往讓你進入隧道視野，這份表格就會被忽略。一項相當有啟發性的研究裡，研究人員把忽略表格的結果做了改變。新進員工會收到一個經過修改的表格，上面寫了包含下面這幾行字：「你將以三%比例加入四〇一（k）退休福利計劃。如果你不希望加入或按照不同比例加入，請交回下列表格。」如此一來，如果人們忽略這份表格，就表示他已開始存錢。更大的好處是，如果有人認真考慮這份表格而且想要存錢，一切格式已經幫他準備好了——忘記也不會帶來任何風險。研究發現效果驚人。即使在三年之後，登記加入的比例仍然有巨大的差別。在新進員工必須選擇「不加入」的公司，超過八〇%的人登記加入四〇一（k）計劃。而新進員工選擇「要加入」的公司，登記加入的只有四五%。改變內定預設——當一項決定被忽略時會出現什麼情況——可能會有驚人的巨大影響。

當然，讓**別人**來為你設計內定的預設有許多棘手的政策問題。不過許多時候你可以自己來做內定預設。自動繳款就是一個主要的例子。一個忙碌的人申辦自動繳款之後，就不需因為置身工作的隧道之中而冒著忘記付賬單的風險。或者甚至可以說，要不要忽視自己的賬單決定權在她，但是如果她忽略了，賬單還是會付款。也因此，近年來忙碌的人最常會陷入隧道效應的一些問題——至少對那些可以獲取現代科技的人而言——都是一些無法自動化的任務，像是汽車執照登記、駕照的更新或是繳稅。更糟的是一些沒有自動化，而且本身沒有完成期限或提醒的問題，像是預立遺囑或是做健康檢查。

這種思維方式可以更廣泛應用到有重複性而可預測的事物上。想像有人在家裡工作，隧道效應專注在完成期限上。我們知道他們會忽略飲食的品質；他們會吃任何手邊拿得到的食物。實際上因為疏於注意而且心力消耗的緣故，他們可能變得偏好較不健康，最具有立即誘惑力的食物。如果食物櫃裝滿了各式各樣的零食，忙碌的人最後將增胖不少。相反的，如果食物櫃只放健康食品，就可以避免完成期限影響到腰圍。

美國銀行（Bank of America）最近的一項方案「零錢留下」（Keep the Change）展現出把忽略轉向好用途的建設性做法。銀行方面如此解釋：

藉由「零錢留下」方案，你可讓存款自動成長。加入本方案之後，我們會把你所有用美國銀行金融卡購物的金額轉換成最接近的整數金額，其中的差額將由支出賬目轉入存款賬目。你買的每一杯咖啡、你加的每一次油以及你買的每一袋雜貨品都幫你省更多的錢。有比這更容易的嗎？

「零錢留下」方案（基於其他原因它也受到一些批評，包括它的利率太低及手續費太高）有件事做得非常好：它讓人們不必為了節省錢而壓抑購買東西的衝動，而是去駕馭這種衝動。就算人們真的忽略儲蓄，這個方案也可以透過最自然的方式，也就是消費，讓他們把錢存下來。

警惕

對一個忙碌的專業人士而言，定期上健身房要比加入健身房會員困難許多。有一個原因十分明顯。加入會員的痛苦與腹部肌肉痠痛或是跑步機跑半個鐘頭的痛苦實在無法相比。你加入會員只需一次就完成，而定期去健身則需要保持警惕（vigilance）——一次又一次做出正確的事。我們做出選擇時可以想像有兩種不同的類型：一種需要警惕，一種則是一次性的。

警惕的選擇要求我們持續重複這個選擇，譬如像上健身房、存錢未雨綢繆、正確的飲食習慣或是花時間好好與家人共享。有一些甚至需要高度警惕。錯過一次健身房的運動，不過是稍稍抵消你原本的辛勤鍛鍊。但是某些治療流程你如果少吃一次藥，情況可能就會變得嚴重許多。只犯一次錯把你存下的錢拿去賣皮夾克，可能會讓好幾個月的努力前功盡棄。一次性的選擇則只需做一次（或至少是發生頻率很少）就可以得到想要的結果：申請自動繳費之後你就再也無須為賬單欠繳擔心，買一台洗衣機／烘衣機就省了好幾年要去洗衣店的麻煩，跟電信公司辦理優惠方案在未來一定期限內可以自動獲得優惠折扣。

特別是當你處於隧道視野時，正確的事只要做一次，比一再重複做正確的事要容易許多。但是很多好的行為需要維持警惕：例如做好父母角色、存錢或是正確的飲食。更糟糕的是，許多不好的行為只需做一次就可以造成傷害：例如借貸、做一個不明智的承諾、花錢做一個不聰明的買賣。你揮霍一把或是借一次高利貸，就等於在未來很長一段時間給自己挖了一個坑，而這個坑想爬出來還需要不斷保持警惕。

這個道理提出一個配方：只要有可能，想辦法把需要警惕的行為轉變成一次性的行為。不需要每次從食物櫃裡抓一把零食時告訴自己要警惕，你只要在雜貨店買東西時警覺一點就好了。許多平凡的任務都有類似的結構。保持屋子的整潔需要警惕，或者（假設你夠有錢的話）安排好清潔工來打掃就一勞永逸。每個月記得付賬單需要警惕。申請自動繳款則只需要辦一次就好。每次開車經過收費站需要警惕，記得準備足夠的零錢；辦理E-ZPass（譯注：美國的電子收費系統）只需申辦一次就不用再麻煩。更廣泛來說，由於隧道效應會導致忽略，把那些容易被忽略的事轉換為一次性的解決方式會非常有用處。如果光靠你的警惕要記得花時間陪伴孩子，難免有時會做不到，但是如果你和家人約定好每週固定的家庭時間，這個一次性的行動至少可以確保你有最低限度的時間可以和家人相處。

朝反方向做轉換也同樣有效。一些有疑問的一次性的行為要想辦法把它轉換成需要持續警惕的事。有些決策者為汽車的購買制定了「冷卻期」（cooling-off period），類似的安排對各種不同的借貸（金錢、時間、卡路里等等）可能是很聰明的辦法。基本上你設計了一套系統，讓你在實際進行之前必須經過好幾次確認。（想像一下每當你收到一個很誘人的邀請時，你的電子郵件已經先預設以下的回應：「謝謝。或許可以。我會在一個星期內通知你。」）

有些時候你可能希望把自動更新轉化成警惕的行為。上一次你想到去查看有沒有比幾年前精挑細選的汽車保險還要划算的保險是什麼時候？選項會出現改變，而有些一次性的選擇可能當初是受誤導。我們與影帶店簽下影片租約時，我們總以為自己每個月可以看很多部片子，一看完就會馬上換片。實際上我們每部片子平均要付的錢可能讓自己大吃一驚。與其自動更新租約，比較明智的方式或許是不定時確認一下當初做出的一次性選擇而今是否仍舊明智。

那麼，對於借貸該如何處理？是否我們應當禁制快速的借貸，這種可能帶來不良後果的一次性選擇？在第五章「家庭大對抗」的實驗裡，我們看到貧窮的參與者在借貸的選項被取消之後整體表現得到改善。不過，這裡正是實際人生要比實驗室複雜許多的地方。有些借貸是壞的，但有些是好的。我們如何從中分辨？即使在我們的理論中，也有一些借貸提供必要的寬鬆。當你的車子故障需要現金修理，借貸（即便是代價不低）或許可以避免事態繼續惡化——上班遲到、可能丟了工作等等。很弔詭的是，匱乏增加你需要緊急權宜之計的機會，同時也增加這類權宜之計對你造成傷害的機會。

從匱乏的心理學得到的一個教訓是對隧道效應預做準備以及隔絕忽略的必要：認真探究以避免在隧道效應的片刻做出壞的決定，仔細安排不需太多警惕就可做的好行為，同時記得要不時重新評估。

決定的連結與時機

在存在著隧道效應和忽視的世界裡，許多事端賴時機。我們最大的錯誤常是出現在對未來做的決定，事物脫離隧道之外看起來遙遠而模糊。我們在今天不答應的事（「今天太忙了！」），會輕率承諾下個月做（「沒問題！行程表上看起來還很空！」）我們今天的需求是迫切的；一個月後的需求則抽象而不具體。我們已經看到，這就是人們會做出過多承諾的原因。這導致手頭欠缺現金的人買下最後自己負擔不起的東西。六個月前讓你很動心的洗衣機，當時有一百八十天暫時無需付款的優惠，如今成了沉重的負擔。

不過一旦我們瞭解這種心理，我們可以運用它朝向好的方向。同樣一個特質——對未來的匱乏欠缺理解——沒有道理不能駕馭為我們所用。一個著名的「為明天存更多」方案，強調對免於匱乏的未來做更多承諾的意願，透過這個方案，讓目前覺得存款有困難的人同意在未來加薪後增加儲蓄扣款額度。眼前不需做新的犧牲；只發生在模糊的未來。結果相當驚人。其中一家公司，超過七五%的人選擇接受這個方案，而且事後選擇退出的也只有少數。在公司的第三次調薪時，個人的儲蓄率已經超過三倍。

其中特別聰明之處在於把某個你預期發生的事（加薪）和你希望發生的事（儲蓄的增加）連結在一起。這裡方案的安排把這兩者自動連結。對於借貸，你也可以用類似的方法。想想看底下的思考實驗。為了對抗高利貸式的借貸，某個州強制要求降低支薪日貸款的收費——比如說把原本兩百美元貸款的利息從五十美元降為二十五美元。我們先假設這個行業仍有利潤可繼續營運下去。而在另一個州則設計不同的方案：利息仍維持在五十美元，不過其中二十五元付給放貸者，剩下的二十五美元則是轉入借貸者名字的戶頭裡。當這個戶頭的金額累計到兩百美元——按照這裡的情形，就是進行八次的借貸之後——這個人就無需再借款。如果她需要借錢，就可以動用戶頭裡的錢。實際上，每次支付五十美元的利息，借貸者就等於存下二十五美元，這些借貸者很快就會變成「借錢給自己的金主」。

簡單地說，所有你打算在將某個時間點，當情況比較平順時做的一些好的決定，真相其實是一旦未來成為現在，而情況仍沒有變得比較平順時，你不會去做的決定。因此必須明智地做預先排除和連結。當你注意到運動重要性的時候，就去辦一張會員證，找一個好教練，跟朋友打個賭，盡可能讓你未來為某些事陷入隧道效應時，可以延續你的動機。如果你在購物時對健康食品投入足夠的注意，那就記得為自己的食物櫃做正確的採買，幫你未來少了對食物強烈意識時預做準備。還有，當某個東西——一本書或是一個廣告——讓你注意到晚年的某個時刻時，就要採取行動。安排薪資自動儲蓄扣款；找律師安排預立遺囑。否則你會打算不久之後就去做，但到時又落入另一個隧道。

認知頻寬的節用

由於匱乏對認知頻寬課稅，因此管理匱乏的一個重點就是要節用認知頻寬。正如同忙碌的人在意每天工作的每一分鐘，窮人總在意金錢一樣，在匱乏的狀況下每個人都深深受到認知頻寬的分配和使用方式的影響。

認知頻寬所涉及的是分配我們有限的資訊處理的能力。就這點看來，需要更多資訊處理的決定，對認知頻寬有更立即的關聯。每一位時間緊繃的主管，他們最重視的是善於統合決定的助理，他們能把各種選項簡化成基本的元素，做出簡單明瞭的呈現。提供大量未經處理資訊的下屬，相對而言比較沒有用處。清楚而簡單的統合是節省認知容量非常好的方法。

不過我們在提供資訊時往往沒有充分認識到它的重要性。由博傳德（Marianne Bertrand）和摩絲（Adair Morse）兩位經濟學家主持的支薪日貸款實驗就說明了這一點。研究人員把準備申請支薪日貸款的客戶分成兩組。其中一組給他們看未來需支付的有效年利率（四四三%）與其他的相對貸款利率（信用卡利息為一六%）的對照表格。另一組也提供他們類似的資料，不過給他們看的並不是利率，而是他們貸款隨時間增加而必須償還的金額，比如兩星期（四十五美元）、一個月（九十美元），與他們用信用卡借貸相同金錢必須償還金額的比較（兩個星期二．五美元，一個月五美元，諸如此類）。換句話說，類似的資料是用稍稍有些不同的方式來呈現：其中一個是利率，這是度量事物較為抽象的方式，它確切代表的意涵有時可能不容易理解。另一個則是你付的金額，這是要從你口袋掏出來的錢，你對它的單位十分熟悉。博傳德和摩絲發現到，當人們看到他們必須償還的金額時，申請支薪日貸款的人數就會大大減少。那些想申請支薪日貸款人，已經習慣於看到、思考和需要美元。相對之下，利率對他們而言是陌生的金融工具，一般人在日常生活裡用不到，同時也需要多花些腦筋才能把它理解成比較確實可感知的東西。當你的認知頻寬已經被課徵稅負時，一個具體的數額會比一個抽象的術語更具有意義。

養分標示也有類似的問題。它們提供人們一大堆陌生的資訊。消費者得到的不只是卡路里的資訊，還有來自脂肪的卡路里、好的脂肪與壞的脂肪、基本養分（你有沒有攝取到ω-3脂肪酸？）、幾種維他命和礦物質每天容許比率等等的資訊。這一些需要很認真的資訊處理，而且如果沒有容易的方式來處理資訊的話，就很難知道該如何做。一個貝果到底有多糟？我們很難分辨。

光是做取捨的決定就可能課徵稅負。想像一下自己還有許多事待做的情況。有個好朋友要搬到別的城市，雖然工作很忙，但你真的該去參加他的歡送會。你決定抽空去赴宴但不要逗留太久。你到現場的時候會根據現場氣氛判斷該留多久。你到了歡送會，待了一個小時之後開始考慮「是不是該走了？」現場氣氛歡樂，而你先走一步有可能讓人誤會，但是你有工作在身。待一個小時夠還是不夠？這樣子會不會不禮貌？你內心猶豫不定。你又多留了一會兒，但是你的心思已經不在這裡。這個取捨——待在這個歡送會你要付出的是什麼——讓你很難把心思真正放在這裡。你以為讓時間保持彈性是對自己有幫助，但是事實上它代表的意義是讓你蹉跎並且分心的取捨。

忙碌的人總是渴望找出時間陪家人和朋友。從忙碌的行程表裡擠出這種時間是很大的挑戰——最後結果可預期的是成為忽略的犧牲者——甚至當你擠出時間，歡樂的心情早已沒了，你的心思也想著別的事，想著要是不在這裡的話可以做多少事。就我們所知，處理這種匱乏造成的取捨最明智的干預方式是猶太人的安息日。安息日是一種古老的概念。在安息日你不工作、不發電子郵件、不寫東西、不煮飯、甚至不開車。這是很多人可能好幾年沒有體會過的平和、寧靜、恢復活力的日子。至少有兩個理由可以說它是非常聰明的設計。一是它沒有別的選擇，沒有兩難的局面；這一天要做的唯一事就是讓一切暫停，沒有取捨的問題。另一個理由是它是在每個星期固定的日子，從星期五結束時開始，不管你有多忙碌，沒有人會問你問題，你也完全不用去計劃。猶太教學者赫施爾（Abraham Joshua Heschel）寫了一本關於安息日的書，書中他認為安息日是上帝所贈的時間禮物。

阿金減肥法（Atkins diet）讓人回想到安息日。大部分的飲食療法都鼓勵人們做取捨。他們會安排一定數量的卡路里，一定數量的碳水化合物，以及其他各種綜合的限制。接著節食者就被要求在可以滿足所有這些限制規定下，選擇自己所喜愛的飲食組合。它提供人們「彈性」去考慮自己的偏好。但是就像前面去參加歡送會的人一樣，這只會讓認知頻寬已經被課稅的節食者繼續延長做取捨的思考。而取捨的思考既會讓他們分心，同時對節食者最不利的是讓他們心思專注在食物上頭，這讓他們對食物更難以抗拒。一項研究隨機分配參與者進行各種規則複雜程度不一的飲食法，最後做出的結論是：「感受到規則的複雜程度，是導致需要認知能力的體重控制計劃被放棄的風險增加的最大因素。」

阿金減肥法（以及許多從它演化出的療法）幫助解決這個問題。它不需要一直在做取捨，而是設計非常少的碳水化合物攝取量。這讓選擇變得很容易：有些低碳水化合物的食物無需做取捨就可以吃。它讓其他一些選擇——很大的一部分——基本上變成不可能，因為它們含了太多的碳水化合物。這留下一點取捨的小小空間——一個小點心或幾片麵包——但是它的量比正常的飲食要少得多。如今有些人並不認為阿金減肥法特別有效。不過從心理學上來說，它有一個很明確的優點。你不需要分配你的卡路里攝取量並且計算每一餐該怎麼吃，阿金減肥法比較接近安息日，它有簡單的禁制規則和極少的取捨決定。

認知頻寬的差異

關於認知頻寬的另一個重點是，它在不同時間並不會維持恆定。回想一下我們在第二章對蔗農做的研究。在收成之前他們比較窮，而在收成之後會變得比較富有。不過更重要的是，在收成之前他們認知頻寬比較低，而收成之後他們有較多的認知頻寬。在類似的情況下，由於沒有妥善安排支出，領月薪的低收入工作者和領取食物券的人在接近月底的時候，會有較低的認知頻寬，而在月初的時候則會增加。最好的辦法就是好好利用這些時機來施行政策和設計方案。如果你的救助計劃是教導衛生習慣乃至企業會計這一類需要使用到認知頻寬的課程，什麼時候上課會最有效？你要教育農民的話，是該在收成之前還是收成之後？該在窮人忙著籌錢買禮物的聖誕節前，還是節後？一旦你了解認知頻寬的時間表，你就可以在行事曆上面標註出哪幾個星期人們會專心聽課，哪幾個星期可能會心不在焉。

掌握認知頻寬時機的重要性在於，它也能讓你把時間與較佳認知頻寬時刻連結在一起，底下這個研究做了很清楚的說明。肥料的使用已經被證明可以給農民帶來很高的經濟報酬率——比如說肯亞的玉米農報酬率就超過七五%。但是許多肯亞的農民卻不使用肥料。問題似乎不在於農民缺乏這方面的知識；大部分受訪農民都說他們計劃購買肥料，但是實際真正付諸行動的卻不到三分之一。他們通常的說法是因為沒錢。其實真正的意思是說**當他們需要用錢的時候**卻缺錢。他們都是在收成之後拿到錢，而購買肥料卻是好幾個月之後的事，這時候他們正是現金短缺、認知頻寬被課佔的時候。

為了解決拿到錢與需要買肥料之間時間的落差，研究人員設計一個簡單而聰明的干預方式。他們讓農民在收成期間現金充足時預購肥料，播種時再把肥料送來。有了這個簡單的改變，肯亞農民購買和使用肥料的比例從二九％上升到四五％——這是相當大幅度的成長。原本的失敗被化解了，靠的是把做一個重要決定的時間，從農民欠缺現金、更重要的是認知頻寬不足的時刻，轉移到現金充裕、而且認知頻寬充裕的時刻。❶

意識到認知頻寬的自然變化對生活忙碌的人也很有幫助。忙碌的人往往根據可用的時間來安排自己活動的行程——某個工作需要特定量的時間，而我剛好這裡有這樣的時間，就在星期三早上十一點。不過除了時間之外，每個工作也都需要認知頻寬，有些需要多一些，有

❶ 研究者透過雙曲貼現模式來詮釋這種現象，解決了對於「延宕滿足」（delaying gratification）研究屬性上的挑戰。數據上收成時期認知頻寬的增加，暗示了情況可能不只如此。在農夫們認知頻寬最大的時刻進行決策的行為，也可能改善了決策的品質。

些則少一些。督導一場電話會議以確認一切正照著計劃進行所需要的認知頻寬，要比面對面跟上司或是客戶進行緊張的會議要少許多。但是我們往往只注意到可用的時間安排而沒有留意這一點。很顯然地，我們的認知頻寬在一整天內會有變化。我們對自己的工作有沒有做明智的安排，確保高認知頻寬的工作排在高認知頻寬的時間？

認知頻寬的運用不只是對任務和事件時機上的安排，同時還包括排出最好的工作順序。長久以來，我們兩人為了努力寫這本書，每天早上固定空出一段時間。而且我們強烈捍衛這個時間，有些時候甚至為此而痛苦不堪——比如說有時你一個人要搞定一個六人會議的程序安排。我們捍衛的不只是時間；我們保護的是**高認知頻寬的時間**。不過它的運作不是很理想；我們寫作時間的效率並不是特別好。接下來我們知道哪裡有問題。在坐下來開始進行這一段我們強烈捍衛得來的寫作時間之前，我們會很快瀏覽一遍電子郵件，儘快處理手邊最急切的事情。到了九點鐘，我們就會強迫自己放棄其他的事，有時甚至必須採取一些極端的手段，像是把無線路由器關掉！不過，從結果上來看，我們並沒有完全放棄。一封關於我們延遲的方案訊息，點明我們落後的程度有多嚴重。另一個訊息則提醒我們現在需要趕快籌一筆錢。我們並不是靜靜坐著寫作而已。我們腦子裡有一連串的嘈雜思緒。我們的做法就像一個節食的人，每天早上坐下來思考別的事之前，先置身在一堆甜甜圈裡面。

阻礙

許多低收入家庭的高中畢業生沒有上大學。有許多熱心慷慨的助學計劃，認定這背後的原因在於缺錢，因此就設法提供低收入的畢業生財務的援助。但是這些獎助學金的計劃使用率卻嚴重不足；來申請的人數很少。這實在有些令人意外，因此一群研究人員決心去探究其中的原因。他們把帶著納稅申報證明，有資格申請助學的高中畢業生（和他們的家庭）區分為三組，並發給他們申請大學助學金所需要的表格。對第一組的學生，他們只觀察他是否會申請的傾向。對第二組的學生，他們嘗試補充一些相關的訊息。或許這些畢業生不知道自己可以申請哪些款項，於是稅務專家就可以提供一些幫助。對第三組的學生，研究人員做一些鼓勵性質的幫助。稅務專家不只是告訴學生他們符合哪些申請項目，他們甚至實際上幫學生們一起來完成表格。光是告訴人們申請之後實際上可得到的益處，並沒有特別的效果。但是幫忙填寫表格，則出現相當顯著的效果：他們不只比較可能會申請財務的援助，他們到大學註冊入學的比例也多出二九％。

需要填寫表格對任何人都是一個潛在的阻礙，會增加人們延遲和遺忘的機會。不過在認知頻寬被課稅，而且心理上可能存在一些創傷陰影的情況下，低收入的人們遇到的阻礙還要更大。家族中沒有人上過大學的家庭，在接受填寫申請表格的協助之後，申請入學的比例是原來的**三倍**。

這裡對於如何管理匱乏，給了我們更深層的體會。不當的計劃、拖延和遺忘可能讓小小的步驟變成巨大的障礙。但是我們在規劃自己的生活或是為他人設計政策時卻常會輕忽這些阻礙。把一份表格交給她回家填，她可能會忘記；讓她在現場填寫，註冊人數就會增加。當然，填寫表格只是一個「小」步驟，但是它同時也是一個很容易製造阻礙的步驟，比如它可能需要計算利率或是記得更新執照。當我們的認知頻寬被課徵稅負時，最簡單的阻礙都可能造成很大的傷害。

以公共福利津貼為例，它們往往需要每年「換發新證」——填寫一系列表格——以證明申請者仍符合申請資格。你可以想像，在換發新證的這段期間往往會有人喪失福利津貼。而且這個換證的要求似乎往往是刷掉那些最有需要的人：認知頻寬被課稅最嚴重的人也最有可能是換發新證時會延誤的人，而不幸的是，他們也是最需要福利津貼的人。

要了解認知頻寬稅負的邏輯，我們可以這樣想。如果我們對申請財務補助的程序收取高額的手續費，馬上就可以明白這種手續費的設置太過愚蠢；要幫助有現金短缺困難的人的計劃，本身就不應該收取太多的金額。但是我們所設定的計劃，目標是幫助認知頻寬短缺的人，但是卻往往徵收占用他們許多的認知頻寬。用另一個活潑的比喻來說，這就像是拋接球忙得不可開交需要幫忙的人，你卻又多丟一顆球讓他拋接。

附帶一提，我們並不是主張要把所有阻礙去除掉。有些時候阻礙的存在有其理由。財務援助的表格複雜的原因在於它需要很多資訊。換發新證有必要是因為環境會改變，而援助計劃應該是提供給有需要的人。不過也有一些替代的方式：比如說許多表格可以依照納稅資料自動填寫。我們在管理匱乏所犯的錯誤在於我們過於專注一邊的計算——移除阻礙可能代價高昂——但是卻低估另外一邊——認知頻寬稅負。不過數據顯示這一類的稅負已經大到不合理的程度。小的阻礙，就有可能造成援助方案成功或失敗、接受或不接受福利津貼、成為大學生或沒有讀大學之間的差別。

充裕的問題

我們在思考匱乏的較佳管理方式時，應該回想一下匱乏往往是從充裕開始。在完成期限之前的拖佛腳往往起源於前幾個星期遊刃有餘的時候，沒有對時間做有效的運用。收成前的幾個月手頭特別拮据，是因為上一次收成後幾個月輕鬆的好日子花錢太過隨便。

是否還記得在第一章的研究裡，完成期限較緊的受試者，校對論文的工作做得較好？雖然大部分人都了解完成期限的存在有助於把工作做好，完成期限的重要性往往被低估了。在另一個類似的實驗裡，有部分的受試者被允許選擇自己想要遵照的完成期限。選擇完成期限提供了助益：自願選擇緊繃的完成期限的受試者，比沒有設定完成期限的另一組人賺到更多的錢。不過他們自由選擇的最後期限，成效卻不如原本那麼強。比起完成期限是強制加在身上別無選擇的受試者，他們賺到的錢少了二五%。我們在學生身上也看到這種情況。在其中一個班上，我們讓學生選擇他們期末報告的完成期限。有些學生很明智地選擇完成期限要比學期結束要早許多。但是許多學生沒有這樣做，結果是所有科目期末報告期限都要到了才拚命趕工寫報告。

在匱乏的世界裡，長長的完成期限往往是製造麻煩的要素。初期的充裕鼓勵你浪費，而隨著完成期限迫近，就會進入隧道視野與忽略。把長長的完成期限，切分成持續進展的幾個區塊，可以打斷這種趨勢。同樣的情況在金錢方面也是一樣。農夫一次收到一大筆錢就等於落入類似的循環，從早期的充裕到隨後的匱乏。就如同時間一樣，如果把付款分為幾個階段陸續發出會有幫助。如果農夫不是一次拿到一大筆錢，而是定期領款的話，會有什麼情況發生？食物券的情況也是同樣適用。回想一下，領取食物券的人沒有辦法靠自己的收入應付一整個月的開支。大量的認知頻寬現在一定被用在計劃、回想、控制和做出取捨。為什麼不把補助金改成每週發一次？或者，如果有必要的話，兩種做法可以做一些結合：先發一筆較大的補助金來應付每個月例行的大筆開支，接著再發一些小額的補助金，來應付每週需要的花費。要對抗這種「充裕後變匱乏」的循環，就是設法把它弄平均——製造出長時期有節制的狀況，而不是噴發式的充裕，隨後又又出現高度匱乏的階段。

寬鬆的需要

前面已經看到，「充裕後變匱乏」的循環不好的理由在於匱乏會讓我們落入陷阱。問題不僅是在於充裕時沒妥善安排我們的行為；而是在於我們沒有為未來留下餘裕。我們在第六章印度的科亞姆貝都小販身上看到沒有寬鬆會出現的情況。在出現意外變故時，他們又讓自己落回債務陷阱，而這原本可以利用早先的充裕來避免的。這是沒有留下足夠寬鬆的危險，沒有留足夠的緩衝來吸收可能的衝擊。這些變故不僅對我們帶來損害，而且讓我們落入匱乏心理學有機會展現威力的情況。我們開始進入隧道視野並且借貸，我們很快就變成永遠落後一步，不斷在追趕進度。

儘管如此，讓人吃驚的是我們還是常常沒有做好緩衝的準備。雖然這個問題的直接相關的研究還不多，但已經有些清楚的線索。其中一項是資料顯示，我們往往低估許多發生機率低的事件。這也是我們很少投保水災險或地震險的原因。當一切事情都順利時，我們當然可以想像烏雲籠罩的情況，但是我們會低估它出現的可能性，因而沒有做適當的準備。更嚴重的是，眾多可能的變故的其中任何一個都有可能讓我們受困。技術上而言，我們面對的是許許多多低或然率的事件。可能影響到你的計劃的不只是洪水或地震，而是你可能生病，或是你的家人可能生病、小偷光顧、車子被偷、戰爭爆發、丟了工作、讓人意外的婚禮或是突如其來的懷孕。這一切當然都可能發生，但是機率很低。不過問題在於其中任何一個就足以稱之為變故，而你應當為此建立一些緩衝的囤貨。

而且這個緩衝的囤貨必須**在充裕的時期**建立起來。如果你預期會匱乏的東西是時間，這代表你要在行程表上留一些「沒別的理由」，純粹是為了方便調整眾多計劃和工作的空間。如果匱乏的是錢，這代表你得設法存一筆預防萬一的錢，就算你覺得目前手上不是特別寬裕。這一切做起來並不容易，也不大符合自然，因為即使你知道變故和匱乏會發生，在你充裕的時候你很難**感覺**得到。

匱乏的拉鋸，力道可能很強大。不過若能理解它的邏輯，就可以儘量減小它的負面影響。我們可以努力打造「杜絕匱乏」的環境。就像是決定買煙霧警報器或是為你新生的小嬰兒設置大學入學存款，單一片刻的明智洞察力可能帶來長久的好處。

CONCLUSION

結語

隨我們的知識之島成長，無知之岸與之俱增。

——約翰．惠勒（John A. Wheeler）

這本書邀請你閱讀關於一門正在形成的學科。我們期待對這門匱乏學科的第一眼已經幫助你改變對許多事的想法，包括從偶爾出現的工作過度的感覺，到孤獨和貧窮這類長期性的問題。

用新的角度看待熟悉的事物，有時會在出乎意料的地方，得到出乎意料的觀察。我們倆人經常在手機上玩一種叫Scramble的拼字遊戲。它是工作之餘的放鬆，一種打發時間的方式，同時，沒錯，它也是拖延時間的工具。這個遊戲很簡單，花的時間不多，而且我們也都很拿手。不過在寫作這本書的時候，我們注意到Scramble的分數明顯下降。在完成期限前寫作的時間緊繃的日子裡，我們常出現超低分。這正好鮮活地說明認知頻寬稅負是如何全面地影響生活。即使我們已經進行研究並且了解它的數據，表現降低的程度還是讓我們吃驚。我們可以模模糊糊感覺到「認知能力的倦怠」，但是我們分數降低大概三〇％到四〇％，還是超過我們的預期。而且這遊戲是簡單而有趣的。我們猜想腦力也許無法完全充分發揮，但我們事先並沒有理解到我們認知頻寬被課佔稅負的程度。

你也許可以試著想想自己生活經驗中類似的時刻。在你的生活裡什麼活動曾經製造龐大的認知頻寬稅負？而它們在什麼地方造成可察覺的衝擊？是否讓你變成比較糟糕的駕駛？你知道打瞌睡的時候不該開車，但是你可曾想過工作一整天費盡腦力思考之後也不該開車？這時候你的笑話是否變得比較不好笑？你是否變得比較不友善？是否會做出較糟糕的決定？你是否曾說過：「我現在不想做這個重要的決定；我的認知頻寬被課佔了？」

人們會忽視認知頻寬。在你忙碌的時候，當你必須決定接下來要做什麼時，你可能會考慮自己有多少時間以及這件事需要花多久，但是你很少會考慮到你的認知頻寬。你可能會說：「我只有半個鐘頭。我先來做這件小的任務。」你很少會說：「我沒什麼認知頻寬。我要做這個比較容易完成的任務。」當然有時候你無意間會這麼做，比如你工作毫無進展的時候，你會乾脆去做別的事。不過，這只是表示你在原本就很匱乏的資源上付出了稅負。

我們會規劃並管理我們的時間，但是卻不會規劃管理認知頻寬。讓人驚奇的是，我們幾乎沒有注意我們認知容量波動起伏的情況。對照之下，我們對自己的體能會針對飲食、睡眠和運動可能的影響來做調整。就如同現代社會中大部分的工作者一樣，我們靠腦力謀生，但是我們對自己腦力的日常節奏韻律所知卻相當少。如果我們的工作是要把箱子從一個地方搬到另一個地方，我們或許比較知道如何去儘量增加效率——什麼時候該認真一點，什麼時候該休息。但是當你的工作是要搬移一些想法而不是箱子，我們就不大清楚如何去盡量擴大我們有限的認知容量。

而就如同我們身為一個人，對自己起伏波動的認知頻寬所知不多，我們身為社會科學家，對社會起伏波動的認知頻寬同樣也所知不多。科學家往往會根據他們的理論衡量的標準來做衡量。因此社會科學家會衡量匱乏的物質面向：有多少人失業？在特定範圍裡產生了什麼？有什麼獲利？諸如此類。

不過，我們對於經濟的認知層面也幾乎是一無所知。就如我們個人的認知頻寬起伏波動一樣，很可能社會的認知頻寬同樣會有起伏波動。我們會不會發現二〇〇八年的經濟衰退同樣也造成嚴重的認知衰退？或許認知頻寬出現顯著的下滑。如果在失業率不斷攀升的同時，決策的品質也下降會是什麼情況？我們並沒有數據資料來回答這些問題。雖然現在才思考二〇〇八年的情況已經太遲，蒐集這些資料做為未來景氣榮枯時的參考還沒有太晚。近年來為了度量社會的福利程度，在國民生產毛額（Gross National Product）之外又創出「國民幸福指數」（Gross National Happiness）的度量標準。為什麼我們不也來測量「國民認知頻寬指數」（Gross National Bandwidth）？

從這裡我們能了解到的不只是美國全國的情況，同時也了解國內不同群體的狀況。當失業率從五%彈升到一〇%，這意味著每二十個就業人口，就增加一個面臨經濟困難的人。若是觀察認知頻寬，我們可能會發現失業率增加的效應，感受到的範圍比原本還要廣泛。有可能在類似這樣的時期，會讓更多人掛心金錢的問題。或許連那些開支預算稍稍受到影響的人，也因為缺乏足夠的寬鬆而體驗到匱乏感。也有可能那些跟剛失業的人關係密切的人——朋友、親戚、鄰居——也會出現效應。有可能認知上的衝擊影響要比財務上造成的影響還要廣泛。

這不只是和經濟衰退有關。以驅動經濟成長的生產力為例。生產力相當依賴認知頻寬。工作者的工作必須有效率。經理人必須作出明智的投資決策。學生必須學習以建立人力資本。這些都需要認知頻寬，有可能今天認知頻寬的滑落會造成未來生產力進一步減低。

它牽涉到的也不光只是經濟而已。認知頻寬是核心的資源。我們教養子女、學習、驅使自己上健身房、發展人際關係都要運用到它。它影響我們的思考方式及如何做出選擇。當經濟進入衰退期，我們可以少買點東西。當我們陷入認知的衰退，我們生活的各個層面，從教養子女和運動到儲蓄與離婚都有可能受影響。

當然，認知頻寬的度量不僅侷限於國家。企業也可以做認知頻寬的盤點：它們的員工表現如何？個人也可以做自己的評量。或許在做重大決定之前，你會希望自己是在認知頻寬全開的狀態下運作。前面我們已看過許多相關的測驗，還有更多測驗可應用，還有更多新方式已被發展出來。其中有一些是以匱乏為重點。度量寬鬆最好的方法是什麼？最有效判斷人們正在進行取捨思維的方式是什麼？或許我們還可以更進一步，度量更一般性的認知容量的波動起伏。

人們也可以利用這些衡量標準對社會計劃和公共政策做更佳的評估。在協助失業者的社會計劃裡，我們把重點放在重新就業。但我們為何不同時也理解它對認知頻寬的衝擊？畢竟，如果失業者有更多的認知頻寬，就能更廣泛感受它帶來的利益。數據顯示失業父母的子女在學校表現明顯會比較差。如果認知頻寬是問題所在而我們又能設法改善，那麼這些社福的方案帶來的好處將遠大於它最初的設想。

把關注的重點放在認知頻寬上，能帶來的不只是較好的衡量方式。以第二章速食店經理的問題為例，經理抱怨他必須花時間去管理表現不佳的員工。他可以怎麼做？他是否應該花時間和精力去鼓勵啟發他們？還是該威脅要開除他們？更多激勵措施？更多的訓練？額外的對談？這個經理的問題並不是特殊的個案。許多低薪員工的主管都面臨生產力不足和員工曠職請假的問題。而他們無可避免會嘗試各種干預措施。

但是若把重點針對匱乏的心理學，則意味著這名經理要處理的是一個不同的問題。他的重點不再是鼓勵或訓練、威脅或是利誘，或許他可以專注在如何增加認知頻寬。低收入的工作者經濟狀況很不安定。我們前面已看到它們造成的效應。我們同時也看到在這樣的情況下鼓勵措施效果會變差。當你陷入隧道視野，許多獎勵的措施會落在隧道之外。為什麼不改設想一些金融產品、通勤補給的干預措施或是工作環境的改變，以協助工作者處理經濟狀況的不穩定並幫他們清理出更多的認知頻寬？

這裡有個鮮明的例子。如我們在第五章所見，許多工作者依賴支薪日貸款。不過值得注意的是，支薪日貸款通常是相對於已付出的勞力所做的貸款。工作者在支薪週期的中途申請支薪日貸款，理論上他已經賺到一半的薪資。他對貸款的需求主要是因為薪資支付的延後。為何僱主要讓他的工作者申請這種貸款，讓他們有落入匱乏陷阱、課徵認知頻寬稅負、並導致生產力降低的風險？特別是這個僱主自己無需太多成本就可以做到預先支薪？對僱主而

言，提供適當的金融產品能夠提升生產力並創造認知頻寬是多麼有價值的一件事？❶

僱主的案例只是其中一例，考慮到認知頻寬可能促使我們問一些不一樣的問題，並且用不同的方式來解決問題。拿遵從醫囑這個簡單的例子來說：和其他人相比，窮人更容易忘掉依照處方指示用藥。我們可能只好算了，說句「人生就是如此」，從此不再相信窮人會依照指示做事。或者，我們可以製作類似GlowCap的智慧藥瓶。如果使用者一天之內打開的次數不正確，這種藥瓶就會啟動。它會開始發光，如果還是沒打開，它會發出嗶嗶聲，最後會傳送簡訊到使用者的手機。它會一步一步地製造干擾，讓你注意到它的存在，避免因為隧道效應而被忽略。在GlowCap的協助下，窮人遵照指示服藥的情況出現驚人的改善。透過對匱乏心理學的了解，這類產品和干預模式可以解決遵守醫囑和其他相關的問題。GlowCap說明了在科技的幫助下，我們可以用廉價、不顯眼，但非常有效的方式，解決認知頻寬所製造的問題。很自然地，類似的洞見在其他領域也會有同樣驚人的效果。

當我們考慮增加全世界的農業生產力，或許我們的焦點不應該放在新作物或是農民的訓

❶ 這個理念由（我們協助創立的）非營利組織ideas42進行探索，它利用行為模式觀察到的洞見來創造金融產品和政策。

練。或許我們應該考慮的是如何讓農民去做像是除草這類一些不起眼的小事，他們早就清楚這些小事的重要性，只是它們常落在他們的隧道視野之外。提醒農民除草、防治蟲害的農民版的GlowCap應該是什麼樣子？

充裕

在思考匱乏的過程中，我們遇到好幾個新的問題。比如說，這本書並沒有如期完成。為什麼？除了一些明顯的理由之外，我們回想過去幾年來有兩個理由特別突顯。第一，一些工作是在急迫的完成期限下做出來的。而當我們在緊迫的完成期限下寫作，我們也體驗了匱乏。一如我們的理論所推論的，有不少時候我們因匱乏而獲益。我們變得比較專注而且較有效率。

不過大部分時間裡，我們對時間的過往並沒有感覺到有緊迫的完成期限。有好一段時間，我們工作時感覺自己有很多時間。在這些階段，不難預期地，時間不知不覺中就過去了。確切而言，這些時間並不是白白浪費掉，但是每日的生產力——若以寫出的字數為計算標準——卻是遠遠低於預期。你可以說我們是苦於沒有出現匱乏。但是，實情就只是如此而已？或者這裡有些關於充裕心理學的問題？

過去我們總是把充裕當成匱乏沒出現時的情況，彷彿把充裕當成「標準的」狀態，也就是一切正常理想的狀態。不過事後回想卻讓我們了解，有一些階段我們感覺到真實的充裕，而這些階段不只是明確與匱乏時期不同，同時也和其他較無明顯特徵的時期不一樣。有一些時候，充裕的心理學會開始發揮效應。而充裕的心理學特別值得玩味之處在於，它似乎蘊含了最終導致匱乏的種子。

許多人在完成期限之前會出現時間緊迫是因為浪費先前充裕時的時間。學生都是在繳交的期限前最後兩天（甚至許多人是在最後一晚）才開始寫報告，而這往往先前有好幾個星期時間充裕的時期。這個學期的課程開始時，他們並不打算這麼做；他們最後一刻臨時抱佛腳，正是許多主管親身經驗過的時間管理問題的縮影，他們在忙著四處救火前似乎一切美好，或是如度假的人一樣根本沒想到時間是如何流逝。

在完成期限前會出現匱乏的體驗，原因往往是在充裕時期的時間管理問題。匱乏與充裕的密切關聯在許多地方不斷重複。農夫在收成之前欠缺現金是因為他在前一次收成後花錢的方式。他在充裕時間的作為促成最終的匱乏。我們在錢很多時總是不能存下來。我們在完成期限還很遠的時候總是懶洋洋。

回想一下二〇〇八年的金融危機。許多人推測這場危機的一個原因在於認知上的盲點。

房地產的價格從一九九〇年代後期到二〇〇〇年代初期一路上漲。在這段房市景氣的時間裡，房價突然下跌似乎只是個遙遠的可能性，很難想像，而且幾乎完全不值得掛心。這種信念影響了許多的決定。如果房地產的價格註定會一路上揚（或至少不會慘跌），高度槓桿操作的交易似乎很合理，高貸款對資產值比例（high loan-to-value ratio）的抵押貸款似乎比較安全。當然，房價確實下滑了——某些案例下滑程度相當驚人。而根據房價絕不會下跌的假設做成的所有投資決策，導致金融的大崩盤，幾乎弄垮全球的金融體系。在這個案例裡，同樣地，金融危機的急性匱乏根源來自它先前幾年的充裕時期鬆懈的行為表現。

當然，我們可以把它們都當成一般的行為。人們總會浪費時間，總是過度自信。不過美好時光以及金融危機之前的充裕放大這些趨勢——它們更加鼓吹自信，更加強化自得自滿。

如果我們跟隨匱乏的線索夠遠的話，就會回溯到充裕：經濟衰退是根源自我們在景氣好時的行為；最後一刻臨時抱佛腳可以怪罪到我們前幾個星期的毫無作為。儘管匱乏在許多重大問題扮演主要角色，幫它搭起舞台卻是充裕。

和處理匱乏一樣，對於充裕是否也有一個共通的邏輯，在各種不同的問題中運作？

我們必須回答這個問題。如今，這本書已經完成，我們有太多的時間可以不這麼做。

ACKNOWLEDGMENTS
致謝

本書寫作過程中的協助與好建議不曾受匱乏之苦。幾位令人讚嘆的同事們協助我們理念的構築並著手進行至為關鍵的研究，其中包括Chris Bryan, Lisa Gennetian, Anandi Mani, 和Jiaying Zhao。Anuj Shah為這個計劃案投注額外的心力，自始至終提供了美妙的洞見和具體的協助。我們也要特別感謝一群研究助理：Annie Liang與Shannon White孜孜不倦其充滿創意地找尋相關研究與圖表。Jessica Gross找尋了一些早期的資料，Lily Jampol和Ani Momjian幫助進行了一些研究。他們也都提出犀利而充滿熱忱的問題，同樣還有Izzy Gainsburg與David Mackenzie，他們雖在後期才加入仍提供了許多寶貴的協助心力。在ideas42一群很棒的同事們不斷提供鼓勵和靈感。Katinka Matson協助我們從諸多理念和想法之中理出頭緒，完成這一本值得寫的書。

逐漸浮現的書稿得利於諸多好友、同事與親人的智慧。我們要特別感謝Bindu Ananth, Samura Atallah, Amber Batata, Emily Breza, Andy Conway, Katherine Edin, Alissa Fishbane,

Lawrence Katz, Michael Lewis, Lori Lieberman, Jens Ludwig, Anastasia Mann, Frank Schilbach, Antoinette Schoar, Heather Schofield, Josh Schwartzstein, Sharoni Shfir, Andrei Shleifer, Richard Thaler, Laura Trucco, Nick Turk-Browne，與Eric Wanner。這本書的研究獲得了一些機構慷慨的支持和援助，包括家樂氏基金會（Kellogg Foundation）、國家科學基金會（the National Science Foundation）、加拿大高等研究院（the Canadian Institute for Advanced Research）、古根漢紀念基金會（the John Simon Guggenheim Memorial Foundation）、國家老化研究院（National Institute on Aging），以及我們自家的研究機構，哈佛與普林斯頓。在本書逐漸成型的過程中，我們授課的學生——兩名在普林斯頓，兩名在哈佛——是我們最優秀的早期聽眾，他們專注、吸收力強、具有批判性。還有其他一些聽眾忍受了我們還未臻成熟的一些討論並且提供了卓越的回饋。在整個過程中，Paul Golob正是我們夢想中的編輯，具耐心又充滿智慧。

過去幾年在情感上我們得到了超乎我們能回報的支持。為此我們要特別感謝Amber Batata, Sailu Challapalli, Alissa Fishbane, Srikanth Kadiyala, Anastasia, Mann, Jim、Jackie和Ali Mann, Miri與Sharoni Shafir，還有Sophie與Mia Mann-Shafir。我們也要對那些漏接的電話、錯過的假期、消失的認知頻寬以及其他整體上我們所錯漏的事情表示抱歉。我們會把它怪罪到匱乏的頭上。

群體的協作眾所周知是個棘手的任務。不論兩人如何合拍，不時仍會出現意見不一與挫折。不過在這漫長路程的終點，我們彼此都了解這趟旅程我們找不出有更完美的搭檔和更好的朋友。我們只期望從這一切透過本書得到完滿。

本書任何不周到之處都不該歸因給所有協助我們的這群好友——我們倆人都同意一定是另一個人的錯。

國家圖書館出版品預行編目（CIP）資料

匱乏經濟學：為什麼擁有的老是比想要的少？面對匱乏感最強烈的時刻，你該如何做聰明抉擇？/ 森迪爾．穆蘭納珊 (Sendhil Mullainathan), 埃爾達．夏菲爾 (Eldar Shafir) 著；謝樹寬 譯. -- 二版. -- 臺北市：遠流, 2020.05
面；　公分
譯自：Scarcity : why having too little means so much
ISBN 978-957-32-8769-8（平裝）
1. 市場供需　2. 決策管理
551.12　　　　109004650

匱乏經濟學

為什麼擁有的老是比想要的少？
面對匱乏感最強烈的時刻，你該如何做聰明抉擇？

作者／森迪爾．穆蘭納珊 Sendhil Mullainathan、埃爾達．夏菲爾 Sendhil Mullainathan
譯者／謝樹寬
總監暨總編輯／林馨琴
主編／吳家恆
校對／陳效真、陳芯怡
編輯協力／黃珍吾、楊伊琳
行銷企畫／趙揚光
封面設計／張士勇
內頁排版／徐美玲

發行人／王榮文
出版發行／遠流出版事業股份有限公司
地址：104005 台北市中山北路一段 11 號 13 樓
電話：（02）2571-0297
傳真：（02）2571-0197
郵撥：0189456-1

著作權顧問／蕭雄淋律師
2015 年 1 月 1 日　初版一刷
2023 年 2 月 16 日　二版五刷
定價 新台幣 380 元（如有缺頁或破損，請寄回更換）

ISBN 978-957-32-8769-8

YLib 遠流博識網
http://www.ylib.com
E-mail: ylib @ ylib.com

Scarcity: Why Having too little Means so Much